# 歧视与不平等

DISCRIMINATION
AND
DISPARITIES

[美] 托马斯·索威尔(Thomas Sowell) — 著
刘军 — 译



中信出版集团 | 北京

图书在版编目（CIP）数据

歧视与不平等 / ( 美 ) 托马斯 • 索威尔著 ; 刘军译
. -- 北京 : 中信出版社 , 2021.8
书名原文 : Discrimination and Disparities
ISBN 978-7-5217-3072-2

Ⅰ . ①歧… Ⅱ . ①托… ②刘… Ⅲ . ①微观经济学
Ⅳ . ① F016

中国版本图书馆 CIP 数据核字 (2021) 第 084969 号



歧视与不平等
著者：［美］托马斯 · 索威尔
译者：刘军
出版发行：中信出版集团股份有限公司
（北京市朝阳区惠新东街甲 4 号富盛大厦 2 座　邮编　100029）
承印者：北京通州皇家印刷厂

开本：787mm×1092mm 1/16　　印张：17.5　　字数：230 千字
版次：2021 年 8 月第 1 版　　印次：2021 年 8 月第 1 次印刷
京权图字：01–2019–4360
书号：ISBN 978–7–5217–3072–2
定价：78.00 元


服务热线：400–600–8099
投稿邮箱：author@citicpub.com

致辛勤耕耘于同一领域的沃尔特·E. 威廉姆斯教授

目录

# 序言

本书的第一版偏重于一个看似牢不可破的谬误，即认为社会经济结果的统计差异要么是因为本身存在对不太幸运的人的偏见对待，要么是不太幸运的人本身存在遗传缺陷。这一版涉及更多其他广泛存在的谬误，包括我们这个时代流行的社会愿景之下的一种没有根据的推理——如果个人的经济利益不仅仅根植于个人的价值，那么有理由让政治家重新分配相关利益。

每一种谬误，表面上看起来都是合理的，但这恰恰是应该仔细研究它们的先决条件和潜在事实的原因。这一版本还涉及许多其他的新问题——在国际化背景之下，就像第一版一样——这两个谬误似乎即使不是大多数，也是大部分主流社会愿景的核心，有时它被概括为“社会正义”。

当被迫面对以前可能没有考虑过的相反论点，并审视以前没有遇到的经验证据时，敌对双方关于社会问题的总体分歧似乎是不可避免的，甚至可能是有益的。一开始，双方的考虑可能都不全面，但为了应对对方的不同观点，双方反而会思考一些新的因素。

这种对对立观点的探索性重新审视，在政界、媒体甚至学术界都是非常罕见的。学术界曾经自豪地宣称："我们来此是为了**授人以渔**，而不是**授人以鱼**。"今天，在整个学术部门都致力于推动对社会问题下特定结论的情况下，对这种相互冲突的观点的重新审视，我们应该**珍而重之**，以免沦为一个容易被花言巧语欺骗的民族，并被一些随意选择的事实或数字迷惑。

那些正在寻找政策"解决方案"的读者，在本书中是无法找到答案的。但是，即使不多，本书也可以提供足够的让人感觉良好的"解决方案"。如果《歧视与不平等》能够澄清一些经常陷入教条主义和混淆不清的困境中的重大社会问题，就达到目的了。然后，读者可以自行决定何种政策适合他们自身的价值观和目标。正如丹尼尔·帕特里克·莫伊尼汉曾经指出的："你有权持有自己的观点，但你无权拥有自己的事实。"

托马斯·索威尔
胡佛研究所
斯坦福大学

任何一个社会，都没有实现所有地区和所有人口的平等发展。

费尔南·布罗代尔

第 1 章

# 差异和先决条件

DISCRIMINATION
and
DISPARITIES

个人、群体和国家在经济和其他成果方面的巨大差异，导致了从困惑到愤怒等各种反应。试图解释这些差异的原因，同样激起了广泛的反应。在为此提供的一系列解释中，有一种观点认为，那些在结果上不太幸运的人在遗传能力上较差。而处于另一端的观点则认定，那些不太幸运的人是其他更幸运的人的受害者。

在这两者之间，还有许多其他的解释。但是，无论具体的解释是什么，人们似乎都普遍认为，现实世界中发现的差异与随机出现的预期有很大的不同。然而，在经济和其他努力中发现的结果差异，不一定是先天能力方面的可比差异，或者是其他人在对待人们的方式方面的可比差异。

这种差异也可以反映这样一个简单的事实，即许多努力的成功取决于每种努力所特有的先决条件——而在满足这些先决条件方面，相对较小的差异可能意味着结果的巨大差异。

## 先决条件和概率

先决条件对概率的影响非常直接。当一些努力具备 5 个成功的先决条件时，那么根据定义，该努力成功的概率就取决于同时拥有这 5 个先决条件的概率。为了产生结果的偏态分布，这些先决条件不必是罕见的。例如，如果这些先决条件都是普遍存在的，以至任何给定的人都具备这 5 个先决条件中的任意一个，即概率是 2/3。然而，在这一努力中能够获得所有 5 个先决条件的概率是不存在的。

当具备 5 个先决条件中的任意一个的概率是 2/3 时，就像上述例子一样，同时具备这 5 个先决条件的概率是自身的 2/3 除以 5。在这个例子中，结果是 32/243，或者大约 1/8。换句话说，失败的概率大约是 7/8。所有那些先决条件少于 5 个的人都面对相同的结果——失败。只有完整具备这 5 个先决条件的人才能成功。这创造了一个成功的高度偏态分布，而不是我们在其他情况下可能会期望的常规的结果分布，即钟形曲线。

在现实世界中，上述小小的计算意味着什么？由此我们可以得出一个结论，我们不应期望在具有多个先决条件的努力（也就是说，最有意义的努力）中，成功能平均或随机地分配给个人、群体、机构或国家。如果这些都是先决条件，那么就成功的结果而言，4/5 的先决条件是没有任何意义的。换句话说，拥有大多数成功的先决条件的人，仍然可能是彻头彻尾的失败者。

无论缺失的先决条件是复杂的还是简单的，它的缺失都会否定存在的所有其他先决条件的影响。例如，如果你是文盲，那么在今天的许多职业中，你即使拥有诸多（如果不是大多数）其他优良品质也于事无补。截至 1950 年，世界上仍然有 40% 以上的成年人是文盲，其中包括亚洲和非洲一半以上的成年人。

如果你不打算经受某些特定努力所需的长期辛劳和牺牲，那么，即使你拥有在这一努力中取得巨大成功的所有内在潜力，并且所有机会的大门都向你敞开，你也可能成为一个彻底的失败者。

并不是所有的先决条件，都必然被具备或不具备它们的个人掌控。即便个人在某个或某些先决条件中处于优势，在最终的结果中，它们也可能是毫无意义的。

例如，早在 20 世纪初，斯坦福大学的刘易斯 · M. 特曼教授就启动了一个研究项目，对 1 470 名智商在 140 及以上的人进行了半个多世纪的跟踪调查。这一群体男性职业生涯的数据（来自一个全职女性不那么普遍的时代）显示，即使是这个智商排名前 1% 的罕见群体，也存在明显的结果差异。

在这一群体中，有些人的事业非常成功，有些人的成就并不突出，还有大约 20% 的人所取得的成就是明显令人失望的。在其中最不成功的 150 名男性中，只有 8 人获得了研究生学位，数十人只获得了高中文凭。在特曼教授此项研究最成功的相似数量的男性研究对象中，98 人获得了研究生学位。也就是说，在智商排名前 1% 的男性中，这一比例的差距达到 10 倍以上。

与此同时，两名在童年时期未能达到智商 140 的设限值的男性研究对象，后来却获得了诺贝尔物理学奖——而那些智商在 140 及以上的男性都未获得任何领域的诺贝尔奖。显然，特曼教授所有的研究对象都至少具备一个取得非凡成就的先决条件，即足够高的智商。同样明显的是，必定还有其他先决条件是智商排在前 1% 的成百上千的男性所不具备的。

在特曼教授的研究对象的教育和职业结果差异背后的诸多因素中，最大的差异因素是家庭背景。成绩最突出的男性来自中产阶层和上流社会，他们成长于有着很多图书的家庭。他们的父亲有一半是大学毕业生，而当时大学毕业生比如今要稀罕得多。

在那些最不成功的男性中，近 1/3 的人其父母在八年级之前就辍学了。即使拥有非凡的智商，也不能替代他们对其他先决条件的需求。

有时，一个具有巨大潜力的人缺乏的可能只是某人给他指出正确的方向。一位国际知名学者曾经在一次社交聚会上提到，他年轻时没有想过上大学——直到有人鼓励他那样做。毫无疑问，他不是唯一那个天赋异禀的人。

其他人，包括那些没有他那种非凡能力的人，如果他们来自特定的社会群体，那么他们会自动申请上大学，这在特定群体中是种惯例。但是，如果没有遇到那个鼓励他接受高等教育的人，这位国际知名学者很可能会在某些不需要大学学历的工作中成为一名好工人，而不是一名世界级学者。

只要多数人具备部分特定的先决条件，同时具备所有先决条件的人很少，成功的分布就会非常倾斜，并可能或多或少地近似于正常的钟形曲线。这不仅在理论上是成立的，经验证据表明，在实践中也是如此。

例如，在高尔夫球运动中，当涉及个人技能的分布，例如每轮高尔夫球的推杆数量或发球距离时，我们就能发现某种近似于钟形曲线的结果。然而，结果的分配向需要一整套高尔夫球运动技能，即赢得美国职业高尔夫协会（PGA）锦标赛所需的技能严重倾斜。

大多数职业高尔夫球手一生中从未赢过一场美国职业高尔夫协会锦标赛，只有3名高尔夫球手阿诺德·帕尔默、杰克·尼克劳斯和老虎伍兹，赢得了200多场美国职业高尔夫协会锦标赛。此外，棒球和网球以及其他努力的峰值成就，也有类似的偏态分布。

鉴于许多人类的努力需要多个先决条件，所以，即使发现经济或社会进步在任何给定时间里未能均匀或随机地在个人、群体、机构或国家之间得到分配，我们也不应感到惊讶。当一个先决条件的得失可以使失败变为成功或使成功变为失败时，在一个变化的世界中，领先者和落后者在后续的世纪或千年中互换位置，也就不足为奇了。

如果先决条件本身随着时间的推移或新的努力方向的变化而发展，或者如果人类知识的进步使现有的努力发生了革命性的变化，那么一种特定的成功或失败模式永久化的可能性会大大降低。

也许，人类社会进化中最具革命性的变化是农业的发展——发生在人类物种存在的最近10%的历史时期内。农业的发展使得养活集中于城市的人口成为可能，而城市又是（并将仍然是）人类文明的大多数具有里程碑意义的科学、技术和其他进步的来源地。

已知的最早的文明，起源于具有惊人的相似特征的地理环境。这些特征包括每年都会洪水泛滥的河谷，无论是古代美索不达米亚，古代印度次大陆的印度河流域，古埃及的尼罗河沿岸，还是古代中国的黄河流域，都是如此。

显然，还存在其他的先决条件。因为这些特定条件的组合并没有产生农业，或者产生大多数人类所依赖的农业文明。这些特定地区的种族拥有特殊的遗传特征，但这似乎不太可能是关键因素，因为这些地区的人们并未处于当今人类成就的最前沿。

在现实世界的成果分配中，明显的倾斜经常出现，尽管这种扭曲的结果与政治左翼和右翼的一些基本假设相矛盾。在许多问题上处于对立的人，可能都会假设背景性的概率平衡，但这是不切实际的。

然而，这种对概率的有缺陷的认知，以及现实世界未能与基于这种有缺陷的认知产生的预期相匹配，又可能影响意识形态运动、政治迫害和司法决定，直至包括美国最高法院的裁决。在美国最高法院，“不同的影响”统计数据显示了关于不同群体的不同结果，并足以产生歧视性的推定。

在过去，类似的统计差异足以导致某些人得出遗传决定论、优生学等结论，禁止族群通婚的法律的制定，以及在其他带来巨大灾难的先决条件具备时的大屠杀。

简而言之，各国人民在经济成果、科学发现、技术进步和其他成就方面的巨大差异，激发人们努力跨越意识形态谱系进行各种解读。为了使这些解读能经受事实的检验，首先检视一些关于个人、社会群体、机构和国家之间差异的经验证据，可能是有用的。

## 经验证据

在许多试图解释和改变人类成就明显差异的尝试背后，隐含的假设是，如果不存在人的基因构成或其他人对待他们的方式等相应差异，结果的明显差异就不会存在。这些差异既存在于个人之间，也存在于组织成从家庭到企业再到整个国家的各种机构的群体之间。

结果的偏态分布在自然界很常见，在人类无法控制的结果中也很常见，如闪电、地震和龙卷风。

## 人民

尽管不同社会群体的人们之间存在平等或至少可比较的结果似乎是合理的，但是在有偏见的人类干预缺失或不存在影响这些人的结果的基因差异的情况下，这两种理念都经不起经验证据的检验。

例如，一项对美国优秀学生奖学金决赛选手的研究发现，在来自5个孩子家庭的决赛选手中，长子进入决赛的概率比其他4个兄弟姐妹的总和还要高。在有两个孩子、3个孩子和4个孩子的家庭中，第一个孩子也构成了决赛者的主体。如果连同一父母所生并在同一屋檐下长大的人之间都不存在结果平等，那么在条件不那么可比的情况下，为什么还要预期或假设结果平等呢?

这样的结果，对信奉遗传或环境的人来说是一个挑战，因为他们惯常使用这些术语。

来自英国、德国和美国的智商数据显示，长子的平均智商高于其兄弟姐妹的平均智商。此外，作为群体性特征，第二胎生的孩子的平均智商高于第三胎生的孩子的平均智商。

在荷兰接受服兵役心理测试的年轻人中，研究人员发现了类似的模式。长子的平均智力测试分数高于其兄弟姐妹，其他兄弟姐妹的平均智商也高于他们之后出生的兄弟姐妹。在对挪威人的心理测试中，研究人员也发现了类似的结果。这些研究中的样本，可达数十万。

长子的这些优势，似乎在许多领域延续到了后来的生活中。密歇根大学 1968 届医学专业男生的数据显示，这个班级第一胎出生的男性比例是晚生男性比例的两倍多，是第四胎或更晚出生的男性比例的 10 倍以上。1978 年对新泽西州一所医学院的申请者进行的一项研究表明，长子在申请者中所占的比例非常高，而在获得成功的申请者中这种现象更明显。

其他的研究，有些可以追溯到 19 世纪，也显示了类似的结果。

大多数其他国家的年轻人，继续接受学院或大学教育的比例没有美国那么高。但是，这一比例在一个国家无论是高还是低，长子往往都比晚生的兄弟姐妹更多地接受高等教育。2003 年对英国人的一项研究显示，长子攻读高等学位的比例为 22%，相比之下，第四胎出生的孩子的比例为 11%，第十胎出生的孩子的比例为 3%。

一项针对 20 世纪末法国 2 万多名年轻人的研究显示，18% 的独生子完成了四年的大学学业，相比之下，第一胎出生的男性完成同等教育的只占 16%，第五胎或更晚出生的男性只占 7%。在女性中，这一差距还要略大些。23% 的独生女完成了四年的大学学业，相比之下，第一胎出生的女性完成同等教育的只占 19%，而第五胎或更晚出生的女性只占 5%。

随着人们职业生涯的展开，出生顺序带来的差异仍然存在。一项对约 4 000 名美国人进行的研究得出的结论是，“平均收入的下降，甚至比出生较早和出生较晚的人之间的教育水平的下降更为明显”。其他研究表明，在大波士顿地区的律师和国会议员中，长子的比例过高。

在将人类送上月球的阿波罗计划最初选拔的 29 名宇航员中，有 22 人是长子或独生子女。在古典音乐的主要作曲家中，长子和独生子女的比例也非常高。

试想，在同一屋檐下出生和长大的孩子有诸多先决条件是一样的，如种族、家庭基因库、经济水平、文化价值观、教育机会、父母的教育和智力水平，以及家庭的亲戚、邻居和朋友。然而，仅出生顺序的差异，就在结果上产生了明显的差异。

无论特定家庭中的孩子可能具备何种普遍的优势或劣势，只适用于长子或独生子女的唯一明显的优势，都源于父母在孩子早期成长过程中的专心致志。

平均而言，双胞胎往往比单胞胎的智商低几分，这一事实强化了上述推断。可以想象，双胞胎较低的平均智商可能源于子宫，但当双胞胎中的一个为死胎或早夭时，幸存的那一个的平均智商就会更接近单胞胎的智商。这表明，对双胞胎来说，就像其他孩子一样，父母对孩子的差异或关注可能是关键所在。

除了兄弟姐妹中出生早和出生晚的孩子可能获得父母的关注不同，从一个社会阶层到另一个社会阶层，父母对孩子的关注也存在质的差异。研究发现，从事专业工作的父母所生的孩子，平均每小时能听到 2 100 个词语；来自工薪阶层家庭的孩子，平均每小时能听到 1 200 个词语；而来自福利家庭的孩子，平均每小时只能听到 600 个词语。其他研究表明，在不同的社会阶层中，亲子互动的方式也存在质的差异。

在这种背景下，对以这种不同方式抚养的儿童抱有同等或可比结果的期望或假设，是没有根据的。人们也不能把后来他们在学校、大学或就业中的不同结果，自动地归因于那些教育他们、给他们评分或雇用他们的人。因为，经验证据表明，人们的成长方式可以影响他们成年后的发展。

这不仅仅是说，以不同方式被抚养长大的年轻人可能会成长为能力不等的成年人。来自不同社会背景的人，也可能有不同的目标和优先事项——但在许多研究中，这种可能性很少或根本没有受到关注。这些研究通过向上运动的发生频率来衡量机会的多寡，就好像每个人都在同等地努力向上，最终只因社会的阻碍而产生了不同的结果。

最引人注目的成就涉及多个因素——首先是对在特定的努力中取得成功的愿望，以及做需要做的事情的意愿。没有这种意愿，所有的个人天赋和所有的社会机会都没有意义，这与光有愿望或机会，却没有实现愿望和机会的能力一样，是没有意义的。

这意味着，一个人、一个民族或一个国家即使拥有某一特定成就的部分、很多或大部分先决条件，也可能没有取得任何真正的成就。然而，当任何缺失的单一因素或多个因素最终被添加到诸多条件中时，这类个人或国家可能会突然取得惊人的成就。

从贫穷落后突然走到人类成就前列的国家，包括 18 世纪以来的苏格兰和 19 世纪以来的日本。以历史时段衡量，它们都经历了快速上升的发展时期。

几个世纪以来，苏格兰一直是欧洲文明边缘最贫穷、经济和教育最落后的国家之一。据说，14 世纪的苏格兰男爵没人能写自己的名字。然而，在 18 世纪和 19 世纪，英国的重要知识分子中有相当多的人拥有苏格兰血统，包括工程学领域的詹姆斯 · 瓦特，经济学领域的亚当 · 斯密，哲学领域的大卫 · 休谟，化学领域的约瑟夫 · 布莱克，文学领域的沃尔特 · 斯科特爵士，以及经济学和哲学领域的詹姆斯 · 穆勒和约翰 · 斯图尔特 · 穆勒。

苏格兰人经历了诸多变化，包括该国新教教徒的“十字军战争”——提倡每个人都应该学会阅读，以便能够自己阅读《圣经》，而不是让牧师告诉他们《圣经》的内容和意义。另一个变化是一场更世俗但也更狂热的英语的学习运动。在这场运动中，英语取代了苏格兰低地人的母语盖尔语，从而为苏格兰人拓宽了更多的书面知识领域。

在其中的一些领域，包括医学和工程学，苏格兰人最终超越了英格兰人，并在国际上享有盛誉。这些人大多是世世代代说盖尔语的苏格兰低地人，而不是高地人。

19 世纪中叶之前，日本一直是一个经济贫困、教育水平低下、技术落后的国家。第一次看到火车时，日本人感到很惊讶。这列火车是由美国海军准将马修 · 佩里赠送给日本的，他的舰队在 1853 年访问了日本。然而，经过后人在技术上追赶西方世界的不同寻常的民族努力，日本在 20 世纪后半叶的许多技术领域走在了世界前列。其中，日本生产的子弹头列车，超越了美国生产的任何同类产品。

其他非凡的成就，可能是由一个特定的民族而不是一个民族国家取得的。我们已经习惯于看到犹太知识分子在艺术和科学领域获得众多世界级的荣誉，以至有必要指出，这是一项在 19 世纪和 20 世纪作为一种普遍的社会现象而在全世界发生的成就，尽管一些较早的世纪曾零星地出现过具有国际地位的犹太知识分子。

正如一位著名的经济史学家所说："尽管几个世纪以来，犹太人在识字率和人力资本方面具有巨大的优势，但是在工业革命之前和工业革命初期，犹太人在科技史上所起的作用几乎可以忽略不计。"此外，"1600 年至 1750 年科学和数学的巨大进步，并未涵盖犹太人的相关工作"。

犹太人无论在工业革命时期的潜力如何，即使他们有识字能力和其他人力资本，他们都很少有机会进入工业革命肇始地欧洲更广泛的各类社会机构。在 19 世纪之前，欧洲大多数大学都不录取犹太人。

18 世纪末，由于《美利坚合众国宪法》的总则禁止基于宗教歧视的联邦法律，美国率先给予犹太人与其他人同等的法律权利。法国在 1789 年大革命后紧随其后，其他国家则在 19 世纪初的不同时间和地点放松或取消了对犹太人的各种禁令。

随着事态的发展，犹太人开始进入大学，然后是涌入大学。例如，到 19 世纪 80 年代，犹太人已占维也纳大学全部学生的 30%。最终的结果是，19 世纪末和 20 世纪，在许多领域，国际知名犹太人物相对突然地大量涌现，包括在前几个世纪杰出人物中几乎没有犹太人存在的领域。

从 1870 年到 1950 年，相对于他们在欧洲各国和美国人口中所占的比例，犹太人在艺术和科学领域的杰出人物中的比例极高。在 20 世纪下半叶，占世界人口不到 1% 的犹太人，囊括了 22% 的诺贝尔化学奖，32% 的诺贝尔医学奖和 32% 的诺贝尔物理学奖。

在这里，就像历史上其他异乎寻常的情况一样，即使满足一切的先决条件，也可能在相对较短的时间内出现对结果产生戏剧性影响的变化。在消除了各种障碍之后，犹太人在某些领域出现了戏剧性的上升，但这并不意味着，消除他们的障碍就能让其他群体自动地取得类似的成就。因为，犹太人已经具备了取得这些成就的各种其他先决条件——尤其是在文盲普遍存在的几个世纪里，普遍能读书识字的犹太人早已万事俱备，只欠东风。

相反，在很多个世纪中，中国一直是世界上技术最先进的国家，在欧洲所称的中世纪尤其如此。中国人铸铁比欧洲人领先 1 000 多年。一位中国航海家领导了一次比哥伦布的航程更漫长的发现之旅。在比哥伦布的航程早了几代人的航程中，他所乘坐的船只比哥伦布的船只要大得多，技术上也要先进得多。

然而，在 15 世纪的中国，一个关键性的决定导致中国人和欧洲人相对地位的根本性改变。就像其他明显更先进的民族一样，中国人认为其他民族天生低人一等，都是“蛮夷”，就像罗马人认为罗马帝国疆域之外充斥着“野蛮人”一样。

1433 年，当时的明朝政府相信了其舰队探险航行得出的结论，认为没有什么可以向其他地方的人民学习，因此决定不仅停止这样的航行，而且禁止这样的航行，禁止建造能够进行这类航行的船舶，从而大大减少外部世界对中国社会的影响。

这一决定在当时看起来可能是合理的，但它出现在欧洲正在摆脱罗马帝国衰落和衰落后的“黑暗时代”的退隐之际。当时，欧洲正在经历一场在多方面都取得了进步的复兴，包括发展源自中国的东西（如印刷术和火药）所取得的进步。哥伦布的船只，虽然没有达到中国曾经制造的船只的标准，但足以横渡大西洋以寻找通往印度的航线，且最终在不经意间发现了改变整个世界的那个半球。

简而言之，在中国统治者选择了孤立的道路——不是完全孤立，却是实质性孤立——之时，欧洲的进步机会正在不断扩大。通过向地球的另一半扩张，无论是在欧洲内部，还是在敞开了大门的更大的世界里，欧洲的进步机会不断扩大。

在世界上的许多地方，地理障碍造成的孤立与禁锢，使得整个民族和国家都贫穷落后，但在中国，孤立与禁锢是由本国的统治者造成的。在接下来的几个世纪里，最终的结果是，在世界上其他地方技术和经济取得巨大进步的时代里，中国落伍了。

在无情的国际丛林中，这意味着其他国家不仅超越了中国，而且将自己的意志强加于脆弱的中国，中国下降到第三世界国家的地位，在各个方面部分地屈服于其他国家——包括失去部分领土主权，因为葡萄牙占领了澳门，英国侵占了香港，最终日本侵犯了中国大陆的大片领土。

中国当时缺失的不是以人民素质为代表的先决条件，而是统治者的智慧。统治者通过一个关键决定，即只删除一个先决条件，就葬送了中国在世界上的领先地位。

数以百万计的海外华人在世界范围内取得的成就，足以证明中国人民具备优良的品质。他们在到达东南亚和西半球的许多国家时，往往穷困潦倒，目不识丁——但经过一代又一代人的努力，逐渐繁荣起来，在许多情况下甚至积累了巨额财富。中国的命运和“海外华人”的命运形成了鲜明的对比。直到 1994 年，5 700 万“海外华人”创造的财富，与生活在中国的10亿人所创造的财富几乎是相等的。

其他遭遇更可怕的失败的国家，包括——不幸中的万幸——因为缺乏一个先决条件未能制造出核弹的纳粹德国。事实上，希特勒早有这样的计划，甚至抢在美国之前就启动了类似的计划。当时，德国处于核物理科学的前沿。然而，碰巧的是，在那个特定的历史时刻，世界上许多领先的核物理学家都是犹太人——希特勒的狂热反犹太主义不仅阻止了他们参与其核弹项目，他对犹太人生存的威胁也导致许多核物理学家离开欧洲，移民美国。

正是移居国外的犹太核物理学家让富兰克林·D.罗斯福总统注意到纳粹核弹的威胁，并敦促创建了一个类似的美国项目，从而抢在纳粹之前制造出核弹。此外，犹太科学家，以及其他外籍人士和美国人，在美国核弹的研发中发挥了重要作用。

由于希特勒自身的种族狂热，这些科学家成为美国的关键资源，而希特勒不可能拥有这些资源。由于希特勒的核计划缺乏一个关键因素，整个世界幸免于大规模毁灭，我们打垮了纳粹，避免了非人化的前景。希特勒拥有一批领先的核物理学家，但数量不够。

## 机构

中国绝不是世界上唯一丧失曾经优越地位的国家。古希腊人和古罗马人比他们同时代的英国人或斯堪的纳维亚人要先进得多，后者基本上都是文盲。在那个希腊人和罗马人是标志性的知识巨人的时代，希腊人和罗马人奠定了西方文明的智力和物质基础。直至10世纪，一位伊斯兰学者指出，越往北走，欧洲人的肤色越苍白，而且“越往北走，人们越愚蠢，越粗俗，越野蛮”。

今天，这种肤色和能力之间的关联已没人再提了，但几乎没有理由怀疑，在进行这种观察时，欧洲人的肤色和能力之间存在着非常真实的关联。在多个世纪之后，北欧和西欧在经济和技术上将领先于南欧这一事实，成了一个鼓舞人心的迹象。这表明，特定时代的落后并不意味着永远的落后。但这并不否认在特定的时间和地点，各国人民和国家之间存在着巨大的经济和社会差距。

特定的机构，如商业企业，同样会随着时间的推移而急剧上升或下降。美国几乎所有的领先企业都是从小本买卖做起的（如梅西百货和布鲁明戴尔百货店），或者是由出身贫寒的人创建的（如杰西潘尼和伍尔沃斯），或者是在车库里被创建的（如惠普公司）。相反，已经处于领先地位的一些企业从盈利的顶峰滑下来，甚至进入破产边缘——有时，它们只是丧失了一个先决条件。

一百多年来，伊士曼柯达公司一直是全球摄影行业的引领者。19 世纪末，正是乔治·伊士曼首次让大量普通人可以接触摄影，他发明的相机和胶卷并不要求使用者具备专业摄影师的技术专长。在柯达相机和胶卷出现之前，专业摄影师必须学会如何将感光乳剂涂在置于三脚架上的大型笨重相机的照相底片上，并学会用化学方法冲洗拍摄的图像，然后再打印照片。

小巧而简单的手持式柯达相机，以及用柯达胶卷代替照相底片，这使得完全没有摄影技术知识的人也能够拍照，然后将这些照片的冲洗和打印交给其他人完成。由此，柯达相机和胶卷在国际上广泛流传。

几十年来，伊士曼柯达公司销售了整个世界的大部分胶卷。即使在其他国家也开始制作胶卷之后，该公司继续在世界市场上销售大部分胶卷。20 世纪末，日本的富士胶卷取得重大进展，到 1993 年已获得 21% 的全球市场份额。

伊士曼柯达公司还为业余和专业摄影师提供基于胶片技术的广泛的摄影设备和用品。一个多世纪以来，伊士曼柯达公司显然具备取得成功的所有先决条件。截至 1988 年，该公司在世界各地雇用了超过 14.5 万名员工，其年收入在 1996 年达到近 160 亿美元的峰值。然而，它在全球的统治地位在 21 世纪初突然结束了。当时，它收入骤降，公司破产。

在摄影行业，只有一个关键因素发生了变化——数码相机取代了胶片相机。全球胶片相机的销量在 2000 年达到顶峰，当时胶片相机的销量是数码相机销量的 4 倍以上。但是，在 3 年之后的 2003 年，数码相机的销量首次超过胶片相机。然后，仅仅过了两年，数码相机的销量就超过了 2000 年胶片相机的销量顶峰。如今，数码相机的销量是胶片相机销量的 4 倍以上。

伊士曼柯达公司发明和生产了世界上第一个电子图像传感器，却在数码相机领域被其他公司超越。这些公司包括最初不属于摄影行业的电子公司，如索尼。在 20 世纪末和 21 世纪初数码相机销量飙升时，索尼的数码相机市场份额达到伊士曼柯达公司的两倍以上。

随着胶片相机市场的突然崩溃，伊士曼柯达公司基于胶片技术的大量摄影设备和用品突然失去了大部分市场，这导致该公司在经济上的崩溃。仅仅一个先决条件发生变化，该公司对现有成功的先决条件的掌握就已经变得毫无意义。从自身所在的领域占压倒性统治地位到迅速崩溃，并非伊士曼柯达公司的独家遭遇。

## 自然

在自然界中，就像人类的努力一样，各种自然现象可能存在着多种先决条件，而这些先决条件同样可能导致结果的高度偏态分布。

龙卷风的产生，是多种因素结合的结果。全世界超过 90% 的龙卷风只发生在一个国家——美国。然而，无论是美国的总体气候还是美国的地形，都没有什么令人惊讶的独特之处。在世界各地，这种气候和地形随处可见。但是，在世界其他任何地方，龙卷风的所有先决条件并不像在美国那样，会频繁地结合在一起。

同样，闪电在非洲发生的频率比欧洲和亚洲的总和还要高，尽管单是亚洲就比非洲或任何其他大陆都要广袤。雷雨也有先决条件，这些先决条件在某些地理环境中比在其他地理环境中会更频繁地结合在一起。在美国，佛罗里达州南部地区的雷暴频率，是加利福尼亚州沿海地区的 20 倍。

在自然界的许多其他偏态分布中，地震在太平洋边缘地区很常见，无论是在亚洲还是在西半球都是如此，但地震在大西洋边缘地区很罕见。在自然界的其他偏态分布的结果中，一些地理环境产生的物种比其他地理环境产生的物种要多很多倍。南美洲的亚马孙地区，就是一个合适的例证：

> 南美洲的亚马孙平原拥有世界上最大的热带雨林，其多样性是众所周知的。威尔逊（1988 年）在秘鲁的一棵树上发现了 43 种蚂蚁，这堪与不列颠群岛的整个蚂蚁物种群相媲美。

与欧洲相比，南美洲亚马孙地区的鱼类物种数量也有类似的巨大差异："在一个网球场大小的亚马孙池塘中捕获的鱼的种类，是欧洲所有河流中鱼的种类的 8 倍。"

人类当然是大自然的一部分。黑猩猩和人类之间的基因相似度达到 90% 以上。但是，黑猩猩显然没有创造出人类生产的 90% 的产品，比如飞机、计算机，以及可以到达月球并进入外层空间的火箭。甚至，还有一种微小的、类似于蠕虫的生物，其大部分基因组也与人类的基因组是匹配的。可见，对最终结果的产生而言，拥有许多或大多数先决条件根本无足轻重。

## 影响

从世界各地产生的结果上的高度偏态分布的例子中，我们可以得出什么结论？无论是在自然界，还是在人与人之间，结果既不是平等的，也不是随机分布的。相反，无论是在自然界还是在人类中，在既不涉及基因也不涉及歧视的情况下，结果的高度偏态分布都是普遍存在的。

一个似乎更有说服力的结论，正如经济史学家戴维 · S. 兰德斯所言:“这个世界，从来都不存在一个公平的竞争环境。”如果不是因为基因或歧视，世界就应当是一个公平的竞技场的想法，只是一种无视逻辑和事实根据的先入为主的观念。没有比发现人与人之间的罪恶更容易的事了，但是自动地将这些罪恶视为导致不同民族之间结果不同的唯一原因，甚至是主要原因，就意味着我们忽略了造成这些差异的许多其他原因。例如，地理和人口统计学，是使得人与人之间的平等或随机结果不太可能发生的许多因素之一。

## 地理

在没有歧视或遗传差异的情况下，地理是一个难以克服的障碍，并导致人类社会无法实现平等或随机的结果，而这些结果被默认为是“标准”的。水路和陆路运输之间巨大的成本差异，只是地理上造成结果分布不平衡的一个例子。

回到罗马帝国时代，横跨地中海运输货物的成本——超过 2 000 英里[①]，比把同样的货物运到内陆 75 英里处的成本还要低。这意味着，生活在海岸线上的人比其他人有更大的经济和文化互动空间。一篇地理研究论文指出，在古代，欧洲腹地“与地中海沿岸相比，徘徊在落后的文明之中”。

直到 19 世纪中叶，从中国的一个港口横渡太平洋，通过水路到达旧金山，比从美国中部走陆路更快，也更便宜。在这一点上，陆路运

① 1 英里≈ 1.61 千米。——编者注

输和水路运输之间如此巨大的成本差异，意味着居住在沿海地区的人们往往比住在内陆的人们拥有更大的经济和文化空间。

长期以来，居住在海岸线上的人们，一直能够与同一海岸线上的其他人，以及在许多情况下更遥远的其他地方的人，进行远距离的经济或其他方面的沟通和互动。无论是在遥远的山村、热带丛林还是难以涉足的沙漠，与沿海地区的人们相比，居住在更偏僻地区的人们，在几个世纪里都不可能获得同等的经济和社会发展机会。

陆、海、空交通运输的现代运输革命减少了——但决不能消除——通过水路而不是陆路进入更广阔世界的成本差异。此外，现代交通革命无法消除生活在非常不同的地理环境中的人们因过去几个世纪不同的经济和社会发展所带来的持续影响。

长期以来，世界各地的沿海人民，往往比住在较远内陆的同族人更富裕、更先进，而生活在河谷中的人，也往往比生活在世界各地与世隔绝的山丘中的人更富裕、更先进。

长期以来，进出山地社区的运输成本一直高得令人望而却步，除了那些价值非常高的产品，运输主要集中在体积和重量较小的产品上。世界各地许多山地社区生产的各种精美手工艺品，在一定程度上缓解了这些社区长期以来普遍存在的贫困问题。

气候和土壤，同样是实现平等前景或平衡结果的地理障碍。世界上大部分最肥沃的土地都集中在温带地区，很少或根本没有分布在热带地区。这不仅影响农业，而且影响城市化的时间和速度，而养活集中的城市人口所需的粮食生产率又是城市化的基础。近海和温带地区被发现拥有世界上 8% 的有人居住的陆地面积，23% 的世界人口，53%

的世界国内生产总值。

并非所有这些都能归因于肥沃的土地和农业在当前的重要性。但是，即使是今天高度工业化和商业化的社会，也只是在经历了几个世纪的文明和城市发展之后才出现的，这些文明的起源、范围和速度都源于农业。农业具有足够的生产力，能够使城市社区得以建立和发展，在这些社区能够在土地肥沃程度较低的地方取得相当发展的很久之前，这种情形就发生了。

几个世纪或几千年来，各地的社会，在肥沃的土地、可航行的水道以及有没有用作役用或负重动物的生物等地理因素方面各异，这使得它们在以同样的速度发展成为先进社会的前景方面有着截然不同的机会。

在肥沃的土壤、可通航的水道和气候等方面，西半球大部分地区在地理上与欧洲相似，但在欧洲经济发展中发挥重要作用的动物被欧洲人带到西半球之前，西半球却完全没有大型役用动物和马、牛等负重动物。即使是较小的美洲驼，在欧洲人到达之前被印加人用作负重动物，也仅限于南美洲的一小部分地区。

在过去几个世纪中，对这些社会的发展有重大影响的因素，如土地的肥力，在今天可能不那么重要了，因为高度工业化或商业化的社会可以很轻易地从全球化的世界市场进口粮食和原材料。同样，在大多数工业和商业发达的国家中，役用动物和负重动物曾经至关重要的社会经济地位，现在很大程度上已被汽车、卡车、拖拉机、火车和飞机取代。但是，役用动物和负重动物曾在这些国家发挥了主要作用，直至最终人类社会发展到可以用自动机车取代这些动物。由于过去几个世纪中地理因素促进或阻碍了社会经济的发展，今天各个社会在社会经济发展方面可能存在很大的不同。

仅是地理差异，就足以排除许多人似乎认为的在没有歧视性偏见或遗传差异的情况下存在的平等机会。山地民族并不是一个种族，因为他们存在于世界各地的不同大陆之上，并且千百年来彼此隔绝。然而，他们有许多共同的社会特征，这使得他们的选择和成就与周围低地人们的选择和成就大不相同，也有别于生活在沿海地区人们的选择和成就。

山地民族占世界人口的10%~12%，看起来可能很少，但从绝对数量来看，已是美国人口的2倍以上，意大利人口的10倍以上。但是，尽管意大利诞生了伽利略、达·芬奇、米开朗琪罗、马可尼和费米等人类历史上具有里程碑意义的人物，世界上的山地社区却没有产生这样的人物，尽管他们的人口比意大利多得多。

这不是对山地民族的批评，而是试图证明他们所处的地理环境固有的限制性后果。意大利境内的山地民族，同样没有取得像该国其他人口那样具有里程碑意义的成就。一项对20世纪中叶意大利一个山村的经典研究发现，那里的人们不仅极度贫困，而且与外界的联系也在很大程度上被切断了。与处于更有利的地理环境中的同时代人相比，大多数山地民族没有获得任何平等机会之类的东西，尽管他们陷入困境不是因为被其他人歧视，而是他们所处环境固有的地理制约。

地理的影响并不局限于特定地点、特定的地理特征，例如水路运输成本与陆路运输成本的高低，或土壤肥力的差异，等等。地理位置本身就会带来很大的影响。当农业在史前时期的欧、亚、非三洲连接地区发展起来之时，随之出现了更先进的城市文明，其中包括文字。早在其文明传播到不列颠群岛或斯堪的纳维亚半岛之前，希腊就了解这些成就，这仅仅是因为，希腊离这些成就的发源地更近。不论以何种标准衡量，古希腊文明都比当时不列颠群岛或斯堪的纳维亚半岛的文明要进步得多。

几个世纪以来，随着其他具有里程碑意义的进步在世界各地的发生，位于这些进步源头附近的特定民族也获得了提升自己的机会，而位于更偏远地区的民族则没有这种机会。许多其他历史性的发展，从战争、政治动乱、毁灭性的流行疾病、大规模迁徙到具有里程碑意义的发现之旅，以及科学和技术的突破，所有这些结合在一起，为不同地方的不同民族提供了截然不同的机遇，甚至在某个特定的社会内部也是如此。

多民族社会，以及来自世界各地其他社会的不同群体，会在一定程度上继承这些地理位置带来的不同的优势和劣势，以及相关群体今天所在社会的影响与文化结果。致力于研究这类事情的学者，与那些隐晦地认为缺乏平等结果既不寻常又可疑的人相比，往往会得出截然不同的结论。

法国历史学家费尔南 · 布罗代尔得出结论：“任何一个社会，都没有实现所有地区和所有人口的平等发展。”这是对世界各地许多其他民族、机构和社会进行实证研究得出的结论。杜克大学唐纳德 · L. 霍罗威茨教授对族裔群体进行的一项具有里程碑意义的国际研究得出的结论是，在此类群体中，“比例代表制”理念是“很少（如果有）有社会达到过的”。麻省理工学院迈伦 · 韦纳教授的研究成果指出：“所有多民族社会都呈现出一种倾向，即族群群体从事不同的职业，拥有不同的教育水平（通常是类型），获得不同的收入，并在社会等级中占据不同的地位。”一项关于军队的族群构成的国际研究发现，“军队远远不能反映服役士兵所属的族群所构成的多民族社会，即使是粗略地反映也不可能”。

在各种社会经济成果和智力成就方面，研究人员也发现了具体的区位差异。例如，安杰洛·科德维拉教授将欧洲划分为不同的文化区，并得出结论：“如果一个欧洲孩子出生在一条从波罗的海开始，沿着波兰的东部边界向南延伸，沿着斯洛伐克的西部边界和匈牙利的东部边界，然后通过波斯尼亚的中部一直延伸到亚得里亚海的界线的东边或西边，其生活将会有非常大的差异。”

在其不朽的经验主义论著《人类的成就》中，查尔斯·默里追溯了欧洲不同地区在艺术和科学方面的历史进步与差异，并得出结论：“所有欧洲重要人物中的80%，与俄罗斯、瑞典、挪威、芬兰、西班牙、葡萄牙、巴尔干、波兰、匈牙利、东普鲁士和西普鲁士、爱尔兰、威尔士、苏格兰大部分地区、占意大利1/4的低地以及法国1/3的地区无关。”在美国国内，同样的研究发现，在艺术和科学领域取得显著成就的重要人物的地区来源之间存在着类似的偏向区位差异。美国东北地区所占的比例过高，而南方的大部分地区（弗吉尼亚州除外）所占的比例严重偏低。

## 人口统计

在社会经济成就差异中，无论是在国家内部还是在国家之间，最容易被忽视的都是人口统计学因素，如年龄中位数差异。这些差异不小，其后果也不小。

例如，在美国，中年人和年轻人之间的收入差距，比黑人和白人之间的收入差距更大。此外，随着时间的推移，年龄段之间的收入差距也在扩大。因为，随着机械和电力取代人力即肌肉力量，年轻人的身体活力在经济上变得不再那么有价值；而随着更先进的技术和更复杂的组织的发展，人力资本——知识、技能和经验——的发展变得更有价值。

族群和其他社会群体在年龄中位数上的差异，可达20年或更长。例如，在美国，日裔美国人的年龄中位数是51岁，墨西哥裔美国人的年龄中位数是27岁。

这两个群体或其他群体，在需要多年教育和/或长期工作经验的职业、机构或活动中所占人口比例相等的可能性有多大？在通常需要多年教育和经验的职业或管理职业中，如果拉美裔美国人的代表性不如日裔美国人，这是否令人惊讶？在27岁的任何族群背景的人中，有多少人符合在平民生活中担任首席执行官或在军队中担任将军和舰队司令的要求？

除了年龄，即使日裔美国人和墨西哥裔美国人在其他方面都完全相同，他们的收入以及其他与年龄相关的结果还是会有很大的不同。当然，种族、族群和其他群体在其他方面也很少会相同（如果曾经相同）。这使得平等结果的前景更加不可能，而结果的差异作为歧视的天然指标更加令人怀疑。就能力而言，一个人在人生的不同阶段都无法与自己等同，就更不用说他们在各自生命的不同阶段与其他人实现平等了。

在这种情况下，所有人的平等权利和平等待遇，并不意味着平等的表现，而这实际上确保了不平等的表现和结果。这并不意味着在任何给定的情况下，基因或歧视都可以简单地作为可能的因素被排除，而是需要确凿的证据来证实其中的任何一种。这仍然是有待检验的假设，而不是既定的结论。

## 决定论的诱惑

认为收入差距是低收入者待遇差异的指标的观念，是一套更普遍的假设的一部分，即某一特定因素是结果差异背后的关键因素或主导因素。20 世纪初，不同群体之间的经济、智力和其他差异背后的关键因素，被认为是遗传因素。当时，这一观点与今天相反的观点一样占主导地位，即结果的差异意味着歧视的存在。当时美国的学院和大学有数百门优生学课程，就像今天许多学术机构的各大院系都有类似的课程一样，教授的都是结果差异，也就意味着社会存在歧视。

遗传决定论不是美国所特有的，也不局限于政治或意识形态谱系的任何特定部分。尽管当时美国进步主义者率先在美国推动遗传决定论，但后来他们又带头推动了相反的假设，即差异意味着 20 世纪下半叶存在着歧视。在大西洋两岸，以及在这两个时代，领先的知识分子和政治人物，都站在了倡导他们所处时代的普遍假设的人群的前列。

例如，在英国，约翰 · 梅纳德 · 凯恩斯是剑桥大学优生学协会的创始人之一，英国其他政治左翼人士也是优生学的拥护者，如国际知名作家 H.G. 威尔斯、萧伯纳、朱利安 · 赫胥黎、哈罗德 · J. 拉斯基、西德尼，以及比阿特丽斯 · 韦伯等。在英国保守派中，温斯顿 · 丘吉尔（1940 年至 1945 年、1951 年至 1955 年两度出任英国首相）和内维尔 · 张伯伦（1937 年到 1940 年任英国首相，因其对纳粹德国的绥靖政策而闻名）都是优生学的支持者，尽管他们后来在其他问题上意见不一。

在美国，优生学运动的主要倡导者包括美国社会学协会和美国经济学会的创始人和主要官员。在心理测试发展的先驱中，斯坦福大学的特曼教授从他对美国西南部少数族裔的研究中得出结论，"他们不能掌握抽象概念"；美国高中毕业生学术能力水平考试（SAT）的创建者卡尔 · 布里格姆宣称，美国军队在第一次世界大战期间的心理测试结果倾向于"反驳人们普遍认为犹太人非常聪明的观点"。

简而言之，对单一因素的解释五花八门，即使是同处一个时代的主要知识分子也不例外。单一因素的解释，也不局限于人类之间的差异。它延伸到了关于性质差异的问题。没有人可以质疑热带地区的阳光更热，但这一科学事实并不能阻止亚洲、非洲、北美和南美洲创下有记录以来的最高温度，而所有这些大陆都处在热带以外。欧洲没有任何一个部分处于热带地区，但有一些欧洲城市的最高气温比新加坡的最高纪录还要高，而新加坡实际上位于赤道之上。

一般而言，即使是一个作为科学事实没有受到质疑的主要因素，也可能被其他某种因素组合抵消。南北位置差异对温度的影响不容否认，但伦敦 12 月的平均高温与华盛顿相同，尽管伦敦在纬度上处于华盛顿以北 850 多英里处。流经大西洋的墨西哥湾暖流向东北方向传递温暖，覆盖包括伦敦在内的西欧地区，使得该地区的冬天比亚洲、北美或东欧同纬度地区的冬天更温暖。

其他因素，也使得温带许多其他地区比热带地区的气温更高。所有这些，都并不与阳光在热带地区更热这一科学事实矛盾。但这一无可置疑的事实，并不意味着这个单一因素自动地决定了所有的结果。同样，在人类社会中，世界各国对不同群体的歧视性偏见这一无可争辩的事实，并不排除与在特定地点和时间更广泛的其他因素有关。

虽然我们发现，在世界各地人类活动的许多方面，结果的分布都存在偏差，但是我们发现，在许多社会理论中，平等或可比结果的假设是默认设置。这些理论将缺乏结果平等视为某些邪恶影响的自然迹象，这些影响阻止了这种自然平等的发生。但无论是成就平等还是犯罪平等，都不是普遍现象。

几个世纪以来，东欧的谋杀率是西欧的几倍。今天，根据英国出版物《经济学人》的数据，拉丁美洲拥有“世界上 8% 的人口，却占有 38% 的有记录的谋杀”。此外，“拉丁美洲城市 80% 的暴力杀戮发生在 2% 的街道”。

无论是基因还是歧视，都不是充分或必要的先决条件，更不足以解释人类之间所有存在偏差的结果。但是，由于存在基因或歧视支配着世界各地的思维、法律和政策的范围广度、时间长度和作用力度这样的解释，避免陷入这两种笼统的先入为主的观念就不是一件容易的事了。

20 世纪的纳粹主义导致纳粹主义者的政府屠杀了数以百万计的犹太人，其旗号是消除世界上的“劣等”种族。虽然这种理念可能存在可检验的假设，但它最大的政治胜利来自教条被置于证据或逻辑之外。

希特勒的《我的奋斗》不是关于假设检验的演习。

作为经济和社会差距的一种解释，歧视对许多人来说可能有类似的情感诉求。但我们至少可以尝试将这些理论和其他理论视为可检验的假设。将特定的信仰视为神圣的教条，置于证据或逻辑之外，其历史后果应该足以阻止我们再次走上这条道路——尽管政治教条和这些教条所产生的改革运动可能令人无比兴奋，或者在情感上让我们得到充分满足，或者便利地省去了我们被迫思考自己的信仰或根据事实对它们进行检验之类的苦差或不便。

第 2 章

# 歧视：含义与成本

DISCRIMINATION
and
DISPARITIES

有些人被认为具有鉴别能力，他们特别善于察觉品质的差异并能据此做出选择，无论是选择葡萄酒、画作还是其他商品和服务。但是，这个词也被用在几乎相反的意义上，用于指基于群体身份而对人的行为的任意差异做出评判，而不管他们作为个体的实际素质如何。

无论是评判人还是判断事物，这两种歧视都会导致结果的巨大差异。葡萄酒鉴赏家最终可能会选择一种葡萄酒而不是另一种，并且花更多的钱买一瓶这样的葡萄酒，而不是另一种。

当涉及人时，经常可以观察到类似的现象。在世界各国，当其他群体在就业、教育和其他背景下被评判时，一些群体的结果会有很大的不同，这是司空见惯的。因此，不同的群体最终可能会有非常不同的收入、职业和失业率，或者具有非常不同的大学录取率。在结果方面，许多其他群体也如此。

根本的问题在于：是什么样的歧视导致了如此不同的结果？其他人是否正确地察觉到了个人或群体之间的品质差异，或者其他人是否基于个人的好恶或对特定群体成员的武断假设做出了判断？这归根结底是一个经验性的问题，因为试图回答这个问题会激起观察者的感情和激情，并得出相反的结论。

这一问题的另一种说法是：由行为和能力方面的内部差异而导致的

群体结果差异，究竟是旁观者的客观评价还是旁观者基于有偏见的错误判断或强加的有敌意的外在意识导致的?

这些问题的答案不一定对所有群体差异都是相同的，也不一定对不同时间和地点的特定群体都是相同的。寻求这些问题的答案，不仅仅是一项学术活动，其最终目的是让更多的人类同胞拥有更好的自我提升前景。因此，在寻求答案之前，我们需要非常清楚提问的措辞。

## 歧视的含义

至少，当我们使用诸如“歧视”这样的词语时，我们需要知道自己想表达的意思，特别是当它有相互冲突的含义时。歧视更广泛的含义——辨别人和事物的品质差异，并据此做出选择的能力——可以被称为Ⅰ类歧视；更狭隘但更常用的含义——基于对特定族群或性别的个人的任意好恶充满敌意或消极地对待他们——可以被称为Ⅱ类歧视，这种歧视带来了反歧视的法律和政策。

在理想情境下，Ⅰ类歧视适用于人，它意味着将每个人作为一个个体来判断，而不管这个人来自哪个群体。但在这里，就像在其他语境中一样，在现实世界的人类中很少能找到理想情境，即使是拥护这种理想情境的人也难觅其踪。如果你在晚上走在一条孤寂的街道上，看到前面巷子里有一个模糊的人影，你是对这个人影进行个体判断，还是绕道而行呢？巷子里的人影可能只是一个善良的邻居，他只是在遛狗。但是，当做出相关判断时，你的误判可能会让你付出高昂的代价，甚至会让你付出生命的代价。

在其他情况下，你实际上可以将每个人作为一个个体来判断。但是这取决于语境，这意味着人们已经被上下文隐秘地预先分类，并且只有在预先分类之后，他们才被判断为个体。例如，一位教授在学年的第一天进入教室，可能会判断并将每个学生视为一个个体。但是，同一个教授，当他晚上走在一条孤寂的街道上，对前方道路上的每个陌生人的判断和反应，可能不会依据他们的个体身份。

大学教室里的学生，不太可能是存在于普通人群中的全范围变异的随机样本，他们更有可能代表着以更集中的目的而聚集在更狭窄范围的人，具有更集中的个人特征范围，并且他们所处的环境比夜间黑暗的街道更安全。

简而言之，Ⅰ类歧视和Ⅱ类歧视的适用性之间的区别之一是成本——这并不总是一个小的成本，也不是仅用金钱就可以衡量的成本。每个人可能都同意，在其他条件相同的情况下，Ⅰ类歧视是更便利的选择。然而，人们可能仍然意识到，其他的条件并不总是平等的。有时，其他条件相去甚远。

若存在成本差异，选择Ⅰ类歧视还是Ⅱ类歧视，可能很大程度上取决于成本的高低，特别是由谁来支付这些成本。那些永远不会在晚上，甚至在白天也不会路过某个社区的人，可能会对那些有“红线”（即歧视）的银行感到愤慨——也就是说，这些银行把整个社区视为投资储户资金的禁地。在选择行走路线时，这类人可能永远对自身所持“红线”的双重标准无知无觉。

简而言之，在某些情况下，Ⅰ类歧视可能会有令人望而却步的成本，特别是当它应用于个人层面时。然而，Ⅱ类歧视——对一个群体的任意或基于反感的偏见，并非唯一的其他选择。另一种决策方式，是衡量群体整体或不同群体之间相互作用的经验证据。

举一个极端的例子来说明，如果 *X* 组 30% 的人是酗酒者，*Y* 组 2% 的人是酗酒者，那么雇主可能更愿意雇用 *Y* 组的人来工作，因为酗酒者不仅效率低下而且很危险。这将意味着 *X* 组的大多数人，即 70% 的人更有可能被雇主拒绝，即使他们不是酗酒者。对雇主来说，最重要的是，当求职者在求职当天清醒地出现时，他确定哪个人是或不是酗酒者的成本。

对购买雇主产品的用户和整个社会而言，这也很重要。如果在酗酒者生产的产品中有更高比例的产品被证明是有缺陷的，那么对用户来说这是一种成本，无论用户是否买到了有缺陷的产品，或者因为产品有缺陷而不得不被工厂丢弃，都意味着合格产品的价格会更高，因为工厂筛选出的不合格产品的成本必须由该过程产生并销售的高质量产品的价格来弥补。

在一定程度上，酗酒者不仅能力较差，而且更具危险性。危险的成本要么由酗酒者的同事支付，要么由购买有缺陷的产品的用户支付，或者两者都为此买单。简而言之，这种情况有严重的内在成本，所以 *X* 组 70% 的人或雇主或顾客——或者这三者，最终都要为 *X* 组 30% 的酗酒者付出代价。

这当然不是将每个求职者作为个人来评判，所以这不是最纯粹意义上的Ⅰ类歧视。另一方面，它也不是基于对整个群体的个人偏见或反感做出决定这一意义上的Ⅱ类歧视。雇主很可能有来自 *X* 组的私人朋友，对这些特定个人的了解远远多于了解一般求职者，因而不愿支付高昂的成本。

这里的重点不是证明雇主是正确的，也不是为了谴责雇主，而是对不同的决策过程进行分类，以便分析它们的含义和后果。

在这种情况下，知识成本产生影响的一个现实例子是一项研究表明，尽管许多雇主不愿意雇用年轻的黑人男性，因为他们中很大一部分人有犯罪记录，但是那些自动地对所有雇员进行犯罪背景调查的特定雇主，往往比其他雇主雇用了更多的年轻黑人男性。换句话说，如果工作的性质使得犯罪背景调查对所有员工来说都是值得的，那么使用群体数据评估每个年轻的黑人工作申请者是否有犯罪背景将不再是必需的。

I 类歧视——基于经验证据的评判——因此有两种变化类型。理想的类型，也是成本更高的变异类型，是寻求并支付信息成本，这些信息将允许对每个个体进行判断，而无论这个个体来自哪个群体。这种变异类型我们可以称为 Ia 类歧视。

在其他情况下，如果这样的信息成本太高而不值得支付，人们可能会通过自己所在群体的经验证据来判断个体。这可以被称为 Ib 类歧视。这两种变异类型都有别于Ⅱ类歧视。在Ⅱ类歧视中，区别对待来自不同群体的个人是缺乏经验基础的，它完全基于个人对特定群体成员的偏见或厌恶。

即使是对特定群体没有敌意或厌恶的雇主，当他知道不同群体在其他群体面前的反应不同时，他也可能存在 Ib 类歧视——基于经验的概括。

例如，回到 19 世纪的美国，当有许多来自欧洲的移民进入劳动力市场时，一些群体将他们在欧洲的相互敌意带到了美国。让包括爱尔兰新教徒和爱尔兰天主教徒在内的劳动力一起工作，是冒着仇恨甚至暴力风险的，并会对生产力产生负面影响。换句话说，完全由其中任一群体组成的劳动力，比由两个群体组成的劳动力效率更高。

同样的原则也适用于不同的群体对彼此特别积极的反应。例如，雇主可能对要做的工作由男人还是女人来完成漠不关心，却很清楚男人和女人对彼此并不是漠不关心的。否则，人类早就灭绝了。

因此，为了提高劳动力效率，当某一特定职业绝大多数被女性选择时，例如护理，雇主可能不愿意雇用一名男性护士。相反，在伐木工人绝大多数是男性的情况下，雇主可能不愿意雇用一名女性伐木工人，即使她明显与男性一样完全合格。

那些指出特定个体无论性别归属都同样合格的观察家，并没有抓住要点。一个同样合格的人可能会和其他人同样出色地完成工作，但是如果其他人中的一些人在工作时分心，净效应可能是劳动力效率较低。这是可能诱导雇主实践 Ib 类歧视的经验基础，即使雇主对那些不太可能被雇用的人没有偏见或厌恶。

对歧视根源的误判，产生的不仅仅是文字上的差异。它也可以产生不切实际的政策，甚至是使事情变得更糟糕的政策。例如，禁止雇主审查求职者的犯罪记录，可能意味着那些没有犯罪记录的年轻黑人男性就业机会的减少。

就业决定并不是唯一受到这样或那样的歧视影响的决定。群体之间如果存在真正的差异，就可能带来可怕的后果。例如，一个群体的谋杀率比另一个群体高出几倍，那么，即使被疏远的群体中的大多数人没有犯下令人恐怖的罪行，Ib 类歧视也可能会被激化，从而上升到给相关社区或群体“画红线”的程度。

例如，即使在犯罪率高的社区，大多数人也不一定是罪犯。[①] 但是，逐一对当地人口进行分类的成本，可能高得令人望而却步。因此，相关决策很可能是通过一个更粗糙的决策过程做出的，即基于经验的概括——（Ib 类歧视）而不是更具鉴别力但代价高昂的 Ia 类歧视，或基于反感或偏见的 II 类歧视。

这种情况的后果之一是，在犯罪率高的社区中，守法的多数人最终可能会为生活在他们中间的少数犯罪分子付出高昂的代价。一些企业不会将其产品——无论是比萨还是家具——冒着司机的人身伤害（包括死亡）风险，送到犯罪率高的社区。

出租车司机，可能会出于同样的原因而拒绝搭载乘客去这样的社区。即使这些出租车司机是黑人，也同样拒绝进入黑人高犯罪率的社区，尤其是在晚上。出于类似的原因，超市和其他企业往往不愿意在这样的社区开设商店或分支机构。

所有这一切都伤害了高犯罪率社区的守法人士，实际上，他们为其他人的所作所为付出了代价。除了犯罪分子罪行的主要受害者，他们也确实为他人的行为付出了真金白银的代价。因为入店行窃、破坏公物、入室盗窃和拦路抢劫的频率更高，所以在经营成本较高的社区

---

① 就个人经验而言，几年前，我的一位年长的亲戚在穿过布朗克斯区一条繁忙的大道时，在一个犯罪率很高的社区中失去知觉，摔倒在地。人行道上的人们冲到街上，指挥她周围的交通。其中一位女士负责保管她的钱包，并在我昏迷的亲戚苏醒后归还了钱包，钱包里的钱分文未少。

出售的商品通常定价会更高，盗抢频发和社区混乱的地方人们要支付的商业保险费更高。

一项名为“穷人代价大”（The Poor Pay More）的研究将穷人视为“被剥削的消费者”，他们被位于低收入社区的商店盘剥，这一观点在媒体、政府和学术出版物中得到了呼应。然而，由于许多低收入社区同时也是高犯罪率社区，“穷人代价大”犯了一个非常普遍的错误，即认为一些不良结果的根源可以经由统计数据的搜集地点来确定。

在这种情况下，研究人员搜集了附近商店的价格数据。但这些高昂价格的根源，并不是那些在商店里粘贴这些价格标签的人。此外，虽然市中心低收入社区商店的商品价格较高，但是这些商店的投资利润率并未高于平均水平，而是低于平均水平。

对不知道这些事实的人来说，更高的价格可能被简单地视为“贪婪的”店主的“价格欺诈”——针对少数族裔社区的Ⅱ类歧视。对那些以这种方式看待问题的人来说，更高的价格似乎是一个政府可以通过实施价格控制来解决的问题，正如一家哈莱姆社区的报纸在20世纪60年代对“穷人代价大”的揭露引发的愤怒所显示的那样。但是，这些社区的企业如果无法从它们收取的价格中收回它们在那里做生意的较高成本，它们就会面临被迫倒闭的前景。

在低收入、高犯罪率的社区里，企业往往很少。如果这些社区的高价格带来了更高的利润率，情况就不会是这样了。

对那些生活在高犯罪率社区的守法公民来说，他们不得不支付更高的价格，以补偿企业在当地经营的更高的成本。这样的结果可能并不令人感到欣慰。与此同时，政客和当地活动家却有充分的动机声称，更高的价格应归咎于歧视，尤其是Ⅱ类歧视，尽管实际上社区只是在支付一些居民在该社区产生的额外成本。

那些没有造成这些成本的当地居民，可能是那些造成了这些成本的人的受害者，而不是那些收取由此产生的更高价格的人的受害者。这不仅仅是一个抽象的哲学观点或语义问题。理解更高价格的来源和错误地责怪那些收取更高价格的人之间的区别，就是有所作为以缓解问题，或者火上浇油让问题变得更糟，从而把更多居民急需的企业赶出这个社区。Ib类歧视和Ⅱ类歧视之间的区别，不仅仅是学术上的区别。

尽管低收入社区的更高价格问题经常在种族或少数民族的背景下被讨论，但在低收入社区的居民是白人的地方，也能发现同样的经济后果。正如《辛辛那提问询报》报道的那样："肯塔基州东部的居民称，他们所在地区普遍存在的较高价格和利率为'山区乡巴佬税'。"

为减轻对高犯罪率社区守法居民的不公平负担，可以采取的措施之一是加强警察和法院的执法力度。但是，在相当程度上，公众，包括受影响社区内外的公众认为，高价是对整个受影响社区的Ⅱ类歧视，基于更大的社会偏见或反感，而加强执法可能被视为对受影响社区的又一种不公正行为。

简而言之，无论人们是否认为低收入、高犯罪率社区的更高价格是由Ⅱ类歧视或基于经验的决定造成的，就运用哪些政策减轻守法居民的不公平负担而言，这些政策在政治上都是可行的。社区或族裔团结可能是认识、相信或回应事实的主要障碍。

### 工具栏：价格差异背后的因素

犯罪并不是许多低收入社区房价更高的唯一原因。对不熟悉经济学的人来说，看起来很奇怪的是，低收入社区一家凋敝的商店，正以 1 美元的价格出售沃尔玛以 75 美分的价格销售但仍然利润可观的产品。企业的经营成本，只是众多既不相同也不随机的事情之一。沃尔玛的成本在许多方面都比较低，比较安全的地点只是其中之一。

即使一家本地商店要价 1 美元，每件商品的毛利是 15 美分，而沃尔玛只赚 10 美分，如果沃尔玛的库存周转率是本地商店的 3 倍，那么在给定的时间内，沃尔玛销售该商品的利润也会是 30 美分，而本地商店的毛利仍然是 15 美分。事实上，沃尔玛的库存周转率甚至比其他一些大型连锁超市的库存周转率都要高，更是远远高于本地社区商店的库存周转率。因为在本地社区商店，同样的商品在出售之前可能会在货架上存放更久。

运送到沃尔玛的每件物品的送货成本可能更低。例如，将 100 盒麦片送到一家大型沃尔玛超市的成本，可能远远低于将 100 盒麦片送到分散在城市各处的 10 家不同社区商店的成本。不管是哪种情况，都是 100 盒麦片，但是送货的成本可能有很大的差异。

上述事实也无法告诉我们在一个给定的社会中，存在着多少 I 类歧视或 II 类歧视，或者结果中有多少差异是由于其他一些情况或某种决策过程造成的。

在某些情况下，可能明显地存在着由外人故意强加给一个群体的代价——Ⅱ类歧视。例如，美国曾经在许多南方州剥夺了黑人公民的投票权。这些州的种族隔离法，迫使黑人乘客坐在公交车和无轨电车的后排，并拒绝他们进入州立大学。在Ⅱ类歧视的意义上，这是范围更广、更明显的种族歧视的鲜明例证。

在过去的几个世纪里，在最初的欧洲犹太人聚居区，犹太人被迫生活在一个封闭的区域，他们被禁止进入大多数欧洲大学，这同样是Ⅱ类歧视的例子。世界各国无数的其他群体——印度的“贫民”就是一个典型的例子——面临着更多更糟糕的限制和压迫。

这些都是由Ⅱ类歧视强加的成本，却要由受害者来买单。为了了解其中的因果关系，值得进行分析的是歧视者支付的成本，因为这些成本是决定Ⅱ类歧视在特定环境和机构中能持续多久的因素，这种成本并没有受害者付出的代价那样的道德、政治或意识形态吸引力。但是，歧视者必须付出的成本，以及他们支付或不支付这些成本的各种情况，可能会影响Ⅱ类歧视实际发生的可能性。

了解歧视者支付的成本也为制定政策提供了机会，这些政策可以确保这些成本不能被规避，并发出警告，即如果不了解情况，其他政策可能会无意中让歧视者免于支付此类成本。

## 歧视的成本

Ⅱ类歧视的数量和严重性并不是一成不变的。在不同国家和同一个国家的不同时代，Ⅱ类歧视的差异都很大。曾经有一个时代，许多美国雇主在招聘某些工作的广告上写着“爱尔兰人勿扰”或“仅限白人”。曾经有一段时间，哈莱姆社区（当时那是一个高档的白人社区）的一些商店的招牌上写着：“犹太人与狗，不得入内。”

美国人并非特立独行。在世界上许多其他地方和时代，群体歧视，即Ⅱ类歧视是如此普遍并被广泛理解，以至没有必要出现上述的标识。一个女人、一个犹太人或其他一些群体的成员如果申请某些工作，就会被认为是在浪费雇主的时间。

招聘和晋升中的Ⅱ类歧视，提出了关于因果关系和道德的问题。这两种问题，值得分门别类地进行研究。

## 因果关系

在试图了解招聘和晋升中歧视的原因和后果时，我们有必要再次考虑这究竟是Ⅰ类歧视还是Ⅱ类歧视。这并不总是一个容易回答的问题。事实上，简单的答案，例如自动地将结果的统计差异等同于Ⅱ类歧视，可能正是弄清真相的主要障碍。

如果雇主对每个求职者都进行单独的评判，而不考虑申请人的群体身份，那么最终雇员的人口构成可能与当地的人口构成有很大的不同。

那些自动地将结果的统计差异等同于Ⅱ类歧视的人，往往忽略了一个主要的人口统计学事实，那就是不同族群的年龄中位数差别很大。正如前文所述，日裔美国人的年龄中位数要比墨西哥裔美国人的年龄中位数大20多岁。即使同龄人都有相同的收入，不管他是哪个群体的一员，日裔美国人和墨西哥裔美国人之间以及其他许多群体之间的收人差距也很大。

年龄中位数为20多岁的群体，显然不会像年龄中位数为40多岁的群体那样，拥有占比较大的20年工作经验的人口。因此，一个群体可能在需要多年经验的高级别职业中人数过多，另一个群体在职业运动员或暴力犯罪中的人数同样可能过多，而这两类职业都是年轻人不成比例地从事的活动。

这种结果上的差异，并不能自动地归咎于他者的偏见或群体内部的缺陷。其中之一或两者，都可能存在或不存在，但这需要超出结果的总体统计差异的经验证据。

简而言之，求职者面见雇主之前所具备的条件，可能对来自特定群体的人被聘用或晋升的机会产生“不同的影响”，即使雇主根据申请人自己的个人资格评判每个申请人，而不考虑申请人来自哪个群体。换句话说，即使是Ia类歧视也可能对统计数据产生“不同的影响”，就像Ⅱ类歧视一样。

年龄只是预先存在的条件之一。正如前文所述，在父母都有职业的家庭中长大的孩子每小时听到的单词，几乎是在工人阶级家庭中长大的孩子的两倍，几乎是在福利家庭中长大的孩子每小时听到的单词的3倍多。

我们能认为，当这些孩子成长为寻找工作的成年人时，这些差异——以及其他的差异——在成长的过程中经过多年的融合，对个人能力和社会结果没有任何影响吗？所有这些人在出生时可能都非常相似，但是在他们出生和申请工作或大学录取之间发生了很多事情。这些事情发生在每个人身上，因人而异。正如我们看到的，即使对在同一个家庭中出生和长大的孩子来说，这些事情也是不同的。

更普遍的是，你无法说清结果的差异来自在何处搜集的统计数据。数据可以在雇主的营业地点搜集，但这并未排除个人能力的差异源于家庭或人们成长的地方文化的可能性。

无论是培养孩子的差异，还是个人自己做出的决策，都会影响人们的人生结果。当超过 3/4 的大学教育学学位被授予女性，超过 3/4 的大学工程学学位被授予男性时，女性在教育学和男性在工程学方面的统计优势也就不能自动地归因于雇主的偏见了。更根本的是，给定结果的根源只是一个经验性问题，其答案需要揭示许多复杂的因素，而不是简单地指出结果中的统计差异。

## 成本及其影响

某些工作存在雇佣歧视或晋升歧视导致某些群体的收入低于其他群体，以及为什么这会引起道德上的反感，这些都很容易理解。这种反感，不仅来自那些被拒绝雇用的人，还来自那些认为这种做法在道德上令人反感的人。

从因果的角度来看，关于这种做法的原因也涉及其他问题。在这里，歧视者付出的歧视成本，已在结果中起了因果作用。对整个社会来说，这是需要付出代价的。一个女性被随意禁止从事多种工作的社会，会丧失一半人口的生产潜力，会付出巨大的代价。

然而，“社会”很少成为一个决策单位，除非在选举或群众起义时。要了解一般性决策，或专门了解就业决策，需要了解特定决策者在特定类型的机构中面临的激励和约束抵制。此时，这些决策者不能简单地选择为所欲为而无须考虑自身的决策成本。

在劳动力或销售雇主产品的竞争性市场中，企业主决策背后的信念的有效性，可以决定该企业是盈利还是亏损，是生存还是破产。简而言之，我们不能简单地由态度得出结果——即使这些态度涉及种族主义或性别歧视，就好像在竞争性市场中没有成本的中间因素一样。对市场的系统分析，不能无视其他因素，个人决策者的好恶则另当别论。

从亚当·斯密的追随者到卡尔·马克思的追随者，诸多经济学家都认识到这一点。弗里德里希·恩格斯与马克思合著了《共产党宣言》，他或许最恰如其分地表达了这一观点。恩格斯说："每个人的意志都会受到其他人的牵制，而出现的是没有个人意志的结果。"系统因果关系的分析，涉及出现了什么。

自由市场资本主义的守护神亚当·斯密，同样对因果关系进行了系统分析。他并没有将资本主义经济的好处归因于资本家的良好意愿。相反，我们可以说，亚当·斯密关于资本家个人的观点，甚至比卡尔·马克思的相应观点还要消极。对于自由市场资本主义的利弊，亚当·斯密和马克思得出截然相反的结论，但两人的结论都不是基于资本家的意愿的。他们的结论都基于经济竞争的系统性激励和约束。

太多的其他观察者，包括一些学术型学者认为，意愿会自动地直接转化为结果。因此，社会学家威廉·朱利叶斯·威尔逊在他的著作《种族意义的衰落》(*The Declining Significance of Race*)中指出，美国南北战争后南方白人地主和雇主试图通过各种有组织的行为压低黑人工人和黑人佃农的收入。但这本书并没有提及那些意愿实际上是如何产生的等经验证据。换句话说，就像恩格斯说的，它并没有提及“出现了什么”。

相比之下，经济学家罗伯特·希格斯研究了美国南北战争结束后南方白人雇主和地主相关努力的实际结果，并发现这种有组织的努力经常遭遇失败，而这是白人雇主和地主争夺黑人工人和佃农的结果。似乎刚获得自由的黑人——极度贫穷，通常是文盲，不熟悉在劳动力市场上作为自由人的工作——很容易成为白人雇主联合压榨的牺牲品，会对他们的要求无底限地接受，但这忽略了市场经济中固有的、系统性的竞争压力。

尤其是在农业方面，当时南方主要是农业，春天耕种和播种有其内在的紧迫性，否则秋天就不会有收成。有些白人地主开始打破常规，不像以前的地主那样试图降低黑人工人和佃农的经济利益，而是要确保自己拥有足够数量和质量的劳动力，能够在一块特定的土地上实现农作物种植规模的最大化。

其他坚持限制和/或以各种方式欺骗黑人工人和佃农的白人地主，往往发现自己不得不接受被挑剩下的黑人工人和佃农的数量和质量。他们不得不在其他白人地主通过支付更高的工资和获取更高的作物份额之后，尽力改善自身的盈利前景。黑人工人和佃农不一定要懂经济学知识才知道朋友和亲戚在哪里能得到更好的待遇，然后结伴前行。

不足为奇的是，这些试图压低黑人工资和黑人佃农收入的努力，往往在这样的经济压力之下失败了。在这种情况下，“出现”的结果是1900年黑人的人均收入至少比1867—1868年高出“几乎一半”。这意味着，这一时期黑人人均收入的增长率高于美国经济总体的增长率。但是，由于黑人的经济水平起点太低，他们仍然比白人贫穷。但希格斯教授的数据表明:“在 19 世纪的最后 30 年里，黑人收入的增长比白人更快。”

一般而言，无论是在劳动力市场还是在产品市场，企业都不会像教授在教职工会议上投票那样做出决策。因为这种投票很少给教授带来任何成本，无论这种投票会给学生或学术机构带来什么好的或坏的结果。不同之处在于，前者是在竞争性市场中根据结果反馈做出决策，后者是在学术界和其他独立场所做出决策，与此类反馈无关。

## 种族隔离时期的南非

为了避免对种族主义的存在或程度的无休止和无定论的辩论，我们可以在这个主题无可争辩的历史背景下检验我们关于歧视成本的假设，即种族隔离时期的南非。当时，南非由少数白人政府统治，政府公开宣扬白人至上，占人口多数的黑人没有投票权。

种族隔离法限制了特定行业和职业中黑人雇员的数量，并禁止黑人在这些行业和职业中从事超过一定水平的工作。然而，在竞争激烈的行业中，南非白人雇主雇用的黑人往往比种族隔离法允许的更多，而且黑人所从事的职业也比此类法律允许的要更高。

20 世纪 70 年代南非政府的一次打击行动，导致该国建筑行业数百家公司因违反种族隔离法律而被罚款。建筑业不是唯一一个因为雇用更多黑人和从事高于法律允许的职业而被罚款的竞争激烈的行业。在其他一些行业，黑人的人数甚至在特定的工作类别中超过了白人，而在这些行业中，雇用黑人根本就是非法的。

没有令人信服的证据表明，违反这些法律的白人雇主与通过这些法律的白人立法者有不同的种族观念。不同的是，没有雇用那些能更好地创造利润的黑人工人的雇主，为Ⅱ类歧视付出了代价，即丧失了赚钱的机会，而通过强制实施Ⅱ类歧视法律的立法者则没有付出任何代价。事实上，未能通过这类法律的立法者可能会在政治上付出代价。在当时的环境下，只有白人才能投票，而白人工人希望得到保护，免于同黑人工人展开竞争。

雇主和立法者都在理性地追求自身的利益，但竞争性市场中的制度激励和约束与政治制度中的激励和约束是不同的。在南非，劳动力市场也不是唯一受到歧视者成本影响的市场。

种族隔离法律还规定，非白人居住在法律规定仅限白人居住的某些地区是非法的。然而，许多非白人实际上也生活在这些仅限白人居住的地区。这些人包括在南非逗留了3个月的美国黑人经济学家沃尔特·E. 威廉姆斯，当时他正在做研究。在南非至少有一个白人专区，其中非白人占据了居民的大多数。在那里，成本再次成为关键因素。在仅限白人居住的地区，通过出租房屋给非白人而获取经济利益的业主的成本与违反种族隔离法的成本相互竞争，而后者并不总是占上风。

顾名思义，种族主义者更喜欢自己的种族而不是其他种族，而作为个体的种族主义者，就像其他人一样，往往最喜欢自己。这就是南非竞争性行业的白人雇主和地主普遍违反种族隔离法的原因。南非白人投票支持鼓吹白人至上的候选人，无须付出任何成本；但拒绝雇用能让他们的企业赢利的黑人工人，则需要付出相当可观的成本。

此外，在产品市场上竞争对手都在雇用黑人的情况下，如果某一家企业拒绝雇用黑人以降低经营成本——竞争对手的产品价格将低于未雇用黑人工人的雇主的产品价格，将使那些遵守种族隔离法律的企业面临丧失利润的风险，并有可能丧失整个业务。

这并不是说歧视性的法律和政策没有效果。违反法律是有代价的，但遵守这些法律也会产生抵消成本，所以结果取决于特定时间和地点的特定情况。

然而，在竞争性市场的情景之下，对歧视者而言，Ⅱ类歧视的成本要低得多，甚至根本不存在，比如，在不存在自由市场竞争的情况下，在价格和利润率由政府直接控制的公用事业垄断企业中，在非营利性组织中，以及在政府促进的就业中。在所有这些特殊情况下，Ⅱ类歧视往往比在竞争性市场中更普遍，不仅在种族隔离时期的南非如此，在世界其他国家也如此。

除非人们相信，这些特定机构的决策者与竞争性市场的决策者有不同的种族或其他观念，并且这种差异会随着时间的推移代代相传持续存在，否则我们必须寻找这种制度差异的根源，特别是要找出这种制度差异的激励和约束机制。

## 制度激励和约束

20世纪中叶美国民权运动具有里程碑意义的斗争之一，是大多数南方州反对法律规定黑人乘客只能坐或站在公交车的后排，前面的座位专供白人使用。

虽然这场斗争的支持者和反对者都把这些法律视为自古以来就存在的法律，但事实并非如此。这类法律的历史，再次说明了经济激励和约束与政治激励和约束的不同作用。

美国奴隶制结束30年后，即在19世纪末，许多南方社区开始通过法律，强制在市政交通工具中设置种族隔离座位。美国南北战争结束后不久，政治形势发生了变化。在那段“重建时期”，美国军队驻扎在南方各州，南方各州政府因受到联邦政策的约束而授予黑人选举权。

随着重建的结束，以及南方各州地方自治的回归，立法和有组织的恐怖主义开始让黑人失去选举权。市政交通工具上的种族隔离座椅，只是相关的政治后果之一。在这些法律被颁布实施之前，在公共交通工具上，黑人和白人坐在他们想坐的任何地方都是稀松平常的。

那个时代的许多有轨电车公司（即使不是大多数），都是私有的，它们的利润取决于有多少人——无论是黑人还是白人——选择乘坐它们的车辆，以及乘坐的频率。

这些私营公司的决策者明白，如果让黑人乘客坐在后排，或者当所有后排座位都满了，而前排还有白人专用的空座位时，还让黑人乘客站着就可能让公司因冒犯了黑人乘客而损失利润。事实上，种族隔离的座位安排甚至可能会冒犯一些白人，当所有的白人座位都满了，而专为黑人留出的座位却有空位时，按照规定白人也只能站着。

简而言之，市政交通工具中的种族隔离座位被拥有或管理这类公司的人视为有损利润之物。毫不奇怪，南方各州的市政交通公司会明确反对通过那些要求有轨电车采用种族隔离座位制度的法律。在立法机关的政治斗争中败下阵来之后，一些市政交通公司将此议题诉诸法庭，在那里它们再次失败。然后，在法律合法生效之后，许多南方市政交通公司根本没有采取任何措施强制落实种族隔离的座位安排。在一些地方，乘客多年来继续坐在他们想坐的任何座位上。

然而，最终南方各州政府对此采取了处罚措施。它们开始指控市政交通公司员工违反法律，因为他们没有执行种族隔离的座位安排。在某些情况下，这些公司的所有者受到威胁，即如果这些交通线路不执行种族隔离法，他们将受到起诉。直到此时，在某些情况下，几年前就已通过的法律才得以执行。

铁路在经济上也受到种族隔离法的影响。当黑人和白人乘客必须乘坐不同的车厢时，铁路公司将为购买额外车厢付出相当大的成本，为推动负载更重的列车前进，它们也需要付出更多的燃料成本。

在没有足够的乘客坐满一节车厢的情况下，成本尤其高昂。当黑人和白人乘客只能坐满一节车厢 2/3 的座位时，种族隔离法可能会造成现在需要两节车厢的情况，而每节车厢只坐了 1/3 的乘客。

像市政交通公司一样，出于自身利益，南方各州的铁路管理层反对种族隔离法，即使他们的种族观念可能与通过此类法律的政客的种族观念没有差异。但是政客们这样做的动机是选票——也就是白人的选票，而铁路公司所有者和经理们这样做的动机是收益，对他们来说，黑人乘客和白人乘客支付的车票钱并无差别。

1896 年，联邦最高法院著名的普莱西诉弗格森案源于铁路公司与荷马 · 普莱西的合作，后者正试图挑战这类种族隔离法律，以创造一个判例。

虽然普莱西是黑人社区的一员，但是他在基因上更多是白种人而不是黑人，从外貌上看他与白人没有区别。他如果只是坐上火车，乘坐到目的地，就不太可能被询问为何坐在专为白人准备的火车车厢里。但是铁路公司的律师和普莱西的律师合作安排了一场法律对抗，因此才有了这起要上法庭的案件。不幸的是，无论是对双方，还是对整个平等权利事业而言，最高法院最终做出了不利的裁决。

经济和政治力量之间的冲突，并没有预定的结果。重要的是在制定或改变法律和政策时认识到冲突的影响。

不仅在政治机构中，甚至在一些经济机构中，决策者同样不必支付他们强加给其他人的Ⅱ类歧视所带来的成本。公共事业垄断企业的价格和利润率由政府监管机构直接控制，这些机构不需要支付竞争性市场强加于歧视行为的经济成本，无论这种歧视针对的是少数民族、妇女，抑或其他人。

虽然在雇用员工时存在Ⅱ类歧视可能意味着在竞争性市场上运营的公司利润会下降，但对那些所在领域具有垄断地位的由政府监管的公共事业公司而言，在任何情况下，它们都不被允许赚取高于政府机构认定的合适的利润。因此，如果一家公共事业公司不考虑求职者来自哪个群体，就不会丧失任何额外的利润。

Ⅱ类歧视可能要求受监管的公共事业公司支付额外的劳动力成本，因为它必须提供更高的工资，以吸引更多合格的申请者，且只有来自决策者偏爱的群体的申请者才会被聘用。但是，作为政府监管的垄断企业，这类成本可以转嫁给除支付这些成本之外别无选择的消费者。

电话行业的历史说明了这种模式。当时，电话意味着陆上线路，而美国所有的主要电话公司都是美国电话电报公司的子公司。

截至 1930 年，全美只有 331 名黑人妇女担任电话接线员，而从事这一职业的女性有 23 万多人。直到 1950 年，黑人女性仍然只占所有为电话公司工作的女性的 1%。然而，在 20 世纪 50 年代北方一些州制定了“公平就业”法案，20 世纪 60 年代又制定了联邦民权法律和政策之后，许多电话公司改变了政策，黑人开始不受限制地被雇用。

然而，在 20 世纪 60 年代之前，美国的“公平就业”法案只存在于南方以外的各州。尽管电话行业的全美就业样本显示，黑人电话接线员的就业人数在 1950 年至 1960 年增加了 3 倍以上，但是直到 1964 年，新奥尔良州、佛罗里达州或南卡罗来纳州等南方地区的电话公司才首次雇用黑人电话接线员。

这种地区差异反映了单个电话公司受州政府监管的事实，也反映了国家政治的力量。在 20 世纪 50 年代的美国南方，在所有 11 个曾经组成美利坚联盟国的州，电信公司男性雇员中的黑人比例实际上下降了，而当时美国东北部和中西部各州的电话公司雇用了更多的黑人。

后来，来自全美各电话公司就业样本的数据显示，从 1966 年到 1968 年，在电话公司增加的雇员中，黑人占到 1/3——这一趋势始于 20 世纪 50 年代，主要集中在东北部和中西部地区各电话公司。由于美国所有的主要电话公司都归美国电话电报公司所有和控制，单个电话公司在政策上的这种巨大的地区差异，更多地应归因于监管这些公司的南方和非南方各州政府固有的地区政治差异，而不是美国电话电报公司的全国管理部门下达的政策。

所有这些不同地区有一点是一致的，那就是对黑人求职者的优惠待遇或歧视政策所造成的额外成本，电话公司可以将其转嫁给客户，而客户别无选择，只能付钱给电话公司。因为当时只有固定电话，且每家电话公司在当地都是垄断性的。

当时由政府监管的石油和天然气公共事业也是如此，其监管也是由各州政府机构进行的。在那个时代，增加的黑人雇工仅限于南方以外的各州。在南方各州，这类公司之前没有为歧视黑人付出任何代价，之后也没有因优先雇用黑人支付任何成本。经营非营利性组织的决策者或负责政府招聘政策的官员，也没有为此付出任何代价。

在学术机构、医院和基金会等非营利性组织中，类似的激励措施产生了相似的结果，而在竞争激烈的市场上，在以营利为目的的企业中却产生了不同的结果。与受命监管公共事业的决策者一样，非营利性组织的决策者可以不为当时的主流意见和压力所左右，不必担心针对少数群体的 II 类歧视所造成的成本，尽管他们所在的机构将不得不支付这些成本。

在这种背景下，毫不奇怪的是，对黑人和犹太人的就业歧视在学院、大学、医院和基金会中尤其普遍。直到第二次世界大战之后，人们对纳粹种族主义的厌恶才开始涌现。然而，在此之前，早期已有 300 名研究型黑人化学家受雇于私营企业，但在白人大学的所有专业领域，只有 3 名受雇的黑人博士。

至于犹太人，二战前他们的身影很少出现在美国的学院和大学学院里。尽管米尔顿 · 弗里德曼战前有一个临时的学术职务，但仅仅持续了一年，尽管他的工作受到学生和同事的高度赞扬。他在战争期间一直担任统计员，最终于战后成为芝加哥大学有教职的经济学终身教授。

大约在同一时间，芝加哥大学有了它的第一位黑人终身教授。在这一点上，芝加哥大学也只是领先学术界其他机构一步而已。[①]

几十年后，在政治气候发生重大变化之后，学院和大学优先聘用黑人教师，并且优先录取黑人学生。同样，学术机构的决策者没有为他们的决定付出任何代价，就像他们之前没有为相反的政策付出任何代价一样。与在竞争激烈的市场上运营的私营行业相比，学术界更快和更广泛地采取了“积极行动”。

所有这一切发生得如此之快，非营利性组织中政策逆转如此广泛，以至我们可以肯定地说，这些不可能是由决策者角色的变化引起的。在许多情况下，即使不是大多数情况，那些曾经歧视黑人的决策者如今也制定了有利于黑人的优惠政策。在这两种情况下，政策都不一定取决于决策者的个人信仰、偏见或价值观，也不一定取决于在“通往大马士革之路”[②]上同时发生在无数决策者身上而导致的个人观念的转变。

## 意想不到的后果

除了与Ⅱ类歧视直接相关的法律和政策，具有迥异目的的其他法

① 就我个人的经历而言，我第一次在一所白人大学遇到白人教授和他的黑人秘书，就是在1960年的芝加哥大学遇到米尔顿·弗里德曼和他的黑人秘书。这比1964年《民权法案》的颁布早了4年。

② 即获得神启。——译者注

律和政策，也可能在数量和程度上改变了有关种族、性别或其他特征所界定的群体的不利后果。简而言之，意想不到的后果，也可以像意料之中的结果一样轻易地影响最终的结果，有时前者的影响甚至更大。最低工资法和建筑限制就是其中的两个典型例子。

## 最低工资法

虽然美国最低工资法的实行与种族无关，但这并不意味着它对黑人和白人的影响是相同的。如果工资水平不是由自由市场的供求决定的，而是由最低工资法规定的，那么可能会影响歧视者的Ⅱ类歧视成本。

在自由竞争的市场中，如果工资水平是由供求关系决定的，那么它至少会产生两个结果：（1）由于工资水平较高，求职者数量增加；（2）由于劳动力变得更加昂贵，实际被雇用的工人数量减少。在这种情况下，只要被拒绝的合格求职者的数量不超过剩余合格求职者的数量，由此产生的求职者的长期过剩就会超出可提供的职位数量，这就会降低拒绝雇用特定群体的合格求职者的成本。

例如，当被拒绝的合格黑人求职者的数量很容易被其他过剩的合格白人或其他求职者取代时，雇主的Ⅱ类歧视成本就会降低到近乎零。从最基本的经济原则来看，这种情况使得雇主更轻松地承担起种族或其他歧视。因此，相较于在自由竞争的市场上由供求决定工资水平的情况，这种情况更具可持续性。

在后一种情况下，供求关系不会造成劳动力的长期过剩或长期短缺，因为拒绝了合格的黑人求职者，就必须在自由竞争和非歧视性的劳动力市场以高于供求的薪酬来吸引其他群体的合格求职者，以填补空缺。换句话说，II 类歧视对自由市场中的歧视者来说是有成本的，比最低工资法造成求职者长期过剩的成本还要大。

经验证据与这一假设是一致的。美国现行的国家最低工资法是 1938 年出台的《公平劳动标准法案》。然而，始于 20 世纪 40 年代的高通货膨胀率，使几乎所有人的货币工资都高于该法案规定的水平。所以，实际上，该法案通过 10 年之后，美国已不存在最低工资了。正如经济学家乔治 · J. 斯蒂格勒在 1946 年指出的那样 :“1938 年《公平劳动标准法案》中的最低工资条款已经因通货膨胀而名存实亡了。”

截至 1948 年，在这段最低工资法没有产生实际效力的时期，黑人和白人青少年的失业率都只占后来几年失业率的一小部分，因为最低工资标准在 20 世纪 50 年代开始上升，并在以后几年持续上升，之后追上了通货膨胀。

然而，特别令人震惊的是，1948 年黑人和白人青少年的失业率没有显著差异。16 岁和 17 岁黑人男性的失业率为 9.4%，同龄白人男性的失业率为 10.2%。在 18 岁的男性和 19 岁的男性群体中，白人和黑人的失业率分别为 9.4% 和 10.5%。简而言之，在 1948 年，在最低工资法没有产生实际效力的情况下，青少年男性的失业率没有明显的种族差异。

后来几年，随着最低工资标准不断被提高，最低工资法的效力得以恢复，此时，不仅青少年整体失业率比 1948 年增加了数倍，而且黑人男性青少年的失业率也远远高于白人男性青少年的失业率——在 1967 年到 21 世纪的大部分时间里，通常至少高出两倍。

劳动力参与率也说明了同样的情况。截至 1955 年，16 岁和 17 岁的黑人和白人男性的劳动力参与率几乎相同。在 18 岁和 19 岁的男性群体中，黑人的劳动力参与率甚至还略高于白人，在 20 岁至 24 岁的男性群体中也是如此。但随着最低工资标准的提高，这种模式发生了巨大的变化。

20 世纪 50 年代中期，16 岁和 17 岁的黑人男性的劳动力参与率开始低于同龄白人男性。在接下来的几十年里，这种差距越来越大。在 18 岁和 19 岁的男性群体中，劳动力参与率的种族逆转发生在 10 年后，也就是 20 世纪 60 年代中期。在 20 岁到 24 岁的男性群体中，同样的种族逆转发生在下一个 10 年的开始，也就是 1970 年。在种族逆转发生后，男性劳动力参与率种族差异也遵循同样的模式，16 岁和 17 岁的男性差异最大，18 岁和 19 岁的男性差异较小，20 岁至 24 岁的男性差异最小。

此类劳动力参与模式，进一步揭示了就业中的种族差异。如果造成劳动力参与率种族差异的主要原因是种族主义（Ⅱ类歧视），则没有理由出现这种逆转，特别是不同年龄段的人在不同年份出现了不同程度的逆转。16 岁时是黑人的人，随着年龄的增长仍然是黑人。因此，种族主义者并未根据黑人工人的年龄改变对黑人的待遇。

然而，如果此类模式的真正根源，是年轻黑人工人的工作经验和工作技能使得市场对他们的需求低于具有更多工作经验和 / 或更多工作技能的年长黑人工人，那么不断上涨的最低工资标准将使年轻黑人率先失业，他们的失业状况将不断恶化。

不幸的是，最低工资法阻碍了没有经验和没有技能的黑人青少年的就业，相应地降低了他们的劳动力参与率，从而降低了他们获得工作经验和工作技能的概率。无论是怎样的种族主义，都无法解释年轻黑人男性在就业方面的年龄差异，尽管他们不会随着年龄的增长而改变种族属性。

当自由市场中的工资由供求决定时，黑人和白人青少年的失业率几乎没有差别，但当最低工资法再次生效时，失业率却存在巨大而持久的种族差异。这种情形印证了一个经济原则，即求职者的长期过剩降低了歧视性雇主的成本。

就青少年失业率和劳动力参与率而言，这种模式在增长的最低工资标准和不断变化的种族差异之间建立了某种相关性。如果这不能充分证明二者的因果关系，那么它也构建了一个持续几十年的惊人巧合。

对这类不断变化的种族差异模式的替代性解释，如种族主义、贫困或黑人教育水平低下，甚至无法与多年来不断变化的就业结果建立相关性。因为上述情形在20世纪上半叶变得更糟糕，而1948年黑人青少年的失业率要低得多，当时黑人青少年与白人青少年的失业率并没有明显差异。

## 建筑限制

20世纪70年代，美国各地打着保护“开放空间”“节约农田”“保护环境”“保护历史古迹”等具有政治吸引力的口号，对建造房屋或其他建筑物实行严格的限制。但是，无论其具体规定如何，这些法律和政策在实践中都是禁止或大幅减少建造住房或其他建筑。加利福尼亚州沿海地区，包括从旧金山到圣何塞的整个半岛，是严格的建筑限制法律和政策盛行的最大地区之一。

随着人口的增长，限制住房建设，即不允许住房供应随着需求的增加而增加，可想而知的影响就是房价上涨。在 20 世纪 70 年代这波建筑限制浪潮席卷加利福尼亚州沿海地区之前，该州的房价与美国其他地区的房价非常接近。但后来，加利福尼亚州沿海地区的房价上涨至全美房价的数倍之多。

旧金山湾区的房价上涨至全美平均水平的 3 倍以上。在毗邻斯坦福大学的帕洛阿尔托，房价在 20 世纪 70 年代几乎翻了两番，这并不是因为建造了更昂贵的房子——在那 10 年里帕洛阿尔托没有新建房屋。当时现房价格暴涨。

建筑限制的种族影响，比许多明确的种族限制更为明显。到 2005 年，旧金山的黑人人口减少到 1970 年的一半以下，尽管整个城市的人口仍在增长。在更短的时间内，即在 1990 年至 2000 年的人口普查期间，加利福尼亚州的另外三个县——洛杉矶县、圣马特奥县和阿拉梅达县，各自的黑人人口都减少了 1 万多，尽管这些县的总人口都在增长。

相比之下，纽约的哈莱姆社区直到 1910 年还是一个白人占主导地位的社区，白人房东和房地产经纪人公开宣布并有组织地尽力阻止黑人迁入哈莱姆社区。但是，就像美国南北战争之后南方各州白人有组织地努力压榨黑人收入的行为一样，仅仅存在这种有组织的努力并不表明他们能实现目标。说哈莱姆社区这种明显的种族主义努力没有成功，显然太过轻描淡写了。

哈莱姆社区的白人房东和房地产经纪人顽固不化，而其他人开始租房给黑人。结果，随着黑人的迁入，很多白人房客搬离哈莱姆社区，那些顽固不化的人只能死守着许多空房，这意味着他们将损失很多租金。

由于无须承担这样的经济后果，当地居民和他们的民选官员在后来的几年里，通过政治进程限制了旧金山和加利福尼亚州其他沿海社区的住房建设，将房价推高到许多黑人无法负担的水平。另一方面，这种对新建房屋的限制增加了这些社区居民现有住房的市场价值。

无论多么强烈地持有或大声喧嚷某些态度和信念，它们都不会自动转化为最终结果，即转化为“出现的现象”，特别是当歧视者自身要承担成本的时候。

很可能，在敌视黑人的程度上，20 世纪初哈莱姆社区的白人房东和房地产经纪人所持的种族态度和信念，比 20 世纪后期旧金山白人居民和官员的种族态度和信念更严重。但是，就最终结果而言，前者的行动未能阻止黑人进入哈莱姆社区，而后者的行动将业已生活在旧金山的半数以上的黑人扫地出门。成本确实很重要。

第 3 章

# 群体与分类

DISCRIMINATION
and
DISPARITIES

许多经验证据表明，人类不会随机地，也不会如此频繁或密集地与选定的群体或其他所有人互动。简而言之，人以群分——无论是选择居住的地点，还是选择与谁最频繁和最密切地互动。

在考虑对其他人的第三方分类或取消分类的后果之前，有必要检验一些关于自我分类的经验证据。这里的关键点是，当人们自发地对自己进行分类时，结果很少是均匀的或随机的，往往是相当倾斜的。

## 居住分类和取消分类

在不同的时间和地点，人们的居住地点要么由自己决定，要么由其他人通过各种制度手段施加各种限制来决定：从政府的法律和政策到许多私人的正式和非正式手段，从限制性公约到业主协会，再到直接针对寻求居住在不受欢迎的社区的个人或群体的暴力行为。

### 居住和社会自我分类

移民很少从他们的原籍国均匀或随机地迁出。他们也不会均匀或随机地定居于他们到达的国家。例如，19 世纪中叶西班牙的两个省，只占西班牙人口的 6%，但是向阿根廷提供了 67% 的西班牙移民。此外，这些移民倾向于在布宜诺斯艾利斯的特定社区聚居。

类似的不均衡的定居模式在世界各地都很常见，其他移民从原籍国迁移到他们的居住国时亦如此。例如，在意大利大规模移民的时代，澳大利亚、巴西、加拿大、阿根廷和美国的意大利移民，不仅倾向于聚集在以意大利人为主的社区，更具体地说，在这些以意大利人为主的社区内，来自意大利热那亚、那不勒斯或西西里的人又与来自相同地方的其他人聚居。

同一时期，大量移居美国的东欧犹太人，集中居住于纽约的下东区。但在这些犹太人聚居区内，匈牙利犹太人大多聚居在一起，来自罗马尼亚、俄罗斯和东欧其他地方的犹太人也不例外。

在东欧犹太人大规模到来之前的几十年，德国犹太人一直生活在位于下东区的聚居地内。随着在社会经济上的崛起，他们离开了这个聚居区，而随着东欧犹太人的到来，他们越来越多地选择在纽约的其他地方定居。德国犹太人和东欧犹太人在居住地和社交上的分离，在纽约、芝加哥、旧金山和波士顿都很常见。在澳大利亚，早期来自西欧的犹太移民和后来来自东欧的犹太移民也存在着制度和社会上的分离，后者建立了自己的犹太教堂，追求不同的宗教和世俗观念与议程。

前往非洲塞拉利昂或南美洲哥伦比亚的黎巴嫩移民，同样选择定居在来自黎巴嫩同一地区和同一宗教的其他黎巴嫩人的聚居区；来自黎巴嫩特定地区的黎巴嫩天主教徒定居在一起，与来自黎巴嫩的东正教基督徒或黎巴嫩什叶派穆斯林分开居住。

19 世纪定居在纽约的德国移民，居住在曼哈顿一个被称为“小德意志”

的地区，其中黑森人聚居在一个区域，普鲁士人则聚居在另一个区域。

人们倾向于自我分类，不仅体现在他们的居住模式中，在他们的社会交往中亦如此。20 世纪移居巴西的日本移民，不仅聚居于日本人为主的区域，而且大多数冲绳移民只和其他冲绳移民结婚，而不会和来自日本其他地区的同胞结婚，更不用说和当地巴西人结婚了。

19 世纪纽约的德国移民也是如此。当时，大多数巴伐利亚人选择与其他巴伐利亚人结婚，大多数普鲁士人选择与其他普鲁士人结婚。19 世纪的纽约爱尔兰移民亦如此。在当时的纽约爱尔兰人聚居区，大多数婚姻都发生在爱尔兰同一郡的移民之间。

在澳大利亚城市格里菲斯，在 1920 年到 1933 年，从威尼斯移民澳大利亚后才结婚的意大利男人，有 90% 娶了同样从威尼斯移民过来的意大利女人。另有 5% 的意大利男性与来自意大利其他地区的女性结婚，这与嫁给英国人的澳大利亚女性的比例相同。

无论这些模式在统计学上多么引人注目，它们并不是大多数人直观可视的模式，并不像美国黑人社区和白人社区那样泾渭分明。因此，黑人与白人居住地的分隔被视为一种独特的现象，而且与普遍的背景假设不一致，即不存在歧视性政策的情况会产生平衡或随机的结果。

历史表明，事实上，在不同的时间和地点，存在着对居住模式的歧视性做法。这不仅涉及美国黑人，也涉及世界各国的许多其他群体。其中包括几个世纪前，欧洲大部分地区强制划定的犹太人居住区。但这本身并不意味着所有的居住分类和社会分类都是外部强加的，或者需要从外部来根除。

分类，在黑人社区和世界其他社区同样普遍。早在 20 世纪 30 年代，著名黑人学者 E. 富兰克林 · 弗雷泽教授的研究就表明，芝加哥黑人社区中生活方式不同的人聚集居住的模式非常明显。在将该社区划分为 7 个区域之后，弗雷泽教授用实际数据表明，在不同区域之间，成人与儿童的比例差异很大，男性与女性的比例同样差异很大，而一个区域的混血儿在人口中所占的比例比另一个区域高出几倍。

此外，这些不仅仅是孤立的差异。它们反映了不同的社会经济水平以及家庭稳定性和个人行为标准的差异。芝加哥黑人社区的债务拖欠率，有些区域超过 40%，而有些区域低于 2%。

在 19 世纪的底特律，黑人房主与黑人租户分开居住。类似的居住差异也发生在克利夫兰的黑人社区。哈莱姆社区的历史表明，下班回家并在哈莱姆社区的不同地铁站下车的人存在着职业差异。20 世纪中叶的数据显示，全美黑人的收入分配比白人的收入分配略微不平衡。2016 年晚些时候的数据显示，收入最高的 10% 的白人的收入，几乎是收入最低的 10% 的白人收入的 8 倍，但收入最高的 10% 的黑人的收入，是收入最低的 10% 的黑人收入的近 10 倍。

1966 年的一项研究表明，在当时 400 多万美国黑人家庭中，只有 5 200 个家庭培养出了黑人医生、牙医、律师和学术型博士。尽管这些职业和成就对当时的黑人而言颇为难得，但是这些特定的家庭平均每户竟然产生了 2.25 名职业精英。也就是说，每 4 个这样的家庭平均产生了 9 名黑人医生、牙医、律师或学术型博士。

在黑人群体中，这种社会和经济差异意识广泛存在，而且往往很尖锐。有很多描述排斥黑人精英的文学作品，比如威拉德 · B. 盖特伍德的《有色贵族》、劳伦斯 · 奥蒂斯 · 格雷厄姆的《我们这类人》和斯蒂芬·伯明翰的《某些人》。

20世纪中叶哈莱姆社区内的豪华街区，被称为“奋斗者街”和“蜜糖之山”。埃奇库姆大街409号的一栋豪华公寓楼，作为黑人精英的住宅而广为人知。据说，在哈莱姆社区坐上一辆出租车，只要简单地说“409”，司机就知道该把你送往何处。

19世纪那些在芝加哥出生和长大的黑人，在白人占压倒性优势的社区中，生活在自己的黑人聚居区，在文化上他们慢慢地融入周围社会的规范中，就像其他群体在类似的情况下经历的一样。后来，南方各州的黑人在20世纪大规模迁移到芝加哥，给那里的黑人社区造成严重的两极分化。《芝加哥卫报》，一家黑人报纸，对这些新来者的行为提出了强烈的批评，因为他们的行为给黑人带来了普遍的恶名。在芝加哥和其他北方城市，先前就存在的黑人社区的其他黑人也持类似的态度。在这些城市，现有的黑人居民和当地的黑人媒体都谴责来自南方的黑人新移民低俗、喧嚣、肮脏且常常犯罪。

像其他北方社区的黑人报纸一样，《芝加哥卫报》对迁入芝加哥的南方黑人做出许多告诫，包括“不要在公共场所说脏话”“不要卷入街头斗殴”“不要袒护违法者，无论他们是男人、女人，还是孩子”“不要辜负给你就业机会的人对你的信任”。

与其他时期和地域的任何种族或族裔群体一样，这些北方社区的黑人，担心他们自己群体中同化程度较低的成员的到来，会在更大的社会中引发负面反应。这不仅会危及他们种族的进步，甚至会让他们产生倒退，因为整个社会都开始反对黑人。

这些对南方新来的黑人将如何表现的担忧，以及当地白人对黑人整体的反应，都被证明是完全有根据的。例如，20世纪初宾夕法尼亚州的一项研究表明，来自南方的黑人移民的暴力犯罪率，几乎是出生在宾夕法尼亚州的黑人犯罪率的5倍。长期以来，南方一直是美国最暴力的地区，黑人社区和白人社区都是如此。

正如人们担心的那样，来自北方白人的负面反应开始出现，并在许多方面影响黑人。在北方的一些社区，黑人儿童多年来一直与白人儿童在同一所学校上学，现在学校开始实行种族隔离政策。

在华盛顿，黑人不再被允许进入许多白人剧院、餐馆或酒店，他们从事白领职业的机会也减少了。克利夫兰、芝加哥和圣路易斯等地也有类似的限制性情况。在欧柏林学院和哈佛大学，以前黑人学生和白人学生可以住在同一间宿舍，现在黑人学生被排除在外。

随着这些倒退的发生，在北方城市，黑人公民组织，如城市联盟，试图将新来的黑人纳入现有的行为规范中，就像爱尔兰人和犹太人中的公民和宗教组织曾经尝试的那样，当时它们是为了让爱尔兰人和犹太移民适应美国的文化标准。

**工具栏：担忧倒退**

担心自己群体中文化程度较低的成员的到来会导致社会倒退，这并不是黑人或美国特有的现象。

第二次世界大战前，当来自欧洲的犹太难民寻求进入澳大利亚时，澳大利亚犹太福利协会反对“成群结队”的难民进入该国。实际上，进入该国的那些犹太难民从这个组织手中拿到一些卡片，上面写着：

> 最重要的是，不要在街上和有轨电车上说德语。控制你的嗓音。不要和一群说外语的人走在一起，以免引起别人的注意。记住，澳大利亚老牌犹太社区的福祉以及每个移民的福祉有赖于你的个人行为。对犹太人集体的评判受到个体的影响。你，作为个体，对此负有很大的责任。

20世纪初，美国北方城市向黑人开放的种族机会普遍减少，由此得出的结论是，这是文化程度较低的南方黑人大规模迁入这些社区的结果。几十年后，南方各州黑人大规模迁徙到太平洋沿岸，再次印证了这一结论。

20世纪40年代，在第二次世界大战期间，太平洋沿岸生产军事装备和补给的工业企业，吸引了大量来自南方各州的黑人和白人。仅亨利·凯泽一人，就在其位于加利福尼亚州里士满的大型造船厂雇用了9万多人，而其他西海岸社区也有类似规模的军工企业。

与19世纪的北方城市一样，在这些来自南方各州的大规模移民到来之前，黑人在太平洋沿岸人口中所占的比例非常小。与新来的南方黑人相比，他们更适应周围社会的行为规范。20世纪40年代之前，太平洋沿岸并不存在南方或东北部城市在南方黑人移民到来后普遍存在的那些种族歧视。在旧金山，黑人孩子就读的学校里不存在种族隔离，少数黑人与白人、华人和其他种族居住在同一个社区。

在第一次世界大战期间，来自南方的黑人大规模迁徙到东北部和中西部城市。几十年后，在第二次世界大战期间，黑人迁徙到太平洋沿岸。在20世纪40年代进入旧金山湾区造船厂的黑人中，超过4/5来自南方各州，而且通常是教育程度较低的南方腹地。

新来的黑人比既有的黑人要多得多。例如，在加利福尼亚州的里士满，1940 年只有 270 名黑人居民，仅亨利·凯泽的工厂就雇用了 1 万多名黑人。1950 年的人口普查显示，伯克利的黑人人口几乎是 1940 年人口普查时的 4 倍，尽管当时美国正处于战争状态。在同一时段里，奥克兰的黑人人口达到此前的 5 倍多，旧金山的黑人人口大约是 1940 年时的 9 倍。

就像 20 世纪早期的北方城市一样，西海岸新来的黑人被当地已有的黑人视为举止粗俗、行为不端的人。而且，就像几十年前在北方城市一样，新来者到来之后，接踵而至的就是黑人和白人关系的倒退。

对歧视黑人的永恒解释，如种族主义，既不能解释在不同时期发生的大规模进步，也不能解释在不同时期发生的大规模倒退。这并不是否认存在种族主义，但有证据表明，发生的歧视不仅仅是Ⅱ类歧视，因为那将无法解释对黑人的歧视程度的巨大变化。

随着时间的推移，黑人和白人关系的进步和倒退中的这些显著变化在不同的环境中差异明显，因而不能简单地把它视为Ⅱ类歧视——基于白人的错误感知的歧视，它更接近 Ⅰb类歧视带来的后果。Ⅰb类歧视是对南方以外的当地黑人社区行为变化的正确认知。但随着这些黑人社区的人口越来越多，他们沉浸在起源于南方的文化之中，而南方文化在北方不受黑人和白人社区欢迎。

1944 年，一项关于美国种族关系的里程碑式的研究，即冈纳·缪尔达尔的《美国困境》出版了。该研究指出，大多数生活在北方的黑人都是在南方出生的。此外，南方以外各地黑人社区规模的迅速扩大，意味着这些黑人社区对更大社会的行为规范的文化同化速度和彻底性，都不可能与19世纪北方小规模的黑人社区相提并论。当时，那些小规模的黑人社区被占压倒性优势的白人社区包围了。

简而言之，Ib类歧视具有持久的影响力，尽管部分人可能更倾向于将其描述为Ⅱ类歧视。就原因被误判的程度而言，针对Ⅱ类歧视提出的解决方法，例如重新教育白人让他们认识到自己的误解，只具有有限的成功前景。

事实上，许多个体意义上的黑人被误解了。毕竟，获得将每个人作为个体进行判断的Ia类歧视所需的知识成本非常高。

但是，声称黑人作为一个整体被误解了，并以此解释倒退现象，这就等于说，先前存在的黑人和白人对新移民的行为得出非常相似的结论，且两者都得出了错误的结论。无论如何，这样的结论至少需要一些经验证据加以证明。

## 分类的盛行

在世界各国，无数的群体已经以多种方式对自己进行了分类，无论是在社会层面还是在居住方面。这种分类从上到下，延展到个体层级。丈夫和妻子的智商的相关性，至少和兄弟姐妹的智商的相关性一样高——尽管没有生物学上的原因使得丈夫和妻子的智商相似，而生物学上的原因使得兄弟姐妹的智商相似。很明显，人们在选择结婚对象时会进行自我分类，即使他们不太可能在婚礼之前，甚至在婚后也不太可能真正知道与他们结婚的人的智商。然而，他们自发和非正式分类的最终结果还是带来了这种统计相关性。

在全食超市连锁店购物的人拥有大学学位的概率，是在家庭美元连锁店购物的人的两倍以上。全食超市连锁店所在社区的平均人口规模，是多来连锁店所在社区平均人口规模的5倍以上。

还有许多其他类型的分类，包括在像纽约市西区格林尼治村这样的波希米亚社区按生活方式进行的分类，它代表着按照种族或社会阶层出身之外的其他标准进行分类。然而，更难以发现的是，不同类型的人在不同地方或不同领域的均衡或随机分布——这被广泛地视为一种常态，但是偏离了被视为Ⅱ类歧视意义上的证据。

从特定个体的角度来看毫无疑问，由于普遍的社会分类和Ib类歧视，特定个体可能会因为其所属群体其他成员的行为而给自身带来巨大的，有时甚至是毁灭性的成本，即使特定个体并没有参与其他群体成员的那些行为。

这样的人显然是受害者，但他是谁的受害者？是那些导致其他群体寻求保护自身安全和家庭安全的流氓和罪犯吗？从道德的角度看，这个问题并没有明显的“解决方案”，除非一类人的利益自动地超越了另一类人的利益——这几乎就是不道德的，即使它可能只是政治上的权宜之计，或者即使它可能与当时的社会风气一致。

社会学家威廉·朱利叶斯·威尔逊遭遇的一段小插曲，为南方黑人大迁徙早期面临的困境提供了一个温和得多的版本。以下是威尔逊教授的讲述：

> 我是哈佛大学一位国际知名的教授，然而一些令人难忘的经历

提醒我：作为一名看起来比实际年龄小得多的美国黑人男性，我也是令人恐惧的。例如，多年来，我多次穿着休闲服走进公寓的电梯，从电梯里其他居民的肢体语言可以立刻看出，我让他们感到不舒服。他们是不是在想："这个黑人在这个昂贵的公寓里做什么？我们有危险吗？"有一次，我揶揄一对儿紧张的老年夫妇："别担心，我是哈佛大学教授，我已经在这栋楼住了9年了。"当时这对儿夫妇因为我们在同一层楼下电梯而犹疑不决。当我穿着很随意的时候，走进一个空荡荡的电梯总会让我松一口气，但如果我系着领带，我就不用担心了。

每次遭遇这种类似的电梯经历时，我都会感到愤怒。

威尔逊教授的讽刺和愤怒，是针对那些更关心自己的个人安全而不是教授的敏感性的人。教授的描述表明，这些人并不是种族主义者，因为仅仅通过系领带，他就避免了双方的紧张关系，尽管系领带并没有改变他的种族属性。

不像早期的黑人，他们明确地指责那些行为导致了伤害所有黑人的倒退的黑人，而威尔逊教授的描述没有任何迹象表明，他正在为黑人流氓和犯罪分子制造的危险付出社会代价。

另一位黑人学者、乔治梅森大学的经济学家沃尔特·E.威廉姆斯教授，对这种情况持截然不同的看法：

信息不是没有成本的……因此，人们寻求节约信息成本。在这样做的过程中，他们倾向于用较便宜的信息代替更昂贵的信息。

物理属性观察起来很“便宜”。如果特定的物理属性被认为与观察成本更高的属性相关，那么观察者可以将该属性作为观察成本较高的属性的估值器或替代品。

从某种意义上说，威尔逊教授的反应与那些将低收入、高犯罪率社区的高价格归咎于店主的人类似，而不是指责那些人——他们的行为增加了店铺必须承担的成本。曾经有一段时间，受教育程度远低于威尔逊教授的普通黑人清楚地认识到，黑人下层阶层的不当行为会导致其他黑人一起背黑锅。他们理解其中所谓的 Ib 类歧视。

## 强制居住和社会分类

除了自发的自我分类，毫无疑问，也存在着通常意义上的有关居住的Ⅱ类歧视，即政府法规明确规定了特定种族、宗教或其他社会身份的人可以和不能居住的地方。

这种有关居住的Ⅱ类歧视，包括犹太人在过去几个世纪特别是在欧洲城市中被遣送到最初的犹太人聚居区，或者犹太人被允许或不允许定居在俄罗斯帝国的整个地理区域之内。犹太人被允许居住的地区被称为“栅栏区”（the Pale of Settlement），这个短语在今天的英语中幸存下来，用以描述某些事情超出了范围（beyond the Pale）。

东南亚各个社区的海外华人以及世界上其他社区的其他群体，也受到类似的居住限制。在美国，政府对美国黑人居住地点的类似限制，长期以来以各种形式普遍存在，并辅以私人种族限制。

问题不在于这种居住限制是否存在，或者是否曾经存在，而在于是否可以从统计数据中自动推断出这种限制的存在，这些统计数据显示了特定人群居住在特定地方，或者集中于特定种类或水平的职业。这些问题不仅涉及因果问题，还涉及道德问题，而后者更难回答。

## 因果关系

即便是寻找因果解释，也绝非易事。我们可能会把那些不希望黑人住在他们的社区里的白人的行为描述为“种族主义”。但是，如果我们希望超越界定和描述，将问题上升到因果，我们就必须进入事实的世界，而这需要用证据检验理念。我们再一次面对Ⅰ类歧视和Ⅱ类歧视的区别。

追溯到殖民时期即美国奴隶制的早期，毫无疑问，奴隶只是生活在别人让他们居住的地方。但即使是在早期，也存在着“有色人种自由人”。事实上，这些“有色人种自由人”在奴隶制形成之前就已经存在于美洲殖民地了，尽管当时世界上几乎所有其他地方都存在奴隶制。在17世纪的美洲，它发展成一种法律制度。

在此之前，美洲殖民地上相对较少的非洲人，与人数更多的来自欧洲的契约劳工享受类似的待遇。这些欧洲契约劳工在一定年限没有人身自由，通常是为了偿还他们横渡大洋的旅行费用，之后才能作为自由人被释放。在早期美洲殖民地，新英格兰南部殖民地一半以上的白人人口都是作为契约劳工来到美国的。

在这方面，当时相对少数的黑人在法律上——但不是社会上——

受到同等对待。随着来到殖民地的非洲人口的增加，他们及其子孙后代不得不面临永世为奴的命运。

因此，在对待黑人的问题上，开始了一种倒退与进步循环的模式。发生这些振荡的原因，能告诉我们一些关于Ⅰ类歧视和Ⅱ类歧视的事情。

即使种族主义的理念、假设和厌恶完全可以解释针对黑人的歧视，也无法解释这些振荡——它代表着19世纪和20世纪持续几代人的重大变化。

在奴隶制时代，北方和南方都存在着针对“有色人种自由人”的法律和社会方面的重大限制。但是随着时间的推移，这些限制在19世纪的南方变得越来越严格，而在同一时期的北方，奴隶制却日渐消亡。

在南方，种植园奴隶制是常态，“有色人种自由人”在两方面对奴隶制构成了威胁，一方面是因为他们的存在向奴隶表明奴隶制并非黑人不可避免的命运。另一方面是因为“有色人种自由人”与奴隶的兄弟情谊不仅传播了自由的思想，也为逃亡的奴隶提供了生活上的帮助。

在北方，那里的气候不利于种植园奴隶制发展，黑人只占北方总人口的少数，针对黑人的法律和社会限制也没有那么严格。更重要的是，19世纪下半叶，在北方生活了几代人之后，自由的黑人开始适应他们周围更大的白人群体的行为规范，针对黑人的法律和社会限制因而明显减少。例如，在伊利诺伊州，法律取消了对黑人进入公共场所的限制。当时，并没有足够的黑人选民能为他们自己带来这种变化，所以这反映的是白人舆论的变化。

在19世纪的底特律，黑人在1850年还没有权投票，但是他们在19世纪80年代获得了投票权，19世纪90年代黑人又被以白人为主的选民选入密歇根州州政府。1880年的人口普查表明，在底特律，黑人和白人比邻而居的情况并不少见。上层阶层的黑人与白人会定期进行社交活动，他们的孩子与白人的孩子也会一起上高中和大学。

伯格哈特·杜波依斯在1899年指出，“费城对黑人自由主义精神的接受度日益高涨”，在这种精神下，更大的社区已经开始“扫除小障碍，软化种族偏见的严酷程度”，这使得黑人能够生活在白人社区。当代和后来的作家，都评论了其他北方社区的类似进展。

19世纪上半叶，大多数北方社区的黑人儿童一直在种族隔离的学校接受教育，但这种情况在19世纪下半叶发生了变化，黑人儿童被允许进入公立学校：

> 到了1870年，将黑人排除在公立学校之外的北方各州已经改变了做法。此外，在美国南北战争结束后的25年里，北方各州大多颁布立法禁止在公共教育中实行种族隔离。北方各州的大多数法院，当被要求执行这项新颁布的反种族隔离法时，都照做不误，都允许黑人儿童就读于白人学校。

这些并非北方白人情绪的偶然波动。黑人本身的行为也发生了变化。

正如雅各布·里斯在1890年说的那样：“纽约没有比新的有色人种

聚居区更干净有序的社区了。这些新的有色人种成长于从约克维尔到哈莱姆社区等东部地区的各个社区。”到了19世纪末，纽约州的大多数黑人都出生在当地，在成长过程中，他们的价值观和行为模式与他们周围庞大的白人人口的价值观和行为模式非常相似。

然而，无论是在这一点上还是在其他方面都一样，在后来的北方城市，随着20世纪初大批南方黑人移民的到来，人们对黑人问题的看法出现了重大的倒退。新移民在几年内相对集中地到来，其人数足以阻止他们适应周围的社会，他们无法像19世纪北方黑人人口那样迅速、高效地融入主流社会。在北方的学校，或生活的其他方面，人们都可以看到这种族群关系的倒退：

> ……20世纪上半叶，随着成千上万南方黑人移民来到北方社区，北方学校中的种族隔离现象急剧增加。事实上，到1940年，北方学校中的种族隔离现象比南北战争结束后重建以来的任何时期都更普遍。

在大多数情况下，这是北方事实上的种族隔离，尽管与南方学校法律明文规定的种族隔离有所不同。但北方通过对学区进行选区划分以及其他方式，取得了类似于南方种族隔离的效果。北方学校种族隔离卷土重来的原因之一，是黑人儿童的教育和行为问题。然而，关于教育问题，芝加哥和底特律的调查都表明，这些问题主要是黑人儿童的问题，因为他们的家庭成员是教育水平较低的南方移民。

无论是种族关系进步的时代，还是倒退的时代，都不能归咎于白人莫名其妙的情绪波动。这两种情况，都代表着白人对当地黑人明显变化的反应。这些反应因为第三方白人试图区分黑人儿童的固有问题而变得更为复杂，尽管从总体上区分黑人儿童和白人儿童只需要肉眼就够了。这就是成本非常低廉的 Ib 类歧视。

此外，在 20 世纪初，遗传决定论作为一种“科学”学说的兴起，强化了那些准备抹杀黑人和其他少数族裔儿童潜力的白人官员的手段，而他们与那个时代的进步人士如出一辙。

## 不以群分

20 世纪下半叶，通过对人们进行分类而产生的居住和其他结果，被普遍谴责为本身就是错误的，并且造成了针对不太幸运的群体的其他社会错误。这可以被视为更普遍的假设的一个特例。这种假设认为，在没有恶意干预的情况下，结果往往是均衡的或随机的。

但是，不管它基于什么（动机），对 20 世纪下半叶的许多美国人来说，这种观点已变得不言而喻，即对人进行分类是一项高度优先的任务，尤其是在学校，在居民区也是如此。

### 有教无类

也许 20 世纪美国最高法院最著名、最重要的判决，就是 1954 年的布朗诉教育委员会案。在该案中，最高法院宣布种族隔离学校违宪。

此次判决结束了半个多世纪以来的虚伪行径。1896年普莱西诉弗格森案裁定，只要为黑人提供的种族隔离设施“隔离但平等”，那么政府强加的种族隔离政策就没有违反《美利坚合众国宪法第十四条修正案》关于“法律保障人人平等”的要求。

众所周知，几代人以来，在种族隔离的南方，为黑人提供的隔离设施是极不平等的。法院迟迟才开始要求要么为黑人提供平等的州立机构，要么必须接纳黑人进入为白人提供的机构。此时，南方各州做出各种努力以减少不平等，在某些情况下，黑人勉强获准进入一些白人机构，如得克萨斯州的一所法律学校在允许黑人进入的同时，也制定了一些仅适用于黑人学生的限定。但即便如此，与南方官员坚决的抵制相比，这也代表了一种缓慢、艰难的进展。

如今，在布朗诉教育委员会一案中，根据首席大法官沃伦的说法，最高法院一致裁定，奉行种族隔离政策的学校天生不平等。因此，实现政府设施均等化的缓慢而迂回的路径，将被一种更简单直接的方式取代。这种方式就是简单地禁止官方按种族对学生进行分类。

现在面临的不再是物质设施不平等或财政支持不平等的问题，因为种族隔离行为本身就会影响黑人儿童的教育前景：“仅仅因为他们的种族而将他们与其他年龄和资历相近的人分开，会令他们对自身在社区中的地位产生自卑感，这种感觉可能会影响他们的心灵，且这种感觉可能永远无法消除。”

在激荡人心的时代氛围中，当布朗诉教育委员会案的判决被黑人和大多数白人（南方白人除外）交口称赞时，首席大法官沃伦提出的令人振奋的主张——政府强加的种族隔离和歧视早就应该结束——被广泛接受。然而，距离做出裁决的最高法院仅 1 英里的地方，就有一所全是黑人学生的公立高中，其历史可以追溯到 19 世纪。显然，这与首席大法官关于经验事实的关键断言相悖。

1954 年，当首席大法官沃伦宣布奉行种族隔离政策的学校天生不平等时，全是黑人学生的邓巴高中的毕业生上大学的比例高于华盛顿任何一所白人公立高中。早在 1899 年，当时华盛顿的四所学术型高中进行了同样的测试，这所全黑人公立高中的得分高于三所白人公立高中的两所。

虽然它的大部分毕业生都去了当地的大学，但有些人在 19 世纪末已经开始进入美国的一些顶尖大学，并以美国优等生联谊会会员的身份毕业。1892 年至 1954 年，这些毕业生中有 34 人被阿默斯特学院录取。其中，74% 的人毕业于阿默斯特学院，28% 的黑人毕业生是美国优等生联谊会的会员。许多黑人学生从这所高中毕业，进入其他精英大学并以美国优等生联谊会会员身份毕业。这些精英大学包括哈佛大学、耶鲁大学、威廉姆斯学院、康奈尔大学和达特茅斯学院等名校。

这所高中自 1870 年成立以来，几易其名，并于 1916 年正式更名为邓巴高中。这所高中诞生了拥有一系列职业成就的“第一位黑人”。其中包括第一位在美国大学获得博士学位的黑人女性、第一位黑人联邦法官、第一位黑人将军、第一位黑人内阁成员、第一位美国重点大学的黑人终身教授，以及作为血浆应用领域的先驱而赢得国际认可的查尔斯 · 德鲁博士。

显然，种族隔离的学校并非生来就差。毫无疑问，当时南方各州的大多数黑人学校，以及北方各州的许多学校，教育质量都很差。毋庸置疑，提供给黑人学校的劣质教育资源在这些结果中起到了一定的作用，尽管不一定是唯一的作用，也不一定是最重要的作用。

无论如何，在布朗诉教育委员会案判决之后的几十年里，公立学校推动种族融合的运动引发了很多社会动荡、种族分化和激烈的反弹，但让黑人学生坐在白人学生旁边并没有带来普遍的教育改善。

种族融合运动令人痛苦的讽刺之处是，在布朗诉教育委员会案判决之后，邓巴高中 85 年来的学术成就戛然而止。

为了遵守最高法院的这一决定，华盛顿的学校都必须是社区学校，这样邓巴高中就不能再像以前那样招收来自全华盛顿的黑人学生，而只能招收它所在的特定贫民区的学生。邓巴高中很快成为一个典型的失败的贫民区学校，出现严重的学术和行为问题。

与 60 年前相比，1993 年时邓巴高中的学生继续上大学的比例更低——尽管 1933 年美国仍处于 20 世纪 30 年代经济大萧条的深渊之中，而 1993 年则处于 20 世纪 90 年代繁荣的 10 年中。

无论是种族的融合还是普遍的繁荣，甚至是更新、更现代、更昂贵的学校建筑，都不能替代失去的东西。然而，在 20 世纪末，一些新建的和非常成功的学校为许多贫民区带来卓越的教育，不仅在华盛顿，在纽约和全美的其他社区都是如此。这些教育领域的成就很多应归功于特许学校，如成功学院和知识就是力量计划（KIPP）。

并不是所有的特许学校都是成功的，但那些成功的学校的教育成就，往往远远高于大多数贫民区学校或许多黑人孩子以种族融合的名义就读的白人学校。

例如，2017 年，纽约州成功学院特许学校有 1.4 万名学生通过了全州英语和数学考试，其通过率高于全州任何普通公立学区的学生。

尤其令人震惊的是，成功学院特许学校的绝大多数学生，要么是黑人，要么是拉美裔，他们都来自低收入家庭。而在普通公立学区，通过相同考试的比例最高的学生，绝大多数是白人或亚洲人，他们的平均家庭收入是有孩子在成功学院特许学校就读的家庭的 4 倍。

这种教育成就的非凡之处在于，被成功学院特许学校录取的孩子是通过抽签，也就是纯属偶然，而不是通过考试或根据他们以前的在校记录选出来的。他们与随机抽样的低收入黑人和拉美裔年轻人的不同之处在于，他们的父母非常关心孩子的教育，所以让他们参加了抽签。他们进行了**自我分类**，但其他许多人认为，低收入少数族裔家长没有资格做出教育决策，认为最好是由教育“专家”或其他“专家”来做出这类决策。

在这个案例中，就像邓巴高中曾经取得辉煌的学业成就一样，**自我分类**是至关重要的。在邓巴高中取得辉煌的学业成就的时代，黑人学生并不是简单地被分配到该校。学生必须申请就读，而那些既没有兴趣也没有倾向于接受严格教育规范的学生，是没有理由提出就读申请的。

这种自我分类的教育轨迹记录比**第三方**分类要成功得多，无论是按种族或按居住地点划分的**第三方**分类，还是相信种族多样性将带来高等教育成就的**第三方**分类。

少数族裔社区公立学校教育成绩极差的通常解释或借口，都经不起审视。无论是“奴隶制的遗产”，还是世世代代种族歧视的影响都是如此。在成功学院特许学校获得成功的黑人儿童，并不比来自相同社区在普通公立学校严重失败的黑人儿童更免于遭受这些负面的社会影响。

在黑人群体中，内部差异至少和在其他种族或民族群体中一样普遍，这使得自我分类成为减少阻碍教育摩擦的一种方式。成功的特许学校让我们得以窥见低收入贫民区的黑人孩子在自我分类后所能取得的成就。通过自我分类，这些孩子从不守纪律的同学的干扰和暴力中解脱出来。其实，只要一小部分人就足以阻止整个班级获得良好的教育。

## 住址分类

几十年来，来自不同种族社区的美国学生，被迫乘坐公共汽车就读“融合”的公立学校。与此同时，社区本身也有“融合”不同种族的类似尝试。

在各种政府项目中，有一些项目是在中产阶层社区建造一种能够让低收入人群负担得起的住房，这些项目的目的是融合那些已经自我分类的人。其他战略包括提供补贴，使低收入和少数族裔家庭能够在收入较高的社区租住现有住房。

这些项目背后的假设是，社会隔离是贫民区诸多社会病态现象的幕后黑手。因此，结束这种隔离能使少数族裔成年人和儿童的行为和表现得到改善。

这基本上等同于最高法院布朗诉教育委员会案裁决背后的假设，

即单独的设施本质上就是不平等的。尽管该决定没有明确规定种族融合对黑人儿童获得平等教育是必不可少的，但该决定的潜台词就是这个意思。

种族“融合”或人口“多样性”的概念，已从教育问题扩展到不同种族、民族或收入群体的住址分类问题上。据说，政府推动或实施这样的政策，既有利于入住中产阶层社区的新移民，也有利于已经通过自我分类远离他们的现有居民。

无论这些假设和理论的合理性如何，这些假设的实际有效性的关键在于，是否有确凿的证据。与那些把贫民区的社会病态现象归因于一般性外部因素的人，尤其是归因于白人种族主义的人相反，最强烈地反对政府实施将贫民区的人嵌入中产阶层社区等项目的部分人，正是来自这些中产阶层社区的黑人居民。正如《芝加哥论坛报》所说：

> 对分散公共住房租户最严厉的批评不是来自白人，而是来自黑人。在芝加哥市南部的哈维，一个苦苦挣扎的工薪阶层非洲裔美国人郊区，几乎每10户就有一户是领取补贴的租户。

全美工薪阶层和中产阶层社区的老住户普遍抱怨新来者的行为之一，是新来者十几岁的孩子“被允许四处闲逛，打篮球至深夜，坐在停放的汽车里高声播放流行音乐”，就像在芝加哥一样。此前已入住的居民抱怨他们“经常听到枪声”。

在旧金山湾区的一个社区，新来者的孩子被指控“盗窃附近的住宅，在工作日和休息日举办狂野派对，威胁邻居，并从事各种形式的犯罪活动……在上学和放学的路上抢劫和袭击我们的孩子”。在路易斯维尔，多年来杀人案一直集中在公共住房项目人员聚集的地区。

工薪阶层或中产阶层社区的黑人居民，一直不遗余力地谴责来自公共住房项目的人，以及通过政府提供的福利嵌入他们社区中的人。这可能是因为黑人中产阶层居民不怕被称为“种族主义者”。

据《芝加哥论坛报》报道，工薪阶层和中产阶层黑人的抵抗，“在某些情况下非常激烈”。黑人房主在公开集会上“大声抗议”，他们“不想让‘那些人’迁入他们已经恢复活力的社区”。通常，房主在公共集会上“会对官员们咆哮，他们通过努力工作才获得现在的地位，他们不想与那些只会毁坏他们家园的人比邻而居。他们称这些人为‘项目人员’，‘卑鄙小人’和‘不劳而获的人’”。

> “一些黑人觉得，‘那些人’让我们这些试图让自己有所成就的人变得很艰难。”肯伍德－奥克兰一位长期保持温和态度的房主雪莉·纽瑟姆这样说，“这也是为什么美国白人不想让我住在他们旁边的原因。因为，他们上下打量我，觉得我就是来自公共住房项目之类的地方。”

就像很多通常从种族的角度来讨论的社会模式一样，这种将底层新来者迁移至令他们被原有黑人居民嫌弃的社区的模式，也存在于底层新来者是白人的情境中，他们同样会遭到原有白人居民的憎恨。在畅销回忆录《乡巴佬的挽歌》中，这位有着乡村背景的白人作者说，他的祖母认为，政府把底层人士置于他们中间，是“一种背叛，确保

‘坏人’搬入社区”，尽管他们“看起来很像我们”，“但他们是那种”给我们的人民带来坏名声的“乡巴佬”。

除此之外，她还对政府安置在他们社区的新邻居的“毒品和深夜斗殴”行为感到不满，并在谈到住在隔壁的女人时说：“她是一个懒惰的妓女，但如果她被迫去工作，她就不会这样了。”祖母更尖锐地指出：“我不明白，为什么那些工作了一辈子的人只能勉强度日，而这些无赖却用我们纳税的钱买酒和充手机话费。”

支持在社区融合多种族或阶层的人士认为，居住在更好的社区里，会给迁入的成年人和孩子带来好处，也会为整个社会带来“多样性”。但是，这些源自公共住房项目和高犯罪率社区的新来者的预期收益，在各类研究人员对联邦政府“搬家寻找新机会”计划进行的广泛的实证研究中，并未得到证实。

发表在《人力资源杂志》上的关于这个计划的一项研究得出结论：“无论是在整体上还是在任何年龄段，我们都没有发现（迁入家庭儿童的）阅读成绩、数学成绩、行为或校园问题、学习投入度有所提高的证据。”发表在《美国社会学杂志》上的另一项对同一计划的研究得出的结论是：“没有证据表明，在低贫困率的融合社区花更多的时间就可以提振经济。”

发表在经济学杂志《计量经济学》上的另一项关于“搬家寻找新机会”计划的研究，也得出同样的结论：“在随机分配的平均5年之后，我们没有发现该计划对收入、福利参与或政府援助金额产生影响的重要证据。”美国经济学会的官方刊物《美国经济评论》对同一个联邦项目得出类似的结论：“将成千上万人迁入收入比他们原来的社区更高的社区，对成人经济的自给自足或孩子的教育成就没有产生连续的可检测的影响。”

美国最古老的经济学杂志《经济学季刊》得出同样的结论：“‘搬家寻找新机会’计划引起的社区变化，并没有在统计数据上显示出对户主的就业率、收入或福利的使用产生了影响。”

除了这些学术期刊，美国住房与城市发展部也发布了一项基于同一项目的研究。该项研究“在 10~15 年里跟踪了美国 5 个城市 4 600 多个极低收入的家庭，以考察它们搬到低贫困率社区的短期和长期影响”。该项研究的结论是：“没有观察到搬家对经济自给自足、就业结果，以及成人和儿童的危险和犯罪行为的明显好处。同样，搬家对年轻人的教育成就几乎没有产生积极影响。”

尽管如此，美国住房与城市发展部长肖恩 · 多诺万在 2013 年时仍然“许诺要帮助城市黑人搬迁到郊区社区，在那里他们可以获得‘好的学校、安全的街道、工作、杂货店等等’”。多诺万部长声称，房地产经纪人和房东仍然歧视黑人。“非洲裔美国人，”多诺万说，“被剥夺了他们的选择自由。”据《投资者商业日报》报道：

> 今年早些时候，住房与城市发展部扩大了两部反歧视法律《公平住房法》和《平等信贷机会法》的权限——这将使黑人或拉美裔获得住房或住房贷款的人数远少于白人的情况变得不再合乎法律，即使这些政策不带种族色彩并均衡地适用于所有群体。

在这个案例中，我们再次看到隐含的假设，即除非有不同的对策，否则不会有不同的结果。此外，这一假设似乎不受证据的影响。

一方面，人们对自己进行分类或取消分类；另一方面，政府官员对他们进行分类或取消分类。这两者之间的一个主要区别是，对自己进行分类或取消分类的人既获得了这样做的好处，也承担了这样做的成本。但是，政府官员既没有得到对其他人取消分类的好处，也无须承担这样做的成本。因此，他们可能会坚持这一进程，完全无视落在别人身上的收益或成本。事实上，承认实施了适得其反的社会政策的政治代价，正是继续施加这些政策并忽视或否认其后果的强大动机。

如果说政府补贴或政府强制的人员分类对任何人都没有好处，那就错了。一些研究已经发现，被政府安置在中产阶层社区的一部分低收入群体的确获得了一些好处，而获益群体的范围或规模，是这些住房项目制定之时始料未及的。

更根本的是，这些研究很少提及——更少衡量——迁入者对他们所在社区的原有居民产生的负面影响。就好像对新居民的任何好处，无论它多么小，都会自动地超过原有居民付出的任何成本，无论它多么大。

## 就业中的“不同的影响”

如果某一特定的就业或晋升的先决条件，例如高中文凭，对某些群体（如少数族裔）有“不同的影响”，那么举证责任就落在了被指控的雇主身上，他们必须为该要求提供正当理由，否则将被判定犯有歧视罪。

在刑事和民事案件中，这一过程都代表着对美国法律原则的重大背离。在刑事和民事案件中，举证责任通常落在提出指控的人的身上，而不是指望被告自证清白。在民事权利案件中，这种截然不同的法律标准会产生严重的实际后果。当雇员的种类和比例与周围地区群体的种类和比例不同时，雇主和寻求就业的工人都将付出成本。

对雇主来说，仅仅根据其雇员的统计数据就可以对他提出歧视指控，哪怕没有一个有血有肉的人真正声称受到过歧视。这意味着雇主可能要经历一个昂贵而耗时的法律程序，这个过程可能会拖延数年之久，单是法律费用就会耗费数百万美元之巨。此外，雇主还需承担这种不确定的过程可能导致的不利裁决而强加的成本。

例如，一起指控西尔斯百货公司连锁店性别歧视的案件，花费了该公司 2 000 万美元的法律费用，并耗时 15 年才通过联邦法院得以解决，政府甚至都不需要从西尔斯百货公司在全美数百家连锁店中的任何一家找出一名声称受到过歧视的女性。仅是统计差异，就足以使这一代价高昂的法律程序持续十多年。

最后，西尔斯百货公司在上诉法院获胜。但很少有雇主能够承受这么多年的财务成本，同时在歧视指控的公开污名之下运营。歧视指控可能会影响公众舆论和公司产品的销售。

包括大公司在内的大多数雇主认为，在法庭外解决此类案件是更为有利的，即使他们没有违反反歧视法律。然而，批评者会利用此类和解的数量宣称就业歧视的普遍存在。例如，2012 年，百事可乐支付了 300 多万美元，以了结平等就业机会委员会提出的一项指控，即这家大型汽水和零食公司对员工进行犯罪背景调查是对黑人的歧视。

与西尔斯百货公司对抗歧视女性指控的成本相比，这是一笔划算的交易，尽管西尔斯百货公司最终赢得了官司。此外，由于在联邦法院审理此案的同时，百事可乐多年来一直受到种族歧视的指控，个人和机构会转向其他公司购买汽水和零食，这可能会导致百事可乐损失更多的资金。

简而言之，“不同影响”案件的结果不一定取决于证据的数量或质量。到百事可乐和解之时，一项实证研究已经表明，进行犯罪背景调查的公司往往比没有进行此类调查的公司雇用了更多的黑人。在这些案件中，关键因素不是审判，而是审判的成本，包括法律费用和因不利宣传而造成的业务损失。被告获胜的唯一途径，在任何经济意义上，都是庭外和解，而不是进行审判。

很少有法官拒绝让案件进入审判程序，尽管 2013 年确实发生过这种情况。当时，地区法院法官罗杰 · 提图斯称，平等就业机会委员会提交的证据很“可笑”，因为其“错误百出，令人难以置信”，以及平等就业机会委员会起诉一家公司对求职者进行犯罪背景调查与它自己的做法自相矛盾，因为平等就业机会委员会自身也对求职者进行了犯罪背景调查。

民事权利案件中这种“不同影响”带来的对高昂诉讼费的影响，并不仅限于雇主。工人也会受到不利影响，而不仅仅是没有犯罪记录的黑人工人就业机会的减少。

当一个联邦机构可以如此轻松地代表来自种族或少数族裔的工人提出歧视指控时——就这些指控在法庭上进行辩护可能既昂贵又耗时，或者这些指控可能导致昂贵的庭外和解费用——这会降低受雇黑人或其他少数族裔工人的价值，即使他们的就业资格与不存在这种法律风险的其他工人的就业资格相同。

因此，雇主有动机将他们的企业设在远离少数族裔人口集中的地方。这样，即使他们的劳动力构成最终没有与周围人口的构成相同，在法律上他们也不容易受到昂贵的歧视指控。

一些日本公司在为它们在美国的第一家企业选址时，会明确表示不想把企业设在靠近黑人人口集中的地方。类似的美国公司更熟悉美国的法律和社会氛围，因而更容易不留痕迹地做到这一点。然而，这产生了一个问题，即法院适用的反歧视法律是否既提供了歧视少数族裔的诱因，又提供了不歧视少数族裔的诱因，而其最终效果是难以确定的。

许多观察人士认为，种族主义在就业市场上普遍存在，而且普遍有效。但他们没有考虑这样一个事实，即在竞争激烈的市场中，雇主积极寻找黑人工人，即使在种族主义猖獗和赤裸裸的地方和时代也是如此，比如种族隔离时期的南非，当时少数白人统治的政府公开宣称白人至上。

与此类似，一个多世纪前，种族歧视盛行的美国南方，也存在着对黑人工人的旺盛需求，以至白人雇主和地主有组织地压低黑人收入的努力，往往在对黑人工人和佃农的需求压力之下惨遭失败。

在南方种族歧视盛行的时代，北方白人雇主派遣招聘人员到南方招聘黑人工人。招聘规模如此之大，以至南方通过了许多法律，通过向北方白人雇主收取许可费和施加其他限制措施来限制此类招聘活动，并对违反这些限制措施的人处以严厉的惩罚。这清楚地表明，美国南北方对黑人工人都有强烈的需求。

20 世纪 20 年代北方社区对黑人工人的需求，足以使亨利 · 福特及其高管与底特律黑人社区的神职人员建立联系，以获得他们的帮助，对黑人求职者进行分类。芝加哥和匹兹堡也有类似的情况。福特汽车公司实际上是在寻求以低成本获取关于个人素质的信息，以便单独判断每个人，而不必依赖于群体特征信息。联系黑人神职人员，是获得 Ia 类歧视的好处的一种方式，且无须支付非常高的成本。

简而言之，种族主义不足以遏制竞争激烈的市场对黑人工人的需求。反歧视法律后来成为推动市场减少对黑人工人需求的因素之一，这是非常具有讽刺意味的。动机无论是好是坏，都不能预示结果。

第 4 章

# 数字的世界

DISCRIMINATION
and
DISPARITIES

谎言有三种：谎言，该死的谎言和统计数字。

——马克·吐温

当人们试图了解经济和社会差异时，经常会使用统计数据。统计数据既要传达这些差异的大小，又要试图确定其原因。对一些人来说，数字可能传递了一种客观真实和事实确凿的感觉。但是，即使数字是正确的，描述这些数字所衡量的内容的词语，也可能是不正确的，或者是具有误导性的。这些数据包括收入、失业率和逮捕率等基本数据。

数字也可能具有误导性，这不是因为数字本身或描述它们的词语存在任何内在缺陷，而是因为，与这些数字进行比较的规范具有隐含的假设。在这里，在没有基因或歧视等复杂原因的情况下，假设结果的均匀分布或随机分布是可以预期的。这种看似无懈可击的谬论，可能会使显示结果存在巨大差异的许多统计数据被视为现实世界中的根本性错误，而不是将这些结果进行比较的规范背后的假设存在根本性错误。

无论是逻辑还是经验证据，都没有提供令人信服的理由来预期个人、群体、机构或国家之间的平等或随机结果。或者，就这一问题而言，龙卷风或地震等自然现象的发生同样难以预期。

如果在使用时注意到它们的缺陷，那么统计数据在检验差异性结果的竞争性假设方面将非常有价值。但是，当统计数据由于人为的遗漏错误或收益错误被扭曲时，它们可能具有严重的误导性。

## 遗漏错误

仅仅遗漏一个关键事实，就足以将准确的统计数据变成陷阱，从而导致明显错误的结论。如果了解全部事实，就能知道结论是明显错误的。这常见于不同族群和不同收入阶层的比较，也见于其他比较。

### 群体差异

在21世纪初一场漫长而激烈的政治和媒体运动中，有人声称，对黑人住房抵押贷款申请者存在着明显的歧视，各种来源的数据被反复引用。相关数据显示，最理想的抵押贷款的黑人申请者，比条件相同的抵押贷款的白人申请者被拒绝的次数要多得多。

例如，在2000年，美国民权委员会的数据显示，44.6%的黑人申请者被这类抵押贷款拒绝，而只有22.3%的白人申请者被拒绝。这些以及其他来源的类似统计数据，引发了对抵押贷款机构的广泛谴责，人们要求政府“有所作为”以制止抵押贷款机构中猖獗的种族歧视。

美国民权委员会的同一份报告显示，黑人申请传统抵押贷款被拒之门外的概率是白人的两倍。但报告包含的其他统计数据显示，白人被同样的抵押贷款拒之门外的概率几乎是“亚裔美国人和夏威夷原住民”的两倍。

白人申请者的被拒率为22.3%，亚裔美国人和夏威夷原住民的被拒率为12.4%。但这样的数据很少（如果存在）见诸大多数报纸或电视新闻节目，因为黑人和白人的差异足以让记者相信，种族偏见正是根源所在。

这个结论符合现有的先入为主的观念，显然不需要去验证它是否符合事实。这一重大遗漏，使得盛行的偏见在政治、媒体和许多学术界的讨论中占据主导地位。

《亚特兰大宪法报》是少数几家曾经考虑对黑人和白人统计差异做出其他解释的媒体之一。该报的相关报道显示，52%的黑人的信用评分太低，以致他们只有资格获得不太受欢迎的次级抵押贷款，16%的白人也是如此。因此，在《亚特兰大宪法报》引用的数据中，49%的黑人最终获得了次级抵押贷款，13%的白人和10%的亚洲人也获得了次级抵押贷款。简而言之，这三个群体在他们可以获得的抵押贷款种类方面的排名与他们各自的平均信用评级排名相符。

但是这样的统计数据，对盛行的先入为主的观念——群体间的结果差异揭示出种族偏见——造成了极大的破坏，因而，大多数大众媒体几乎从未提到过这些数据。与信用评级一样，统计数据与Ia类歧视（即将每个申请人作为个体进行判断）是一致的，但媒体、政治和学术界则将其作为II类歧视（对整个群体存在任意的偏见）的证据进行了报道。

虽然遗漏的统计数据会使白人贷款审查者对黑人申请者存在偏见这一普遍误解破灭，但这种误解至少看起来是合理的，即使它经不起更严密的审视。但是，认为白人贷款审查者会歧视白人申请者而青睐亚裔申请者的想法，听上去就是不合理的。同样令人难以置信的是，黑人拥有的银行也歧视黑人申请者。但事实是，黑人拥有的银行比白人拥有的银行利率更高，导致黑人住房抵押贷款申请者拒绝了它们。

## 家庭收入统计

不幸的是，遗漏的统计数据与先入为主的流行观点不一致的情况并不少见。这已经成为政治、媒体，甚至学术界的一种普遍做法。这种遗漏错误不仅限于抵押贷款问题，在许多关于收入统计的讨论中也很常见。

例如，家庭收入数据经常被用来表明一个社会中经济差距的大小。但是，如果说收入最高的 20% 的家庭的收入是收入最低的 20% 家庭的 $X$ 倍，就夸大了有血有肉的个体之间的差距，这与收入阶层之间的实际差距可能存在很大的出入。这是因为，尽管 20% 的家庭数量相等，但在前 20% 的家庭中有更多的人口。

2002 年美国的人口普查数据显示，底层 20% 的家庭有 4 000 万人口，前 20% 的家庭则有 6 900 万人口。在有关收入差距的统计数据中，这些事实通常被忽略了。

毫无疑问，收入最高的那 1/5 的人比收入最低的那 1/5 的人的平均收入更高。但事实上，在前 20% 的家庭中还有多出来的 2 900 万人口。统计数据无视这些人口，无疑夸大了人与人之间的收入差距。美国劳工统计局随后发布的 2015 年的数据显示，当时收入最高的 20% 的家庭比收入最低的 20% 的家庭已多出 3 600 万人口。

此外，收入最高的 20% 的家庭中有收入的人是收入最低的 20% 的家庭中有收入的人的 4 倍。处于底层的 20% 的家庭，大多数人没有工作。4 个人工作的收入比一个人工作的收入多，这值得如此惊讶吗？这是遗漏的又一个错误，而其背后的真相则会破坏一个普遍的偏见。

不仅不同收入水平的家庭有不同的人数，不同民族的家庭也有不同的人数，不同时期的家庭，其人数也不同。在得出笼统的结论时忽略这些差异，可能会扭曲这些统计数据的含义或影响。

正如人口普查局指出的那样，半个多世纪前，美国家庭的增长速度一直快于人口的增长速度。简而言之，随着时间的推移，美国家庭倾向于每户容纳更少的人。这一趋势一直持续到 21 世纪。在更晚的时代，不仅有更小的家庭，更多的人在经济上足以支持他 / 她生活在自己的个人家庭之中，或者单独租房或住在自己的公寓里，而不是与亲戚或室友同住，因为平均收入一代比一代高。

在某几年内，如果每个家庭平均人数下降的同时人均收入增加，那么可能导致统计数据表明平均家庭收入正在下降，即使国家中的每个人都有了更高的收入。

例如，如果人均收入在某几年内增长了 25%。在此期间，每户平均人数从 6 人下降到 4 人，那么后期的 4 个人的收入就相当于前期 5

个人的收入。但这 4 个人的收入总和仍然没有前期 6 个人收入的总和多，所以平均家庭收入在统计数据上下降了，即使每个人的收入都增长了 25%。

家庭收入统计在其他方面也可能产生误导。两个低收入的人可能共住一套公寓，以减轻房租成本对每个人的负担。如果其中一方或双方的收入都增加了，就可能导致一个租户搬出，独自住在另一套公寓里。与人均收入增长相反，这又可能导致家庭平均收入下降。

举例来说，如果这两个租户最初每人的年薪是 2 万美元，后来都是年薪 3 万美元，之后便各自住在不同的公寓里，这意味两个人的家庭收入由每年 4 万美元下降至 3 万美元。现在，将会有两个低收入家庭而不是一个，而且每个家庭都比他们之前共同拥有的家庭更贫穷。同样，个人收入的增加可以在统计上反映为家庭收入的下降。

既然大部分收入是支付给个人而不是支付给家庭的，“个人”总是指一个人，而“家庭”可以指任何可能的人数，那么为什么要经常使用家庭收入统计数字，而不是个人收入统计数字呢?

显然，忽视个人收入统计数据，使用家庭收入统计数据，对寻求人类经济差异真相的人来说，是不太有用的。但家庭收入统计数据对宣传政治或意识形态改革来说非常有用，这些数据的基础，正是夸大人们收入差距的统计数据。

为了寻求有关美国人民经济福祉的真相，最简单和最直接的统计数据是人均实际收入的数据，即总货币收入除以总人口，并考虑通货膨胀因素。然而，这是一个很少在收入争议中引用的统计数据，也很少出现在美国人口普查局的官方出版物中。

## 时间和流动率

在讨论收入差距时，另一个经常被忽略或扭曲的重要因素是时间维度。最底层 20% 的人，经常被称为“穷人”。如果这些人的收入在几年内没有太大的变化，就可以说“穷人”的收入停滞不前。但是，绝大多数最初处于底层的 20% 的人并没有原地踏步。一个谈不上神秘的事实是，大多数人都是以较低的职位开启他们的职业生涯的，在获得了更多的经验、技能和成熟度，以及可以用来评判他们更长的履历之后，他们的收入比最初几年的收入要高得多。

密歇根大学进行了一项研究，在 1975 年至 1991 年跟踪了一组给定的美国工薪阶层人士，研究发现，最底层的 20% 的人中的 95% 在那段时期结束后已经不在最底层了。此外，最初处于最底层那 20% 的人中有 29% 一路上升到最顶层的 20%，而只有 5% 的人仍然处于最底层 20% 的位置。

由于 20% 的 5% 等于 1%，因此在整个研究期间，只有 1% 的抽样人口构成了“穷人”。关于“穷人”在此期间的收入状况的说法，只适用于这 1% 的人。

若在讨论高收入阶层的人时忽略时间维度，现实也会发生类似的扭曲。他们经常被视为永久的富人，而不是在这一阶层中昙花一现的人，就像低收入阶层中的“穷人”一样。因此，《纽约时报》2017 年的一篇文章称，“处于收入分配最顶层的 20% 的富人”，“自 1979 年以来”比其他人获得了多得多的收入。

考虑到 1975 年到 1991 年不同阶层之间的流动率，同一批人在 1979 年到 2017 年这段更长的时间里仍然处于前 20% 的隐含假设，就更令人震惊了。当然，流动率这一概念被忽略了。

另一项规模相对较小的统计研究，只跟踪了一组给定的美国人长达数年的时间。研究发现，现实与媒体、政治或学术界通常描绘的截然不同："在 25 岁到 60 岁之间的某个时候，超过 3/4 的人发现自己处于收入分配前 20% 的高收入阶层。"

对其他阶层的大多数美国人来说，嫉妒或憎恨处于前 20% 的人，就意味着嫉妒或憎恨多年之后的自己。《纽约时报》的报道中有所谓"偏爱的 20%"，实际上就是全体美国人中的绝大多数。此外，令人怀疑的是，3/4 的美国人把他们的工作当作一种爱好而不是谋生的手段。

将特定收入阶层的人称为"穷人"或"富人"，言下之意就是他们是这些阶层的永久成员，而事实上，大多数美国人不会在 20 年间停留在同一阶层。澳大利亚、加拿大、希腊、英国和新西兰的研究，也发现了低收入人群中的这种暂留模式。

最高收入阶层的流动率，甚至比一般阶层的流动率更高。在 1996 年被广泛讨论的收入最高的 1% 的美国人中，只有不到一半的人在 2005 年仍然停留在最高阶层。虽然最高收入阶层的人堪称"百里挑一"，但这种说法只在给定的瞬间是正确的。在人的一生中，这个比例是 1/9，因为 11% 的美国人在他们一生的某个阶段会处于这一阶层。

最富有的 1% 的人的流动率甚至更高，而全美收入最高的 400 人的流动率是最高的。

## 犯罪统计和逮捕统计

一些由于统计错误而造成的对真相的严重扭曲，涉及相当简单的遗漏。人们并不需要成为统计复杂性分析的专家，就能看穿许多统计谬误，包括那些基于简单遗漏的谬误。但人们确实需要停下来思考数字，而不是被花言巧语和统计的组合迷惑。

用来佐证警方将黑人作为主要逮捕对象的统计数据，通常只会表明被逮捕的黑人比例大大超出美国人口中黑人的比例——约 13%。

如果有人用类似的理由声称 NBA（美国职业篮球联赛）的裁判存在种族偏见，因为裁判裁定黑人球员的犯规比例远远超过 13%，那么任何熟悉 NBA 的人都会立刻看出这是个谬论——因为 NBA 中黑人球员的比例大大超过美国人口中的黑人比例。

此外，由于黑人在 NBA 明星球员中的比例特别高，黑人球员的实际上场时间也就更多，因而球场上的球员将比坐在板凳上的替补球员更多地被判犯规。

与检验黑人不成比例地成为警察逮捕的对象，或法院不成比例地定罪和判刑这一假设有关的，是黑人犯下的特定违法行为的比例，与因这些特定违法行为而被逮捕、定罪和判刑的黑人比例的客观数据。

这种客观数据并不总是唾手可得的，因为反映警方行为的数据，很难被认为是对警方行动正当性的有效检验。不过，有一些特别的统计数字，既与警方的行动有关，又与警方的行动无关。

最可靠和最客观的犯罪统计数据，是关于凶杀案的统计数据的，因为无论受害者的种族属性如何，尸体都无法被忽视。自从美国有凶杀案统计数据以来，凶杀案受害者中黑人的比例一直是黑人人口比例的数倍。此外，那些已经找到凶手的凶杀案受害者，绝大多数是被其他黑人杀害的，就像大多数白人凶杀案受害者是被其他白人杀害的一样。

由于黑人人口中的凶杀率是白人人口中凶杀率的几倍，因此黑人因杀人而被捕的概率也是白人人口中凶杀逮捕率的几倍，这不足为奇。在这样的统计比较中，相关数据不应是黑人在一般人口中的比例，而应是黑人在犯下特定罪行的人口中的比例。

另一项不受警方执法干扰、可以检验和量化的违法行为是超速驾驶。独立研究人员使用高速摄像机和雷达测速器对新泽西州收费公路上的近 4 万名司机进行的一项研究显示，黑人司机超速驾驶的比例高于白人司机，尤其是在速度较高的情况下。

这项研究将被州警察拦截的黑人比例与实际超速的黑人比例进行了比较，但无论是媒体还是政界人士，都没有像接受其他研究那样广泛接受这一统计数据。其他研究都是将被州警察因超速行驶和其他违规行为而拦截的黑人人数与黑人在总人口中的比例进行比较。

再一次，具体的事实被某种隐含的假设击败，即某一群体的行为具有趋同性，这使得结果上的巨大差异即便称不上邪恶，也足以令人惊讶。但是，即使撇开其他社会或文化差异，人口统计学差异本身也足以导致超速违章行为的群体性差异。

年轻人更容易超速，年龄中位数较低的群体往往在超速更常见的年龄段中占人口比例更高。当不同群体的年龄中位数相差 10 年，或者在某些情况下相差 20 年或更多年时，我们就没有任何理由期望不同群体拥有相同的超速驾驶人口比例，也不应奢望适用于某一特定年龄段的更常见不具共性的行为，对所有人都会产生相同的结果。

将黑人或其他群体从事特定违法行为的比例，与黑人或其他群体在总人口中的比例进行对比，足以让种族定性指控在政治上盛行，尽管这些指控与逻辑或证据都不一致。

一些专业统计学家拒绝参与“种族定性”问题的研究，因为这些问题充满政治意味。正如一位犯罪学教授解释的那样：“优秀的统计学家会举起手来说，‘这是一场你永远打不赢的战斗。我不想被称为族群主义者’。”

由此带来的其他后果是，许多执法官员也认为这是一场在政治上打不赢的战斗，于是干脆放弃严厉的执法，其结果是可能会毁掉他们的职业生涯和个人生活。警察退缩的最终结果往往是犯罪率上升，而黑人社区中守法的居民则成为主要的受害者。

有些人可能认为他们对黑人很友善，因为他们支持警察和刑事司法系统关于种族偏见和歧视是未经证实的这种说法。但是，正如著名黑人学者斯特林·A. 布朗很久以前指出的：“善良可能带来杀戮，也可能意味着残忍，但它永远都不能取代真正的尊重。”

## 收益差错

收益的统计错误包括把根本不同的东西的相关数据放在一起，比如工资和资本收益，由此得到的数字被简单地称为“收入”。但对不同事物冠以同一个称呼，并不能使它们成为相同的事物。

收益的其他错误包括统计类型的划分，就好像“富人”“穷人”“最富有的 1%”这些类型能代表一组给定的有血有肉的人一样。收益的错误还包括，通过调查研究解决因其自身固有的局限性而令其无法解决的事实问题。

## 资本收益

虽然个人的年度收入统计避免了家庭收入统计的一些问题，但有两组统计数据都被算作收入：（1）在同一年度挣得和被支付的年薪、工资和其他收入；（2）前几年积累的资本利得收入在某一年转化为现金收入。把一些人在不同年份挣得的收入等同于其他人在一年内挣到的收入，就像把苹果和橘子放在一起区分一样。

资本收益有许多不同的交易形式。这些交易包括股票和债券的销售，这些股票和债券可能是前几年购买的；也包括房屋或企业的销售，这些年来房屋或企业的价值一直在增长。

如果一个农场是以 10 万美元的价格被买下的，20 年后——农场所有者建造了谷仓和栅栏，并对土地和其他结构做了改进——农场以 30 万美元的价格出售，那么在出售农场的特定年份，农场所有者的收入将净增 20 万美元。以这种方法统计，农场所有者通过 20 年时间赚取的 20 万美元，将等同于其他人在一年内挣到的 20 万美元工资。

回过头来看，20 年来，这个农场所有者投入时间、精力和金钱管理农场，使农场的价值得以增加，这位农场所有者实际上平均每年赚了 1 万美元。展望未来，他不能指望像年薪 20 万美元的人那样，下一年再赚 20 万美元。

一般来说，资本收益在收入统计中被等同为年薪，但显然它不是年薪。没有什么简单的公式能使工资和资本收益具有可比性，因为不同个人的资本收益在特定年份转化为现金收入之前，累积的投资年限不同。

如果资本收益平均地存在于各个收入阶层，比如所有人收入的 10% 都是资本收益，那么收入统计中的差异可能不会受到太大的影响。但是，在现实中，较低的年收入更有可能是工资，而非常高的年收入更有可能是资本收益。例如，一个年收入 2 万美元的人可能挣的是工资，而一个年收入 2 000 万美元的人更有可能是从这样或那样的资本收益中赚到这么多钱的。

拥有极高收入水平的人的流动率非常高，这强化了上述结论。美国国家税务局的数据显示，从 1999 年到 2007 年，年收入超过 100 万美元的人中，有一半的人在这 9 年中仅有一次年收入超过 100 万美元的水准。

这并不意味着这个阶层的其他所有人每年都能赚到 100 万美元。另一项同样基于税收数据的研究显示，在收入最高的 400 名美国人中，只有不到 13% 的人在 1992 年至 2000 年有两次以上处于非常高的收入阶层。最高收入通常是非常短暂的收入，这强化了一个结论，即这些最高收入是短暂的资本收益，而不是持久的工资收入。

所有这些都扭曲了收入统计的含义，这些统计数据将年度收益和多年资本收益混为一谈。谈论一个国家的收入中有多少是由最富有的 10% 或最富有的 400 人赚取的，就是把他们等同为一组给定的人。但是，由于高收入阶层的高流动率，短短 10 年可能有数千人会进入“前 400 人”行列。

例如，根据美国国家税务局的数据，1992 年至 2014 年，年收入最高的 400 人累计达到 4 584 人。在这些人中，有 3 262 人在这 23 年中只有一次上榜。当这数以千计的人的收入情况被统计报告反映为数百人的收入情况时，这是对收入差距的多倍夸大，而在这个案例中，则是 10 倍以上的夸大。

这些数据，也与经常被念叨的“体系被富人操纵”的说法有关。“体系被富人操纵”这一说法，显然迎合了当前的社会愿景。但如果它符合事实，那么它可以像任何其他假设一样被检验。根据这些数据，如果美国收入最高的前 400 人操纵了这个体系，而“前 400 人”中 71% 的人在 20 多年里只有一次属于这一阶层，既然他们自己不太可能停留在这个最高收入阶层，那么为什么他们要操纵这个体系？可以想象，这将是最无用的操纵。

对世界上最富有的 400 人来说，情况也类似。他们在 2015 年净亏损 190 亿美元。2016 年，全球亿万富翁的数量略低于 2015 年，而全球亿万富翁持有的总财富净值下降了 5 700 亿美元。如果世界上最富有的人实际上“操纵了体系”，他们肯定可以赚得盆满钵满。

### 工具栏：资本收益与差异

一个假设的例子或许可以说明，当收入统计数据没有区分在给定年份获得年收入的人和在同一年获得资本收益（代表的是几年内的收入）的人时，收入统计数据会夸大差异。

例如，如果有 10 个人处于高收入阶层，每个人的年收入为 50 万美元，另有 10 个人处于低收入阶层，每个人的年收入为 5 万美元，这两个阶层的人的收入差距似乎是 10 比 1。但是，如果在 10 年内，在高收入阶层的 10 个人中只有一个人每年收入 50 万美元，而其他人在这 10 年中每人只有一年达到年收入 50 万美元——在这一年里他们的应计资本收益被转化为现金收入，那么考虑到高收入阶层非常高的流动率，上述情况将与该阶层同样的 10 个人，在 10 年中每年都赚取 50 万美元大不相同。

如果大多数高收入阶层的人因从资本收益带来某一年收入的暴涨，之后又回到较低的收入水平，他们的收入水平可能仍然高于全国平均水平。比如，其中某个人年收入 10 万美元，那么在 10 年里，**个人与个人**的收入差距，远远小于不同**收入阶层**的收入差距。

在这个假设的例子中，最初有 9 个人拥有较高的收入，他们在第一年每人收入 50 万美元，在随后的 9 年中每年收入 10 万美元，这意味着 10 年间他们每人总计收入 140 万美元，这使得有 9 个人的收入总和达到 1 260 万美元。该收入阶层的第 10 位成员，在这 10 年中每年都处于这个收入阶层,在所有的 10 年中每年都能收入 50 万美元，10 年间总计有 500 万美元的收入。在 10 年内，这 10 个人的收入累计为 1 760 万美元，而这 10 个人最初都属于高收入阶层。

同样，在低收入阶层的 10 个人中，每个人在 10 年中的个人年收入都是 5 万美元，加起来每个人收入 50 万美元，10 个人 10 年间的总收入为 500 万美元。在同一个 10 年里，最初处于较高阶层的 10 个人的总收入为 1 760 万美元，而最初处于较低阶层的 10 个人的总收入为 500 万元。因此，**个人与个人**的收入差距不足 4 比 1，而他们各自所在的**收入阶层**的收入差距则高达 10 比 1。

这是因为，在较高阶层的 10 个人中，有 9 个人每年都会被其他人取代。资本收益带来的收入只会造成某一年的收入增长，在这个例子中，他们的这种收入是 50 万美元。算上这 10 年的某一刻跻身高收入阶层的所有 91 人，这个高收入群体的平均年收入不到低收入阶层的 3 倍。

为了简单起见，尽管我们在此假设低收入阶层的人在整个 10 年中都有稳定的收入，但来自现实世界的数据显示，随着时间的推移，最初处于较低收入阶层的人的收入，通常会比最初处于较高收入阶层的人的收入增长得更快。这会使得这两个阶层的人的收入差距，比这个例子中推演的还要小。

一个假设的例子，显然不能被视为真实世界的精确复制品。这个例子仅仅是为了说明，在不细化相关前提的情况下，不同收入阶层之间的收入差距，可能远远大于现实中有血有肉的人之间的收入差距。

## 种族和族群差异

在试图找出黑人和白人之间经济和社会差异的原因时，一些观察人士将这些差异主要归因于黑人社区以外的人采取的政策和做法，而其他观察人士则将这些差异归因于美国黑人和白人行为模式的内部差异。

在寻求解决这个问题时，社会学家威廉·朱利叶斯·威尔逊主要依靠民意调查的统计数据。根据威尔逊教授的说法，这些调查显示："几乎所有的贫民区居民，无论是否有工作，都支持遵守职业道德规范。"在一项调查中，"来自贫民区贫困人口普查区的黑人受访者中，只有不到3%的人否认努力工作对在社会上取得成功的重要性，66%的人则表示努力工作非常重要"。

尽管威尔逊教授承认"调查不是了解根本态度和价值观的最佳方式"，他还是对"媒体对市中心贫民区'底层阶层'的价值观和人生态度的错误看法"进行了反驳，表明了"市中心贫民区的居民，实际上是支持而不是破坏了美国提倡的个人奋斗的基本价值观"。

尽管威尔逊教授依靠民意调查驳斥了贫民区居民与美国人的文化价值观不同的说法，但人们的言和行并不存在必然的相关性。哥伦比亚大学的研究人员对低收入人群进行的一项调查显示，59%的人认为赊购商品是个坏主意。尽管如此，"大多数家庭在购买主要耐用品时还是选择了信用贷款"。

经济学家倾向于依赖"显示性偏好"而不是口头陈述。也就是说，人们的所作所为，能比他们的口头陈述更好地揭示他们的价值观。即使人们给出诚实的答案，表达了他们真诚的信念，也无济于事。例如，一些人对努力工作的概念，未必与另一些人的相同，即使两者使用了相同的词语。

富裕的夏克海茨地区的黑人学生，在功课上比他们的白人高中同学花费了更少的时间，他们花费了更多的时间看电视，这就是他们的显示性偏好。其他来源的数据显示，美国黑人和亚裔美国人在高中时花在学业上的时间差异更大。这种差异并非黑人或美国所特有。例如，在澳大利亚，华裔学生花在功课上的时间是白人学生的两倍多。

在澳大利亚、英国或美国等以白人为主的社会里，亚裔学生总体上在学业上比白人学生表现得更好，我们应该对此感到惊讶吗？在世界各个国家中我们都可以看到同样的情况。在日本、韩国和新加坡等亚洲国家，学生学习非常努力，他们在国际竞赛中取得的成绩优于大多数西方国家的学生。

根据人们的口头陈述编制的统计数据，可能会贻害无穷，如果这些统计数据导致人们相信其中的数据是真实的，人们就可能以此对社会政策做出严肃的决策。

顺便说一句，不同群体在教育上投入的精力和教育成果的质量之间的高度相关性，与遗传决定论的观点是相悖的。我们如果发现一些种族的学生花在学业上的时间和精力比其他种族的学生少，但教育结果却优于其他种族勤奋学习的学生，就能将其作为支持遗传决定论的证据。但是，这样的证据似乎并不存在。

当试图从统计数据中确定群体间的收入差异是否涉及Ⅱ类歧视时，收益的一个常见错误会使这种比较变得不可靠，那就是将个人与所谓"相同"的教育或其他资格进行比较，而这些资格在实际意义上是不一样的。比较具有"相同"教育年限的黑人和白人，显然不能等同于对20世纪早期大部分时间里接受相同教育的黑人和白人进行比较。

在那个时代，大多数黑人集中在南方各州，他们的种族隔离学校通常学制较短，还有其他的不平等存在。那个时代的一项研究显示："一个在学校学习了 6 年的黑人学生，每年上学 3 个月，最多只能完成白人学生 6 年课业的一半，因为白人学生每年上学 6 个月。”然而，从统计上看，他们的教育年限“相同”。

很明显，这种情况存在Ⅱ类歧视，但不能通过统计数据的搜集地点来确定歧视发生的地点。也就是说，受教育程度“相同”的黑人和白人工人获得不同的工资这种情况，并不一定源于雇主的偏见与歧视，这与黑人工人接受雇主的工作之前在学校体系中存在多年的偏见与歧视是不同的。

同样，在后来的时代，当学校在法律上不再被种族隔离之后，黑人高中毕业生的教育考试成绩仍然低于比他们年轻几岁的白人学生。在这种情景下，雇主没有向黑人工人支付与“同等”教育程度的白人工人一样的工资，并不一定是因为工作场所存在Ⅱ类歧视，即使统计数据是在工作场所搜集的。但是，当对心理测试结果相同的个人进行比较时，黑人和白人的收入是相当的。

统计数据往往没有提供更多的细节比较那些真正具有可比性的个人。一个非常相似的问题会影响总的来说具有“相同”资格的男女工人的比较。但是，如果女性兼职比例较高且连续工作年限较少（由于花时间照顾年幼的孩子），或者她们拥有大学学位但是所学专业没有为她们从事高薪职业做好准备，那么总的来说，将具有“相同”资格的女性和男性做比较，就是拿苹果和橘子做比较。

在可以获得更广泛的工作资格数据的情况下，我们可以比较来自不同群体真正具有可比性的个人。此时，收入差距往往会缩小，接近消失，有时甚至不平等现象会逆转。例如，早在 1972—1973 学年，白人教员的收入就高于黑人教员。但是，当我们将这些来自相同领域，来自各自学科排名相似的院系，以及发表文章数量相似的具有博士学位的教员进行比较时，我们会发现，黑人教员的收入高于白人教员。同样，男性教员的收入高于女性教员。但是，在同样资格的教员中，从未结过婚的女性比从未结过婚的男性收入更高。

## 最低工资和失业

调查研究造成的重大损害之一，是试图解决关于最低工资法对失业造成影响的意见分歧。最低工资法的支持者认为，这些法律提高了穷人的收入。而批评者认为，这些法律导致更多穷人失业，因为低收入工人往往是技能和 / 或工作经验很少的工人，所以，雇主觉得他们只配拿低工资。尽管有大量关于失业的详细统计数据，但这场争论已经持续了几代人之久。

部分问题在于，正如我们在其他情况下看到的那样，大多数“穷人”不是低收入阶层的永久成员，就像其他收入阶层的人也不会是该阶层的永久成员一样。在所有收入处于或接近最低工资标准的美国人中，大约有一半人在 16 岁到 24 岁之间。当然，他们不会永远年轻。所以，当人们说，就像参议员泰德 · 肯尼迪曾经说的那样，“领取最低工资的工人为了加薪已经等了近 10 年”，他们说的不是特定的一组人，而是一个包含不断变化的人群组合的统计类别。

顾名思义，年轻人通常是缺乏经验的工人，他们对未来雇主的价值往往低于在同一工作中更有经验的工人的价值。一些年轻人可能会通过教育获得有价值的工作技能，但教育也需要时间，而随着时间的推移，人们会变老。

通常，年轻、没有经验的工人要具备的初级技能包括每天准时上班、听从指示和与他人融洽相处。在获得了这些初级工作经验后，大多数年轻的初学者会继续从事其他工作，与不同的雇主合作。在这些工作中，某种工作经验可能是他们被录用的前提条件。这些事情虽然看起来很简单，但是如果做不好，就会抵消一个年轻工人可能拥有的其他优良品质，尽管这些品质还没有机会在工作环境中表现出来。

许多零售企业或快餐店的初级岗位，司空见惯的是员工的高流动率，有时甚至每年超过 100%。其实，这些工作是转向其他雇主从事其他工作的敲门砖，尽管一些观察家错误地将这些初级工作称为“没有前途的工作”。如果工人长期从事这类没有自动晋升机会的工作，那么他们的选择实际上是死路一条。不过，考虑到超市员工的平均任期仅为 97 天，可以看出，初级岗位显然也不是毫无前途的。

与市场经济中的大多数事物一样，缺乏经验和技能的工人价格越低，市场需求越大。最低工资法基于第三方希望看到工人被支付某种标准的工资，而不是基于这些工人的实际生产力给非技术工人的工作定价。这种传统的经济分析受到最低工资法倡导者的挑战，而调查研究数据一直是这种挑战的主要组成部分。

早在 1945 年，普林斯顿大学的理查德 · A. 莱斯特教授就向雇主发放调查问卷，询问他们将如何应对更高的劳动力成本。雇主的回答并不符合传统经济分析的路线，这使得莱斯特教授相信，传统的经济分析要么是不正确的，要么是不适用于最低工资法的。然而，传统的经济分析的目的是预测经济结果，而不是预测被调查者将如何回答问卷。

此外，结果不仅仅是信念或意图的成果，正如我们在关于歧视成本的讨论中见到的那样。

在莱斯特教授挑战传统经济分析几十年之后，同样来自普林斯顿大学的其他经济学家再次挑战基于调查研究的传统经济分析。这次的挑战是在最低工资上调前后调查同一批雇主，询问他们的员工数目。调查结果使得普林斯顿大学的经济学家相信，最低工资的提高并没有减少就业。因此，他们和他们的支持者宣布，传统的经济分析是一个“神话”，现在已经被“驳倒”了。

其他经济学家对普林斯顿大学经济学家的结论进行了严厉的批评，质疑他们的统计数据的准确性和他们所做结论的逻辑性。但是，即使普林斯顿大学的经济学家的统计数据完全准确，也不能解决调查研究普遍面临的关键性缺陷，即调查的只是经济活动中的幸存者。对幸存者来说正确的结论，不一定适用于其他在同样情况下被淘汰的人。

一个极端的假设例子，可以说明这一统计方法也适用于不那么极端的情况。如果你想通过经验来确定玩俄罗斯轮盘赌是否危险，并通过调查研究做到这一点，你可以向所有已知的玩过俄罗斯轮盘赌的人发出问卷，要求他们提供相关结果的信息。

在问卷返回并将答案制成表格后，你从这些统计数字中得出的结论很可能是，从返回的问卷答案来看，没有人受到任何伤害。并不是所有的问卷都会得到反馈，尽管这在调查研究中并不少见。基于这项研究的统计数据，你很可能得出结论，你已经“驳倒”了玩俄罗斯轮盘赌是危险的这一“神话”。当你只调查幸存者时，这就是你能得到的结果。

在关于最低工资的研究中，如果一个行业中的所有公司都是相同的，那么由于实施或提高现有最低工资标准而导致的任何就业减少，都将表现为所有公司就业的减少。但是，在更常见的情况下，某一特定行业中的部分公司盈利能力较强，其他公司盈利能力较弱，还有一些公司则难以生存，最低工资标准导致的失业可能会将一些苦苦挣扎的公司挤出本行业，并导致新增的同类公司减少，因为现有的劳动力成本更高，利润就会更低。

唯一一批可以调查其就业数据的公司，是在实施或提高最低工资标准之前或之后，在这两个时期都坚挺的公司，也就是幸存下来的公司。如果行业内公司的数量出现净减少，那么即使整个行业的就业人数下降了，这些幸存公司的就业人数也不必减少。接受调查的公司就像玩俄罗斯轮盘赌幸存下来的人一样，在这两种情况下，他们很可能都是多数派，尽管不是具有指标意义的多数派。

在实际调查中，一项关于提高当地最低工资标准对旧金山湾区餐馆就业影响的研究发现，最低工资标准的主要影响是一些餐馆倒闭，新增餐馆减少。倒闭的餐馆主要是质量较差的餐馆，五星级餐厅的就业情况并未受到影响。在西雅图也出现了同样的情况，当地最低工资标准的提高导致一些餐馆干脆关门了。这些现在已经不存在的餐馆，显然是无法被调查的。

市场所需的劳动力数量，可以通过雇用工人的数量或他们工作的小时数来衡量，或者两者兼用。美国国家经济研究局发表的一份研究报告称："2016 年，最低工资法使得低工资员工的月收入平均降低了 125 美元。"该研究报告通过工作小时数以及就业人数来衡量就业情况。因此，从理论上讲，更高的最低工资标准带来的收入增加，在现实世界中变成了收入的显著下降。也就是说，即使是保住了工作的工人，他们的工作时间也变得更短了，因此他们挣的钱更少了。

在确定最低工资法对失业的影响时，我们面临的另一个问题是，直接受到最低工资标准影响的劳动力的比例往往很小。因此，这部分劳动力中的失业率，可能会被周围更多其他雇员失业率的正常波动淹没。

在大多数雇员的工资低到可以直接受最低工资法影响的情况下，这就不是什么问题了。但五星级餐厅不太可能让经验不足的青少年把食物送到高档顾客的餐桌上，尽管麦当劳或汉堡王这样的餐厅经常让青少年为其顾客送餐。

评估最低工资法对失业的影响的其他方法，还有搜集数据，但仅限于那些直接受到影响的缺乏经验和技能的工人，如青少年。在第 2 章，我们已经看到最低工资法如何影响青少年总体失业率以及青少年失业率中的种族差异。

另一种评估最低工资法对失业的影响的方法是搜集没有实施最低工资法的地方和时期的失业数据，以便用这些失业率与实施了最低工资法的地方和时期的失业率进行比较，尤其是在具有可比性的社会中。或者，在理想的情况下，比较同一时期同一社会实施了最低工资法之前和之后的情况。

通过关注一般青少年或特别关注黑人青少年，我们可以更清楚更准确地看到最低工资法的影响，因为这些人是受这些法律影响最大的工人，他们是最缺乏教育、工作技能和经验的人，因此收入特别低。此外，从 20 世纪 40 年代末到现在，有大量关于这类群体就业情况的统计数据。

正如我们看到的，20 世纪 40 年代末美国青少年失业率的统计数据最引人注目的是以下两点：（1）当时的失业率远低于我们在后来几十年中司空见惯的失业率；（2）当时的黑人青少年和白人青少年的失业率几乎没有差别。

从国际上看，在政府和工会都没有设定最高工资标准的时间和地点，失业率明显较低。大多数现代国家都有最低工资法，但少数还没有制定最低工资法的国家失业率往往明显较低，比如今天的瑞士和新加坡。在影响了建筑业工资水平的《戴维斯—培根法案》于 1931 年出台之前，美国也没有全国性的最低工资法。

关于这些地方和时代失业率的硬数据，《经济学人》杂志在 2003 年报道称："瑞士 2 月的失业率接近 5 年来的最高水平 3.9%。"但这一"高"失业率（对瑞士而言）在后来几年恢复到了正常（对瑞士而言）的 3.1%。

2013 年，新加坡的失业率为 2.1%。在美国，没有全国性最低工资法的上一届政府是 20 世纪 20 年代的柯立芝政府。在柯立芝总统任期的最后 4 年，美国的年均失业率在 4.2% 的高位到 1.8% 的低位之间波动。

然而，即使是一些学者对最低工资法的讨论，往往也基于这些法律的意图和假定效果，而不是基于其实际后果的经验证据。

## 影响

经济学和其他领域对复杂统计分析的强调——在许多情况下，无论这种统计分析多么有价值，甚至至关重要——仍然可能导致人们忽略简单但基本的问题，即这些复杂分析所依赖的统计数据实际上是否起到了或声称起到了测量数据的作用。将年薪和多年资本收益汇总在一起的“收入”统计数据，只是许多统计数据中的一组，这些统计数据可以在这一基本层面经受住更严格的审视，特别是当影响数百万人的法律和政策基于统计结论时。

即使不能说令人痛苦，至少也是令人不安的，那些简单而明显的谬误在知识界得到普遍认可，甚至似乎推动了所谓“社会正义”的流行愿景。当前一个突出的例子是法国经济学家托马斯·皮凯蒂关于收入不平等的大型国际统计研究，尽管哈佛大学斯蒂芬·平克教授指出了其中明显且根本性的错误陈述，但是这项研究还是在许多国家获得了好评：

> 托马斯·皮凯蒂 2014 年的畅销书《21 世纪资本论》，在由不平等引发的轩然大波中成为一个护身符。他写道：“如今，较贫穷的一半人口和过去一样贫穷，2010 年他们的财富仅占总财富的 5%，与 1910 年时一样。”但是，今天的总财富比 1910 年要多得多，所以，如果贫穷的那一半拥有同样比例的财富，他们会更富有，而不是“如此贫穷”。

除了谈到百分比——就好像百分比代表了一个世纪以来一定数量的收入或财富一样，皮凯蒂教授还做出这样的断言，即在收入方面，“前 10% 的人本身就是一个世界”，而事实上，超过一半的美国人会在他们生命中的某一刻处于前 10%。当皮凯蒂声称最富有的 1% 的人处在“等级制度”和“不平等结构”的顶端时，他再次在口头上将变化的人群组合，特别是收入阶层，转变为一个固定的结构，而不是视其为一个流动的过程。而在这个过程中，大多数美国人不会在 10 年中保持在同一阶层。

这些错误陈述是对同一基本误解的不同表达。正如一项对 400 名最富有的美国人进行的实证研究指出的那样，皮凯蒂教授“天真地假设是同一批人变得越来越富有了”。但 400 名最富有的美国人中的大多数都是奋斗一生才获得如此巨额财富的，而不是过去 400 名最富有的人的继承人。

这种误解并不是皮凯蒂教授特有的，也不是他的统计数据存在的唯一问题。但是，这种简单而明显的错误陈述仍然获得了知识界的认可，这才是远远超出托马斯 · 皮凯蒂的问题和危险。

收入差异无论是在税前还是税后进行衡量，都可以改变不平等的程度。如果在税后和政府调节税费之后再衡量不平等，无论是在金钱还是在商品和服务方面，这种不平等都能被显著缓解。因为高收入的人缴纳了更高的税收，低收入的人则获得政府调节的大部分税收。

当税率变化被描述为“增税 3 000 亿美元”或“减税 3 000 亿美元”时，关于税率本身的统计数据可能极具误导性。在现实中，政府能做的就是改变税率。国家能获得多少税收，取决于人们的反应。有过高税率带来低税收的时候，就有过低税率带来高税收的时候，也有过税率和税收同步增长或减少的时候。

例如，在 20 世纪 20 年代，美国最高收入群体的税率从 73% 降至 24%，但同时政府的所得税收入大幅上升，特别是从收入最高的人群获得的所得税收入大幅上升。在此前更高的税率之下，富裕的投资者会让大量资金以免税证券的形式存在，比如市政债券。投资于免税证券的资金总额，估计是美国联邦政府年度预算的 3 倍，是国债的一半还多。

如此庞大的、法律上不能征税的资金，引起了时任财政部长安德鲁 · 梅隆的注意，并激起了他的愤怒。他宣称，在一个民主国家，“社会中存在着无法对其征税的阶层”是“令人厌恶的”。由于未能促使国会采取措施终止对特定证券收入免税，财政部长梅隆转而寻求降低税率，但实际上此举会带来更多的税收收入。

免税证券不像其他证券那样可以获得较高的投资回报率，但通过其他证券获取的收益是需要纳税的。当税率为 73% 时，富裕的投资者接受免税证券的较低回报率是有意义的，但在税率降至 24% 时就不是这样了。就字面意义而言，20 世纪 20 年代，政府对最高收入人群的官方税率从 73% 降至 24%。但是，现实世界的情况是，实际缴纳的税率从 0 上升到 24%，而这些钱以前在避税天堂里政府是无法触及的。这带来了来自高收入人群的税收收入的巨大增长，这笔税收无论是其绝对值，还是其在所有所得税中所占的百分比，都是巨大的。

从高收入纳税人那里征收的所得税的增加，是一个简单事实的结果，有源的 24% 大于无本的 73%。在后来的一些政府中，减税也带来了税收的增加。例如，2006 年 7 月 9 日《纽约时报》头版报道:“来自企业和富人的税收出人意料地大幅增加，正在压低今年的预算赤字。”

无论税收增加对《纽约时报》和其他谴责政府为“富人减税”的人来说多么出人意料，都只是多年来各届政府官员预测和预期的结果。他们呼吁降低税率，是为了让资金撤出避税场所，并投资于市场经济。这包括柯立芝、肯尼迪、里根和乔治 · W. 布什等多届政府，这些政府都获得了类似的结果。但是，税率和税收也存在背道而驰的可能性，这很少在媒体中被提及——这是一个重大的遗漏错误。

这些不仅仅是关于历史的争论。降低所得税税率的建议，在我们这个时代的后果之一是，它会自动地遭到担心此举将导致所得税收入减少的人的反对。例如，在 2018 年 1 月 31 日的《华尔街日报》上，经济学家艾伦 · 布林德反对减税，理由是“赤字已经太大了”。

这与《纽约时报》此前的报道是矛盾的，即在乔治 · W. 布什总统执政期间，税收收入的增加意外地减少了赤字。这也是对 20 世纪 20 年代税率降低后创纪录的预算盈余的无视——当时的盈余大到足以偿还大约 1/4 的国债。和其他芸芸众生一样，布林德教授还是会说下去，好像税率降低意味着税收减少是不言自明的。

当然，我们不能保证特定的减税措施在特定的情况下会导致哪种结果。但是，布林德教授的断言并未基于任何论点，如在特定的当前情况下降低税率会导致税收减少。事实上，这一点没有任何争论。显然，也没有必要提出这样一个论点。同样，21 世纪出版的一本关于卡尔文 · 柯立芝总统的书做出了同样的断言，由于柯立芝执政期间的减税，“富人分享和侵蚀了美国财政部原本可能用于其他目的的资金”。因此，在柯立芝总统的领导下，政府破纪录的预算盈余，被巧舌如簧的人说成是对资金的剥夺。

美国国税局在 100 多年前就已公布了大量详细的税率和税收统计数据，但是对许多持主流社会观点的人而言，这些数据可能根本就不存在。归根结底，这不是一个关于历史的问题，而是一个关于这样的漫不经心对现在和未来意味着什么的问题。

第 5 章

# 文字的世界

DISCRIMINATION
and
DISPARITIES

文字是聪明人的筹码，他们只用来算计；但文字是愚笨者的财富……

——托马斯·霍布斯，1651 年

数字能以多种方式被用在特定的问题上，颇具欺骗性；而文字能以多种方式被用在如何看待整个社会上，更具全面的欺骗性。

数字能因其明显的客观性而欺骗我们，但文字可以更全面地欺骗我们，因为它们具有数字很少具备的情感诉求。人们可能有非常合理的理由对“战争”“种族主义”“谋杀”等词语做出负面反应，尤其危险的是，有人会不合理地使用充满情感的词语——任何凌驾于思想之上或取代思想的东西，都可能是危险的。然而，当用文字的方式掩盖现实以及现实背后因果关系的联系时，情绪操纵只是危险之一。

## 情感与因果关系

正派人士可能会对历史上充斥的许多压迫和迫害感到震惊。但是，衡量过去——甚至是现在——的各种压迫和迫害的当前因果效应，与简单地念诵一连串的邪恶咒语并以为据此就能自动地为其他事件建立因果关系是完全不同的。

例如，在寻求美国黑人贫困和其他社会问题的原因时，社会学家威廉·朱利叶斯·威尔逊指出了一些因素，如“奴隶制的持久影响，种族隔离，公立学校的隔离，合法化歧视，居住的隔离，联邦住房管理局（FHA）在 20 世纪 40 年代和 50 年代对黑人社区画红线，在贫穷的黑人社区建设公共住房项目，雇主歧视，以及其他种族法案和进程”。

这些不同的事实可能被归结为种族主义的例证，所以这里的因果问题是，种族主义是造成当今美国黑人贫困和其他社会问题的原因，还是主要原因之一。对此，许多人可能会认为，显而易见的答案是“对”。然而，一些不容置疑的事实破坏了这一结论。例如，尽管美国黑人的贫困率普遍很高，但自 1994 年以来，黑人已婚夫妇的贫困率在任何一年都不到 10%。

已婚黑人的贫困率不仅低于黑人的整体贫困率，而且在某些年份还低于白人的贫困率。例如，2016 年黑人的贫困率为 22%，白人为 11%，黑人已婚夫妇为 7.5%。

种族主义者在乎一个黑人是已婚还是未婚吗？如果他们对此毫不在乎，如果种族主义是黑人贫困的主要原因，那么为什么已婚黑人比其他黑人更容易摆脱贫困？如果奴隶制等历史罪恶的持续影响在今天仍起着主要的因果作用，那么今天的黑人已婚夫妇的祖先是否能免受奴隶制和其他不公正的对待？

早在 1969 年，出生于会读书看报的家庭的年轻黑人男性，如果与年轻的白人男性受过同等的教育，那么他们的收入与同龄白人男性是相近的。种族主义者关心黑人是否有阅读材料或借阅证吗?

在非常成功的特许学校，如知识就是力量计划特许学校和成功学院特许学校，来自低收入家庭的少数族裔儿童在教育考试中的成绩往往比普通公立学校其他低收入家庭和少数族裔青少年高很多。有时，他们的分数也高于学区的学生，而学区的孩子大多是白人，来自收入较高的家庭。在2013年的全州考试中，《纽约时报》报道称，哈莱姆社区一所成功学院特许学校五年级学生的“数学成绩超过了该州所有其他公立学校，甚至超过了白人最富裕的郊区斯卡斯代尔和布莱尔克利夫庄园的同龄人”。

然而，这些特许学校无法改变历史事实。它们非常成功的教育成果，以及通过抽签而不是能力选择招录的贫民区儿童，表明历史上的不公正——无论如何都应该受到谴责——并不会自动地成为当前的命运。那么，严峻的问题是，我们是想让这样的孩子，以及一般的黑人有一个更美好的未来，还是希望重复“奴隶制遗产”的诅咒，以维护基于这一诅咒和愿景的社会安定、政治生涯、制度领域和勒索机会?

关键的问题不在于邪恶是否存在，而在于过去或现在的邪恶是否会自动地成为当今经济、教育和其他重大社会差距的原因。许多政治或意识形态改革背后的基本假设是，社会经济差异自动地是某人的过错，所以我们的选择是，这些差异要么归咎于社会，要么“归咎于受害者”。然而，人口差异、地理差异、出生顺序差异或文化差异普遍存在，这些差异都是在我们出生之前的几个世纪里进化而来的。那么，这究竟是谁的过错?

如果我们真的要寻找因果关系，就必须超越情感语言。这些语言不一定是为了告知或说服，却往往是通过重复或恐吓试图压倒一切，从而达到自身的目的。

值得称赞的是，威尔逊教授指出，在对不同时期进行比较时，黑人社区中各种不利经济因素的程度与居住在这些社区的人们的行为变化并不相符：

> 尽管整个20世纪上半叶贫民区的贫困率很高，但市中心的失业率、少女怀孕、未婚生育、女户主家庭、福利依赖和严重犯罪的概率都明显低于后来一些年，更未达到20世纪70年代中期灾难性的比例。

威尔逊教授还指出，黑人社区对暴力的恐惧在早些年明显较低：

> 在20世纪40年代和50年代的炎热夏夜，哈莱姆社区和其他贫民区的黑人毫无顾忌地睡在公园、消防通道和屋顶上，白人则经常光顾市中心的酒馆和夜总会。

其他来源的许多例子强化了同样的结论，即黑人社区在过去并不像20世纪下半叶那样危险。简而言之，在20世纪上半叶，黑人贫民区中存在的主要社会病态的所谓根源，比下半叶要严重得多。然而，正是在20世纪下半叶，社会病态变得更加普遍，贫民区变得更加危险。事实上，这种模式远远超出黑人聚居区，也远远超出美国，正如我们考察英国低收入白人在同一时期类似的社会退化时看到的那样。

同时，我们应该如何看待已婚或拥有图书借阅证的黑人，与作为一个群体的黑人在经济成就上的差异巨大这一事实呢?

婚姻或借阅证本身，似乎不太可能直接导致这种差异。更有可能的解释是，这些都是文化生活方式选择的指标，它们总体上有利于更好的经济前景。进一步的证据是，尽管近年来黑人男性整体的劳动力参与率低于白人男性整体的劳动力参与率，但已婚黑人男性的劳动力参与率却高于从未结婚的白人男性的劳动力参与率。而且，这种状况已经持续了 20 多年。

显然，个人生活方式的选择，对黑人和白人都有重大影响。婚姻、图书借阅证、劳动力参与率以及让自己的孩子参加特许学校的抽签，这些都是生活方式选择和社会经济成果背后的文化价值指标。

另一种解释可以作为假设提出，以进行经验检验。但更常见的是使用一整套文字和短语，以回避任何经验主义的对立解释。相反，人们常常简单地断言，“规则和制度的网络”是导致“不平等结果”的原因。这些结果包括“种族和性别工资差距”，以及黑人“在失业和低工资工人中的比例过高，而在中产阶层中的比例偏低”。

这些问题中的任何一方，都没有人否认在不同的美国社会群体中存在不同的结果，因为在世界其他国家的不同群体中也存在不同的结果，在有记载的数千年的历史中也存在不同的结果。在此，就像在其他时间和地点一样，有争议的论断是这些差异存在的原因。仅仅对这些差异照本宣科并武断地将其归因于当时流行的社会愿景所宣称的原因——无论是基因还是歧视，几乎无法被称为假设检验。使用难以捉摸的词语是避免以经验来检验任何对立解释的众多方法之一。

## 词语和意义的变迁

在许多关于社会愿景和社会政策的讨论中，熟悉的词语经常以新的方式被使用，以表达与此前迥异的含义。在这些新词中，有一些常见的简单词语，如“改变”“机会”“暴力”“特权”等等，但这些词往往具有误导性。相应地，旧的含义已经用新的词语来表达了，流浪者变成了“无家可归者”，狂欢的年轻暴徒变成了“问题青年”，巴尔干化变成了“多样性”。

作为我们这个时代使用最多，也是最少被审视的词语之一，从“多样性”开始审视文字世界及其与现实世界的对比，可能是一个不错的选择。

### “多样性”

过去被称为“巴尔干化”的社会，是一个由分化为不同群体身份的人组成的四分五裂的社会。巴尔干地区冲突、流血和暴力的痛苦历史就是例证，它说明这种社会可能会对所有人造成极大的破坏。但这都是在“巴尔干化”这个词被更动听的“多样性”这个词取代之前。在“多样性”这个词中，各种奇妙的好处被假定存在并被不断地宣扬，但人们并未对这些主张进行任何实证检验。这个新的、更动听的词，也避免了让人们想起巴尔干半岛的痛苦历史，以及世界上其他类似地方的痛苦历史。

所谓“多样性”，对那些不断宣称这个词并假定它的好处的人来说，其所指不仅仅是具有不同文化的人之间的互动。“多样性”一词被用来暗示积极的互动，并有益于不同的参与者和整个社会。但我们无法简单地定义我们获得有益结果的方式。通过种族、性别或其他特征来促进独立的认同，其后果是有益的还是有害的，这是一个经验性的问题，也是“多样性”的使徒们几乎从未遇到的问题。在世界各国，无论是被称为“巴尔干化”还是“多样性”，促进独立群体身份认同的实际记录都是令人震惊的。

在最令人不安的社会现实中，不同的群体至少共同生活了几年，甚至几代人，直到一些火花——无论是特定事件还是天才的煽动者——出现，突然引发一场恐怖的噩梦。

印度——一个种姓、宗教、语言和文化差异严密交织的国家——于 1947 年实现了民族独立，这标志着数十万人死于暴徒之间的暴力冲突。从那时起，印度的许多不同群体在不同的时间和地点引发了无数的致命性暴力事件。例如，《印度时报》报道称，1992—1993 年孟买爆发的群体间暴力事件包括“邻居血腥残害长期的朋友并导致其死亡”。

在这方面，印度不是独一无二的。一项关于 20 世纪巴尔干族群灭绝的研究指出，“仇恨和巨大暴力，爆发在那些能够理解时代和谐，或者至少是能够被动接受彼此的人之间”。

另一个有着非常相似模式的国家是斯里兰卡。当殖民时期的锡兰在 20 世纪中叶成为独立的国家时，国内和国外的许多观察家指出，占多数的僧伽罗族和（占少数的）泰米尔族之间的良好关系，甚至是友好关系，堪称族群间关系的典范。因此，许多人预测，斯里兰卡不仅可以和平过渡为独立国家，还将拥有比其他多民族的第三世界国家更幸福的未来。

然而，在斯里兰卡独立的第一个10年结束之前，一位僧伽罗族政治家在竞选总理期间，宣扬了对较为富裕的泰米尔少数民族的不满。族群分化首先导致了（政府通过）针对泰米尔人的歧视性法律，然后导致了暴力和反暴力的循环，最终升级为长达数十年的内战，其中双方都使用了难以用语言表述的暴行。

无论如何，历史都表明，不断自动地将结果的统计差异归因于针对不太成功的人的恶意行动，对整个社会来说是非常危险的。指控可能经常是虚假的、有误导性的，但它可能也具有一定的分量，并使得关于特定案件的具体事实值得更密切的关注。不仅是整个社会，还有落后群体，都可以从了解真相中受益，因为真相区别于当前流行的思想。真相能够提供一条更清晰的前进道路，但不断激起痛苦的怨恨会带来法律和秩序的崩溃，并几乎总是会导致更多不幸的人遭受更大的痛苦。

## 事前的词语与事后的意义

除了词语和意义的个别转换，人们有时还会对整个类别的词语施加特定的意义转换，从而产生截然不同的含义。例如，一些涉及初始条件的词语已经被用来描述结果条件，这使得表现不如其他人的个人或群体似乎在他们的道路上设置了其他人没有遭遇的障碍。

事实上，这些障碍可能是各个群体在不同时间和地点之上，在教育、经济和其他方面落后的原因。但在任何特定情况下，它在多大程度上真实可靠应取决于经验证据，而不是取决于经由重新定义的提及事后结果的词语，就好像这些词语指的是事前条件一样。例如，据说有些人被剥夺了“机会”或“获得”了某些福利，例如抵押贷款，但实际上他们根本不具备资格，而其他做出相同选择的人在一开始就满足相关标准。

就像有些人因为结果不太理想而被剥夺了“机会”或“资格”一样，有些人因为拥有更理想的结果而被认为“享有特权”，即使这些群体中的个人最初并不比那些结果不那么理想的人有更多或更有利的选项可供选择。

在上述案例中，在适用于预先条件的词语和适用于事后结果的词语之间都存在着混淆。因为，某人在某些努力中以失败告终，并不意味着他一开始就被剥夺了机会或资格。在现实中，这是否属实是一个重要的经验性问题，这个问题是如此重要，以至不能简单地通过改变词义来回答。

在某些情况下，那些获得成功的人在一开始面临的选择，甚至比其他未获得成功的人更少或更不利。因此，马来西亚的华裔少数民族——他们的平均收入高于多数马来人——被视为“享有特权”，而占多数的马来人则被视为“被剥夺”的群体，尽管马来西亚的法律和政府政策在大学招生以及政府和私人就业中对马来人实施了优惠政策。此外，“享有特权”和“被剥夺”这两个术语的特殊用法，不是来自政治煽动，而是来自严肃的学术研究。

从一般意义上讲，享有特权的正是马来人，即使他们没有像华裔那样利用他们的特权为自己创造有益的结果，而华裔则利用了他们更有限的机会。事实上，这是一位马来领导人在晚年得出的结论，尽管他长期主张为马来人制定优惠政策。

把现实颠倒过来的口头用法，并不局限于马来西亚或撰写关于马来西亚著述的人。事前与事后的混淆在美国已经变得很普遍，不仅在记者或政治家中如此，在学术性学者中亦如此。一项成就按照通常的用法，即使是已经被获取之物，即事后的结果，“特权”一词也经常被取代，尽管特权是事前存在的东西。

认为那些取得成就的人必定一开始就享有特权的观念，可能与当前的主流社会观点一致，但更根本的问题是，这种观点在多大程度上与经验事实相一致。然而，仅仅通过改变一个词的用法，这种经验检验就被规避了。

如果这个问题仅仅是关于不同成就的原因的意见分歧之一，而几千年来意见分歧在人类生活中是常见的，那么原则上这个问题能够通过经验证据加以解决。但是，当信念被重新定义的词语所维护的社会愿景锚定时，经验检验就被束之高阁了。

在整个美国教育系统中，将成就称为“特权”已变得越来越普遍。在美国教育系统中，反对“白人特权”的运动比比皆是。同时，他们还要求统计上的平等基于人口统计的代表性，而不是基于个人的生产力。

这与看似牢不可破的谬论是一致的，即在没有偏见的解决方案或能力遗传差异的情况下，社会群体往往是平等的，或者至少可以获得相似的结果。在这里，又一次出现了标准的倒置，因此，主流的社会观点不是通过它是否与事实一致来判断，而是重新定义事实，并使它们在语言上与观点一致。

“白人特权”并不是唯一被用来消弭成就差异的花言巧语。即使是那些在19世纪来到美国时一贫如洗，被迫生活在极度贫困和今天几乎不可想象的悲惨境地的种族或民族，他们后来的崛起也被一些人从口头上抹去了，而他们最终实现的繁荣则被称为一种“特权”。

美国的爱尔兰人、犹太人、华人和日本移民的历史，就是这一过程的典型例子，他们取得的成就，通过一个简单的词“特权”就被一些人从口头上抹去了。即使是今天的中产阶层黑人，同样被一些人描述为“特权阶层”，尽管他们的祖先是作为奴隶来到美国的。

成就是对社会观点和基于该观点的政治议程的威胁，因此经常被该观点的追随者排除在假设检验的议程之外。重新定义词语，则是这个过程的关键部分。

更糟糕的是，那些目前在价值观、纪律和工作习惯中长大的孩子也被视为“享有特权”。这些价值观、纪律和工作习惯，很可能使他们成为社会有价值的贡献者，同时这也是他们自己和那些养育他们的人的骄傲之源。在学校教育中，他们会因“享有特权”感到内疚，而其他孩子成长于其中的价值观、行为和习惯，很可能让他们成年后几乎没有选择，只能通过国家福利或犯罪活动，或者两者兼而有之，以损害他人为代价生活。

只是简单地改变了“流动性”这个词的含义，社会流动性便沦为另一个口头上被扭曲的问题。在一般词语用法中，汽车被认为是可移动的，因为它能够运动。即使停止不动，汽车仍然是能够运动的。所以，看到有人上了一辆停着的车，并把车开走，没有人会惊讶。汽车总是可移动的，即使它不总是在运动。

移动性是一个事前概念，与运动在事后是否真的发生无关。但是，如果一辆汽车的发动机损坏得太厉害，无法正常工作，那么这辆车就不能再移动了，即使运输它的拖车正以高速行驶。简而言之，移动性和运动性是两个根本不同的概念。一个是事前概念，另一个是事后概念。

运动发生的多少并不能告诉我们有多大的流动性。然而，社会运动的实证研究被引用作为社会流动性的测试，甚至也被诺贝尔奖获得者、经济学家约瑟夫·斯蒂格利茨引用。斯蒂格利茨说，美国的社会流动性是一个“神话”。这一“神话”基于的数据显示，穷人在事后几乎没有向上流动的数据。用他自己的话说，“当社会科学家提到机会平等时，他们指的是处于底层的人到达顶端的可能性”。

然而，这种可能性不仅受到外部障碍的影响，还受到诸如个人技能和努力等内部因素的影响。社会流动性是一个社会允许向上和向下流动的限度。流动的实际发生程度，还取决于个人和家庭对机会的利用程度。

通过发生多少运动来衡量社会流动性，似乎无关个人和家庭的行为。这当然为那些宣扬主流社会观点的人避免了麻烦，但它也避免了对这一观点的经验性检验。然而，当事后的结果等同于事前的机会时，内部因素起作用的可能性就消失了，这要归咎于口头上的花招。另一位诺贝尔奖获得者、经济学家安格斯·迪顿在事前使用了同样的事后标准来衡量机会，从而将主流观点与不一致的事实“污染”的危险隔离开来。

有一件事有时似乎有可能打破人们口头上牢不可破的普遍看法，那就是一些贫穷的移民群体的存在，他们的文化与国内的低收入群体截然不同。前往美国的古巴移民就是这类群体之一。最初，这类群体至少和生活在官方贫困水平之下的美国国内低收入群体一样贫穷。但是，当新来者不受福利国家愿景及其价值观的束缚时，这些群体往往会在社会经济上超越国内的穷人，有时甚至超过整个当地人口，就像古巴移民的后代那样。

一些非常贫穷的移民群体的子女，在学校的受教育程度有所提高，不仅超过了来自相同收入水平家庭的本土出生的孩子，甚至超过作为一个整体的本土人口的孩子。例如，在纽约市，虽然通过苛刻的考试进入最精英的公立高中的学生往往来自高收入社区，但来自中国福建省移民集中的低收入社区的学生是个例外。

这些群体对当前主流社会观点构成了威胁。应对这种威胁的方法包括:（1）忽略这种与该观点的假设不一致的社会结果;（2）发表声明，将新来者的成功归因于“特权”，并在重新定义的意义上使用这个词，以自圆其说;（3）将成功的族群群体与不成功的族群群体进行比较，认定这是美国针对黑人等群体的隐性种族主义的表现。

无论第三种策略在美国国内政治上多么有效，它在底层以白人为主的国家，以及那些在学校和经济中取得成功的贫困新来者包括非白人群体的国家，都远没有那么有效。例如，在英国，在家庭收入低到可以享受免费午餐计划的孩子中，来自非洲和孟加拉国的移民的孩子有近 60% 达到了教育考试标准，而同期来自同等低经济水平家庭土生土长的白人儿童，只有 30% 达到这一标准。

从种族角度来看，英国的这些教育结果似乎与美国的情况有很大的不同。但与那些没有受到福利国家愿景和价值观影响的低收入移民儿童相比，大西洋两岸来自低收入家庭土生土长的儿童，都长期沉浸于福利国家愿景和价值观的文化中，而他们的比较结果也惊人地相似。[①]

在英国，在学校取得成功的移民，也经常在高等教育和职业生涯中取得成功：

> 来自印度次大陆移民家庭的子女占英国医学生总数的1/4，这是他们在总人口中所占比例的12倍。同样，他们在英国各个大学的法律、科学和经济系中的比例也相当高。

虽然那些声称当代美国社会流动性是一个“神话”的人经常引用美国社会的实证研究，即通过事后的运动来衡量事前的流动性，但由皮尤慈善信托提供并经常被引用的一项关于社会流动性的实证研究指出，这类研究的样本并不包括移民家庭。该研究又补充说，对移民家庭来说，“美国梦还活着，而且活得很好”。像斯蒂格利茨教授那样的人，很少（如果曾经有过）引用这一说法。他们引用皮尤推出的这份研究报告，声称社会流动性是一个神话。

英国医生兼作家西奥多·达尔林普尔指出：“我不记得在我的医院附近的公共小区见过16岁的白人能计算出9乘以7（我并未夸张）。即使是3乘以7，也常常难倒他们。”《经济学人》杂志报道称，诺斯利区

---

① 在英国和美国，所有的移民群体都是一样的。一些移民群体比其他群体更容易依赖于福利，甚至可能超过原住民的福利依赖程度。但是，那些具有不同文化取向的特定移民群体——抵制福利国家愿景和价值观的群体，在英国和美国都有所上升，即使这些特定的移民群体都是非白人。

16 岁白人的测试结果，“比伦敦任何一个区 16 岁的黑人都差”。

在治疗病人的过程中，西奥多 · 达尔林普尔博士曾多次询问英国下层阶层的年轻人，问他们是否会读写。当他提问的时候，“他们甚至不把我的问题——他们是否会读写——视为最不令人惊讶或带有侮辱性的问题”。这样的教育缺失在英国已广为人知。有一首流行歌曲的第一句歌词就是“我们不需要教育”，还有一首流行歌曲的名称是“穷，白，笨”。西奥多 · 达尔林普尔博士还观察到，与下层阶层的英国年轻人相比，在英国生活了 6 个月的普通波兰移民“英语说得更好，表现得更有教养”。

当然，并不是所有的英国年轻人都处于下层阶层。但是，若将英语不是母语的外国年轻人与英国本土的白人年轻人作为一个整体进行比较，你就会发现一个惊人的模式。在早期教育中，母语不是英语的外国学生通常不如英国本土白人学生整体表现好。然而，到中学结束时，“英国白人学生已被其他 10 个族群赶超”。此时，华裔学生在标准教育考试中“获得 50 分或更高分数的可能性，已是同龄英国白人的两倍”。

在美国，特定少数群体的表现，也超过了大多数人口。纽约市三所顶级精英公立高中史岱文森高中、布朗士科学高中和布鲁克林科技高中的亚裔美国学生人数，都已经超过白人学生。

另一方面，从 1979 年到 2012 年，美国黑人学生在史岱文森高中的比例已经下降到不足 30 年前的 1/10。在纽约备受追捧的亨特学院，1995 年黑人学生占学生总数的 12%，拉美裔学生占 6%。但是，到了 2009 年，黑人学生只占亨特学院学生总数的 3%，拉美裔学生只占 1%。在通常被指责为导致黑人或拉美裔学生学业成绩不合格的各种外部因素中，没有一个是随着时间的推移而变得越来越糟糕的，以至用这些因素已无法解释如此急剧的下降。

尽管有大量文献将不同的教育结果归咎于学校、社会或其他人，以迎合当前的主流社会观点，但不同族群背景的高中生每周平均学习时间的统计数据显示，亚裔美国学生比美国白人或黑人学生花在学习上的时间更多。

学业成绩显示出的差异模式类似于投入学业上的时间的差异模式，我们应该对此感到惊讶吗？这样的原始数据很少被媒体披露，我们应该对此感到惊讶吗？

然而，可以通过简单地重新定义一个词语，或者通过重新定义整个一类词语，使这些词语的事前和事后的含义有很大的差异，就可以将所有与当前主流社会愿景的前提不一致的数据束之高阁。

## “暴力”

不间断地鼓吹不同群体之间的结果差异以表明不太成功的群体受到恶意对待，这可能并不令人惊讶，但可能会引发仇恨和暴力。

值得注意的是，即使是暴力事件的发生，也无法让令人反感的主流社会愿景的宣传者重新考虑他们所说的话。相反，此举往往导致他们简单地重新定义暴力。例如，在20世纪60年代的哈莱姆骚乱震惊世人之后，肯尼斯·B.克拉克教授宣称：

> 哈莱姆社区真正的危险，并不在于偶尔发生的无法无天的骚

> 乱。哈莱姆社区最可怕的恐怖之处在于，它是一种对人类精神长期的日复一日的静默暴力，这种暴力是存在的，而且被视为正常现象。

《国家》杂志也出现了类似的将社会问题与暴力等同的论调，声称“当人们被以正常交易的方式系统地剥夺了选择的时候，静默暴力的制度化形式就会发挥作用”。一个由黑人牧师组成的委员会在《纽约时报》上刊登的一则广告，同样谴责了“美国白人中产阶层对市中心受害者的无声和隐蔽的暴力”。《野蛮的不平等》一书也提倡这样的观念。

无论这种社会不公正的主张有什么实质性的优点或缺点，它们都不是暴力。有些人可能认为，这类主张比暴力更好或更坏，但无论哪种情况，都不意味着它们就是暴力。在同样的意义上，有些人可能认为山川比河流更重要，或者山川比河流更不重要。但是，在任何情况下，人们都无法把一座山变成一条河，或者把一条河变成一座山。

这种将社会问题与暴力等同的潮流，催生了一些衍生品，比如，为校园演讲制定准则和为校园骚乱辩护，那些相信特定社会愿景的人以此回应来访的演讲者的“微侵犯”——被视为冒犯的言论。

即使这些话不是对自称被冒犯的人说的，而是由校园内来访的演讲者对邀请他们的人说的，也被视为“微侵犯”。但是，*A* 与 *B* 的谈话，怎么能被认为是对 *C* 的攻击，更不用说相当于暴力了！聪明的人可能会说，*A* 对 *B* 说的话可能会导致对 *C* 的暴力。即使这是真的，在大多数情况下也未得到证实，甚至未经检验。在同样的意义上，一根火柴也可以引发一场森林大火。但是，没有人把火柴叫作森林大火。

口头的“时尚”，带来的不仅仅是语言上的后果。只要他们在暴力和社会经济条件之间颠倒黑白，混淆是非，他们就可以为无法无天和社会混乱开脱。无论是从近期影响还是从长期影响来看，这些社会混乱的主要受害者都是不太富裕的人。

## “变革”

对那些促进特定社会愿景的人来说，“变革”一词通常并不是指一般性的变化，甚至不是指人们生活中具有给定规模或后果的所有变迁。在实践中，由于没有明确的定义，对许多知识分子来说，变革往往只意味着由他们特定的社会愿景构建和推动的特定种类的变迁。

其他的变迁，甚至是改变绝大多数人生活的变革，在许多致力于特定愿景的人关于变革的讨论中都被忽略了。发生全面变化的时代，可能被视为停滞甚至倒退的时代，例如，当这些时代不涵盖旨在缩小收入差距的政府政策时。即使是繁荣程度的普遍提高，也无法取代旨在重新分配收入的政策，这些政策针对的是那些持主流社会观点、专注于令人反感的比较的人。

例如，当知识精英讨论美国的变革时代时，20世纪20年代很少被包括在内，如果曾经有过。然而，在过去的几十年里，就像在20世纪20年代那样，数百万美国人的生活发生了如此之多，又如此重大的变化。

1920年的人口普查是美国的第一次人口普查。普查显示，更多的美国人生活在城市社区，而不是农村。20世纪20年代初，城市人口占多数，比例略高于51%，但城市人口的增长率是农村人口增长率的8

倍以上。20 世纪 20 年代标志着一个非常不同的社会的历史性转变。

20 世纪 20 年代初，只有 35% 的美国家庭拥有电灯，与煤气灯所占的比例相同；另有 27% 的家庭使用煤油或煤焦油照明。但是，那 10 年结束后，1930 年，美国有 68% 的家庭用电照明。家庭收音机在 1920 年年初几乎不存在；第一个商业广播电台在那年秋天开始向公众广播。随后，到了 1925 年，24% 的美国家庭拥有了收音机，到了 1930 年，已有 40% 的家庭拥有收音机。

在这 10 年中，大多数美国家庭拥有了第一辆汽车。截至 1920 年，26% 的美国家庭拥有汽车。但在 20 世纪 20 年代，有如此之多的家庭能够购买汽车，以至那 10 年结束时，即到 1930 年时已有 60% 的美国家庭拥有至少一辆汽车。

1920 年至 1930 年，美国上大学的人数翻了一番。20 世纪 20 年代也是定期航班客运服务的第一个 10 年，1926 年乘客不到 6 000 人，但到了 1929 年，乘客已超过 17 万人。

20 世纪 20 年代，体育和娱乐也发生了革命性的变化。有声电影在那 10 年中首次出现，极大地提高了电影院的上座率——1929 年的上座率是 7 年前的两倍。这也是爵士乐使美国流行音乐发生革命性变化的 10 年。爵士乐不仅席卷了全美，而且在国际上传播开来。美国职业棒球大联盟比赛在 20 世纪 20 年代每一年的上座率，都超过了 20 世纪 20 年代之前任何一年的上座率。美国国家足球联盟成立于 20 世纪 20 年代，1928 年美国国家足球联盟每场比赛的上座率是 1921 年的 3 倍。

20 世纪 20 年代，百货商店和杂货店的连锁店在全美迅速扩张，它们通常以比独立商店更低的价格出售商品，这反映出，规模经济降低了生产者和消费者购买商品的成本。以前也有连锁店，但在20世纪20年代的10年里，它们的规模扩大了几倍，并取代了许多小的独立商店，它们的经营成本还不够低，无法与连锁店的低价相媲美。

然而，对许多（如果不是大多数）精英知识分子来说，这些全面的变化都不是“变化”，因为这些不是他们寻求、预测或认可的特定类型的变化。20世纪20年代刚刚结束，人们就开始广泛诋毁它，认为那是一个停滞不前或反动的10年——从那时起，这一观点一直延续至今。

例如，著名的历史学家亨利·斯蒂尔·康马杰和理查德·布兰登·莫里斯将20世纪20年代的10年比作北大西洋一个被称为马尾藻海的死寂海域。他们称之前和之后的几十年为“积极的”，但将20世纪20年代称为“消极的”，“就像历史海洋上的马尾藻海”。爱德华·A.罗斯教授被认为是美国社会学专业的创始人之一，他将1919年到1931年这一时期比喻为“冰期”。

尽管这一时期的经济增长率很高，实际收入不断增长，失业率很低，但是在谈到20世纪20年代时，著名历史学家小亚瑟·M.施莱辛格仍然是众多把“繁荣”这个词放在引号里的知识分子之一。施莱辛格教授称20世纪20年代的工资为“不令人满意”，但没有具体说明在其他情况下工资可能被认为令人满意的任何标准，或者说出之前工资较高的某个时代。从1919年到1929年，美国的实际人均收入增长了近1/3。

即使是那些承认20世纪20年代物质进步的作家，也经常难以将其描述为某种难以捉摸、难以界定的意义上的“真正”进步。诋毁20世纪 20 年代的人并不是社会边缘的鲜为人知的人物。在许多情况下，他们是各自所在领域的精英学者。正是对 20 世纪 20 年代政府政策的讨论，让许多知识分子对那 10 年不满的原因变得明显起来。20 世纪 20 年代，加尔文 · 柯立芝担任美国总统的时间刚好过半（1923 年 8 月至 1929 年 3 月），他在后来的历史论著中受到广泛的抨击或嘲笑。

柯立芝总统不相信两项政府政策，即收入再分配和政府干预经济，但这两项政策对进步主义者来说都是根本性的政策。哈定政府和柯立芝政府通过减税，将最高收入人群的税率从 73% 降低到 24%。这一做法当时就受到了谴责，而且一直被指责为替“富人减税”，尽管这种税率的变化带来了来自高收入群体更高税收的收入，无论是其绝对值还是其占所有所得税收入的百分比，都是如此。而且，这一结果正是柯立芝总统事先设定的目标。

至于柯立芝政府的政策对工人阶级的影响，在柯立芝入主白宫的最后 4 年里，年失业率在 4.2% 的高位到 1.8% 的低位之间浮动。这与柯立芝政府“厚颜无耻，是特权群体的工具”的描述并不相符，而艾伦 · 内文斯教授和亨利 · 斯蒂尔 · 康马杰教授在广泛使用的历史教科书中正是这样断言的。

进步主义者的另一项关键政策——哈定和柯立芝政府之前的伍德罗 · 威尔逊政府就是相关例证——是政府对经济的干预。如美国联邦储备系统和联邦贸易委员会等机构的创立，以及伍德罗 · 威尔逊政府在第一次世界大战期间对经济的全面控制。

接替威尔逊总统的沃伦 · G. 哈定总统和哈定之后继任的柯立芝，都不相信政府干预。但他们的商务部长赫伯特 · 胡佛——在柯立芝之后成为总统，则在内阁中扮演了更激进的角色。后来，在1929年股市崩盘后，作为总统的赫伯特·胡佛对美国经济进行了前所未有的干预。随后，他的继任者富兰克林·D.罗斯福加大了此类干预的力度。

在当时和后来的知识精英看来，更多地依赖市场而不是经济中的政治干预，就是放弃了对公共福利的责任，这不是一个简单的与哈定总统和柯立芝总统不同的信念，即让市场在已知和稳定的法律下运行，以更好地服务于公共福利，而不是进行不可预测的临时性政府干预。后一种政策，或许20世纪30年代的富兰克林·D.罗斯福总统进行了最好的运用：

> 这个国家需要，除非我误会了它的脾气，这个国家需要大胆的、坚持不懈的实验。采取一种方法并尝试它，这是老生常谈；如果失败了，坦率地承认并尝试另一种方法。但最重要的是，要进行尝试。

罗斯福总统的做法可能更符合当时和现在知识分子的主流观点，但20世纪20年代的相反做法基于不同的假设，尽管知识分子拒绝将其视为不同的假设，而只是将其视为冷酷无情的失败，认为它未能促进公共利益，并向企业和富人卑躬屈膝。就像其他地方和时代的许多其他问题一样，检验截然不同的信念和政策的实际后果的愿望，很少能与捍卫一种观点或另一种观点的热情声明相提并论。

无论如何，对知识分子来说，20世纪20年代的10年不配得到一个“变革”时代的荣誉称号。正是20世纪30年代的10年带来了这种政治变革，自此，这一变革被随时歌颂，就像20世纪20年代被随时诋毁一样。

### 工具栏：崩溃和干预

在美国的许多历史著述（如果不是大多数）中，1929年的股市崩盘被认为是20世纪30年代大萧条以及随后大规模失业的根源。但事实上，在1929年10月股市崩盘后的12个月中，失业率从未达到两位数。在经济崩溃两个月后，失业率达到9%的峰值，并开始不规则下降，于1930年6月降至6.3%。

就在彼时，政府坚持通过了大幅提高关税的法案，尽管1 000多名经济学家发出的警告广为流传，他们认为这会让情况变得更糟。在《斯穆特－霍利关税法案》通过5个月后，失业率达到两位数。并且，在20世纪30年代剩下的10年里，每个月的失业率都维持在两位数。

这不能完全归咎于关税。关税只是赫伯特·胡佛担任总统期间开始动用并由他的继任者富兰克林·D. 罗斯福升级的许多政府干预措施之一。

20世纪20年代的最高年失业率为12%，而20世纪30年代的失业率峰值为25%，并连续35个月达到或超过20%。在略有缓和但仍然持续多年维持在两位数之后，失业率在1935年的6个月中、1938年的4个月中和1939年春天的一个月中再次达到或超过20%。此时，离1929年股市崩盘已近10年之久，而据说就是这次崩盘导致了20世纪30年代的高失业率。简而言之，在此期间，有 46 个月的失业率达到或超过 20%，而 46 个月相当于 4 年——或备受赞誉的 20 世纪 30 年代整个 10 年的 38%。

20 世纪 30 年代初，在许多企业破产、数千家银行倒闭、大规模失业和总产出下降之后，备受鄙视的 20 世纪 20 年代中不断提高的生活水平，被数百万人的生活水平大幅下降取代。这一点，在全美各地的慈善组织为无力购买食物的人设立的无数救济热线和救济厨房中，得到了最明显的印证。一个尤其令人痛苦的景象是，大萧条期间美国的许多地区，大量的美国人在垃圾堆里翻捡食物。

2004 年在一家主要学术期刊上发表的一项关于大萧条的经济研究得出的结论是，政府政策的影响使大萧条延长了几年。但是，在很大程度上，相反的观点由于简单的重复和它与当时流行的社会观点的一致而占了上风。①

这两个逝去的时代并不是根本问题。对今天的我们来说，关键的问题是，要了解许多知识分子继续无视威胁他们所珍视的理想的能力。这是语言对可证明的现实的持续胜利。今天，我们被期望自动地遵循 20 世纪 30 年代的政府干预主义政策，并自动地蔑视 20 世纪 20 年代的政策，而在文字的世界里没有“改变”，因为没有政府收入再分配政策。

① 无论是保守派经济学家还是自由派经济学家，他们都看到了政府干预的危险。自由派经济学家加尔布雷思称美联储在大萧条期间的政策“令人震惊地无能”。参见加尔布雷思：《1929 年大崩盘》，波士顿：霍顿 · 米夫林出版公司，1961 年，第 32 页。在此前一个世纪，卡尔 · 马克思曾指出，“当局的疯狂干预”可能会“加剧现有的危机”。参见卡尔 · 马克思和弗里德里希 · 恩格斯：《马克思恩格斯全集》第 38 卷，纽约：国际出版社，1982 年，第 275 页。

## 他者的话

尽管那些文字技巧高超的人可以在语言世界中创造奇迹，例如，通过说出魔性词语“刻板印象”，让丑陋和/或危险的行为消失。然而，所有人都被迫生活在现实世界之中，都处在封闭的幻想泡沫之外。

认清现实世界的障碍之一，不仅在于对词语的重新定义，还在于扭曲他人的话语和意思——在某些情况下，甚至将与别人实际所说的正好相反的事情归咎于别人。与其他言语歪曲一样，这种情形不仅限于不择手段的政客或不负责任的记者，还包括在各自专业领域内享有盛誉的学术学者。

正如熊彼特很久以前所说：“我们支持或反对的不是人和事物本身，而是支持或反对我们为他们所作的漫画。”最为醒目的例子，就是那些反对所谓“涓滴理论”的人。“涓滴理论”，就是通过政府的政策使那些已经富有的人受益，而他们的繁荣将以某种方式“向下滴漏”给其他人，包括穷人。

### “涓滴理论”

关于“涓滴理论”，首先需要了解的一点，也是最重要的一点，就是不存在这样的理论。任何怀疑这一点的人都可以首先问自己，是否见过、听过或读过任何一个真正支持这一理论的人或他的著述，哪怕一生中只见过一次也行。

如果对这个问题的否定回答还不够，那么人们可能会查阅熊彼特那本 1 260 页的巨著《经济分析史》，在其中寻找“涓滴理论”，但这只是徒劳。最后，我们还可以查阅那些反对和谴责“涓滴理论”的批评家的众多著作，看看他们引用的作者都有谁——结果发现他们没有引用任何支持该理论的具体个人。

例如，经济学家约瑟夫·斯蒂格利茨、艾伦·布林德和保罗·克鲁格曼等当代著名批评家，一再谴责这种不存在的理论，却没有引用，尤其是没有提及任何真正提出过这种理论的人。他们在这方面并不孤单。“涓滴理论”在无数的书中被无数的作者无数次地抨击。它已经在《纽约时报》的社论中受到谴责，被许多其他出版物的著名专栏作家和作家谴责，被政客、教师和电视评论员谴责。甚至在遥远的印度，它同样被各界谴责。

当然，那些多年来一直谴责这一理论的人可以告诉我们，是谁倡导了这一理论，以及在哪里可以找到倡导者的原话——如果存在这样的倡导者。

有时，引发这类谴责的可能是一种完全不同的理论。如某种理论导致了降低税率的提议和政策，以便获得更多税收收入——尤其是来自高收入人群的更多税收收入，并刺激增加投资，从而带来更大的产出和更多的就业。与其他任何理论一样，这一理论在给定的一组情况下被证明可能是正确的，也可能是不正确的。它与现有的财富涓涓细流无关，但与试图在整个国家创造额外财富的努力有关。因此，用约翰·F. 肯尼迪总统推崇的一句话来说，就是“水涨船高”。

任何给定的个人，都有可能基于分析或经验的理由对这一结论进行争论或反驳，但批评者往往谴责不存在的“涓滴理论”以及基于该理论的所谓“为富人减税”。

这并不总是一个党派政治问题，甚至也不总是一个意识形态问题。虽然今天通常是保守派经济学家或自由市场经济学家敦促降低税率，以获得更多税收，刺激经济增长，但不是别人，正是约翰·梅纳德·凯恩斯——很难说他是保守派经济学家还是自由市场经济学家——在1933年说过，“税收可能太高，以至无法达到收税的目的”，“如果有足够的时间去收获果实，减少税收会比增加税收有更多的机会平衡财政预算案”。更早些时候，伍德罗·威尔逊总统的民主党政府中有两位财政部长指出，超过一定水平的税率不一定会带来更多税收，正如威尔逊总统在国会发表的讲话中指出的那样。

基于这一理论的第一次降低税率发生在20世纪20年代沃伦·G.哈定总统的共和党政府治下。极力主张降低税率的是财政部长安德鲁·梅隆。正如第4章提到的，20世纪20年代降低所得税税率后，所得税收入实际上确实增加了——收入较高的人缴纳的所得税金额和比例都大幅上升。

1920年，当最高收入人群的最高税率为73%时，收入在10万美元以上的人缴纳了全部所得税收入的30%。在最高收入人群的税率降至24%之后，1929年同一收入阶层的人缴纳了全部所得税收入的65%。然而，在文字世界里，这被称为“为富人减税”——自此一直有人如此声称，他们完全无视从不同税率的高收入纳税人那里收取的实际税收收入的经验证据。肯尼迪、里根和乔治·W.布什政府后期的减税措施，也获得类似的效果。

这种情况是否会在其他情况下再次发生，还有待观察，但这不是像批驳根本不存在的“涓滴理论”那样，不是与稻草人的战斗。早在1899 年，在所得税税率争议出现很久之前，奥利弗 · 温德尔 · 霍姆斯就提出一个普遍的命题，即流行语可以“将进一步的分析推迟 50 年”。几十年来，“涓滴理论”这句流行语一直很强大，且没有任何变弱的迹象。

## 虚构的恶棍

狂热的社会运动成功的必备要素包括抱怨、恶棍和战胜这些恶棍。鉴于原罪在人类中的普遍性，抱怨无疑是这些必备要素中最主要的支撑。但是，保留足够可靠的恶棍，作为对感知到的不满的更广泛的因果解释，可能是一个挑战，尤其是将准确性作为一个限制因素来认真对待的话。

一本被广泛使用的历史教科书是由几位知名历史学家共同撰写的，其中有两人还获得过普利策奖。在谈到财政部长安德鲁 · 梅隆时，该书说，“他认为，把税收负担放在低收入群体身上更好”，并且“梅隆向国家保证，从富人的免税利润中分得的一杯羹，最终会以工资和工钱的形式流向中低收入群体”。

梅隆部长在任何声明中都没有引用或引证这一论点，尽管梅隆关于低收入人群税率的提议是公开记录的问题，但与这些历史学家所说的没有相似之处。

实际上，梅隆在自己的书《税收：人民的事业》（*Taxation: the People's Business*）中甚至提出了相反的观点，即高收入人群应该向政府缴纳更多的税收，而不是停留在纸面上的高税率——这仅仅是对富人征税的一种“姿态”。同时，这种“姿态”允许他们通过投资免税证券逃避实际缴纳的高税率。他说得很清楚，“财富未能承担其应负担的税收，资金被转移到既不给政府带来收入，也不给人民带来利润的渠道”。

梅隆认为，他所说的免税证券的“邪恶”应该结束。他宣称，在一个民主国家，“社会中存在着无法对其征税的阶层”是“令人厌恶的”。因为“积累或继承的财富可以逃入以免税证券的形式存在的避难所，从而违抗收税人”。他又说，一个年收入 100 万元的人，竟然可以“一分钱也不交给支持他的政府”，这是“难以置信的”，而一个“近乎荒唐”的后果，就是收入较低的人则不得不弥补税收缺口。

然而，另一本被广泛使用的历史教科书，即一本名为《美国盛典》（*The American Pageant*）的畅销书宣称:“因此，梅隆为富人减税的政策，将很大一部分税收负担从富人群体转移到中等收入群体。”过去几十年里，该书由多位作者执笔，多次再版。书中并没有引注或引用财政部长梅隆实际说过的任何话，更不用说引用美国国税局的数据，而这些数据与“为富人减税”的情况截然相反。

20 世纪 20 年代所得税税率下调后，收入在 5 000 美元及以下的人缴纳的所得税不到 1929 年所得税收入的 0.5%，而收入在 100 万美元及以上的人缴纳的所得税占该年度所得税收入的 19%。在此之前，在对高收入群体征收更高税率的情况下，收入在 5 000 美元及以下的人缴纳的所得税占 1920 年全部所得税收入的 15%，而收入在 100 万美元及以上的人缴纳的所得税占该年度全部所得税收入的不到 5%。

获取上述事实，无须在神秘的地方进行非凡的研究。人们只需阅读梅隆的《税收：人民的事业》一书，就能看到他所倡导的政策；或者查看美国国税局公布的记录，就能了解所发生的事情。这两种资源都可以在图书馆或互联网上找到。著名的历史学家和经济学家未能查找这些现成的资料来源，这只是一个迹象，表明在一种单一的学术文化中可能会发生的荒诞剧。在这种单一的学术文化中，促进社会愿景优先于探寻事实，而且很少有观点完全不同的人会质疑他们所说的话。

安德鲁·梅隆绝不是唯一一个其观点与主流社会愿景不同的人，他的言论、政策或政策的后果不仅受到批评，而且被那些持这种观点的人篡改。这种做法，在一系列其他问题上一直延续到我们自己的时代。

在20世纪下半叶被妖魔化的人中，有一个非常不可能成为反派角色的候选人，丹尼尔·帕特里克·莫伊尼汉。他的职业生涯分为两个部分，一个是关于社会问题的学术性知识分子著述生涯，另一个是支持黑人民权运动和从事旨在帮助穷人的社会项目的自由派民主党人的政治生涯。20世纪60年代，他在林登·约翰逊政府担任助理劳工部长一职，后来被选为纽约州民主党参议员，并担任该职务长达24年。

20世纪60年代，引起助理劳工部长莫伊尼汉注意的一个令人不安的社会问题是，1/3的黑人儿童在破碎的家庭中长大。在这种情况下，他看到了巨大的个人和社会危机，并准备了一份供内部使用的文件，指出了他所看到的危机，并敦促政府采取行动，以帮助解决这个问题。他的论文后来作为美国劳工部的文件发布，标题为“黑人家庭”，副标题为“国家行动的理由”。就像这类政府出版物常见的那样，该文件并没有提及作者。

直到黑人家庭问题被认为是造成社会病态的原因，并引发了那些愤怒的人的猛烈批评之后，作者才被公之于众。此后，这份文件被称为“莫伊尼汉报告”。丹尼尔·帕特里克·莫伊尼汉因此在公共媒体上遭到强烈谴责，并在白宫的一次规划会议上遭到“私下的猛烈攻击”：

> 莫伊尼汉坐在那里，默默地忍受着攻击。与他同在政府的一位朋友说：“他开完会，走出来，眼里含着泪水。他们称他为种族主义者和法西斯主义者。”

莫伊尼汉并没有把黑人单独挑出来进行批评，而是指出他自己所在的族群爱尔兰裔美国人早期历史上的“家庭解体”问题。当他的父亲在20世纪30年代经济大萧条时期抛妻弃子时，莫伊尼汉本人遭受了痛苦的个人经历。当时他年仅10岁，父亲把他们从中产阶层安逸的郊区，扔进曼哈顿最贫穷、最艰苦的社区的赤贫中。尽管当时莫伊尼汉只有10岁，但他和弟弟试图通过在时代广场和中央公园擦皮鞋来挣点儿零钱，补贴家用。

有一天，当莫伊尼汉没有钱买牛奶回家时，他的弟弟哭了；在其他一些场合，邻居中的恶棍抢劫了年幼的莫伊尼汉打工挣到的钱。随着年龄的增长和个头的增大，他得以从事其他工作，包括在纽约海滨做搬运工。

失去父亲的创伤，正是莫伊尼汉试图警告别人的事情。具有讽刺意味的是，在20世纪60年代，有1/3的黑人儿童在破碎的家庭中长大，这令莫伊尼汉感到震惊。但到了他的晚年，这一比例变成了2/3。而在贫困的黑人群体中，这一比例已超过4/5。

过去发生在梅隆和莫伊尼汉等人身上的事情，继续发生在那些背离当前主流社会愿景的人的身上。今天，他们的主要目标之一是查尔斯·默里。查尔斯·默里出版的许多关于社会问题的图书，导致人们试图阻止他在大学校园里对邀请他的学生发表演讲。这些阻止有许多涉及骚扰或暴力，而几乎所有的阻止都指责他言辞卑鄙——尽管这些话在他撰写的任何一本书中都无迹可寻，甚至其中一些还与他在书中说的恰好相反。

在或大或小的问题上，这种做法对其他人来说也已经变得司空见惯了。例如，2015 年，美联社对哈佛大学教授威廉·朱利叶斯·威尔逊的采访报道包含了以下内容：

> 威尔逊的童年，给了他关于贫困以及如何摆脱贫困的第一手知识。在提及同样在贫穷中长大的最高法院大法官克拉伦斯·托马斯时，威尔逊教授说："他会声称他是靠自力更生而功成名就的，我会说我只是在正确的时间出现在了正确的地点。"

这个案例就像其他案例一样，没有来源，也不知是从何处引用了托马斯大法官这样的说法。相反，大法官的回忆录《我祖父的儿子》赞扬了他的祖父，认为正是祖父当年的养育，才使得他日后的晋升成为可能。当托马斯宣誓就任最高法院大法官时，他邀请在南方天主教学校教过他的修女们到华盛顿参加他的宣誓就职仪式。在仪式上，修女们看到，她们为他所做的一切没有白费。

"自力更生"这个词，就像"涓滴"这个词一样，几乎总是被归因于其他人，但找不到来源也不知引自何处。这些流行语告诉我们的，更多是关于那些求助于稻草人的人，而不是被流行语及其背后的思想分类的人。

和托马斯大法官一样，美国黑人经济学家沃尔特·E.威廉姆斯一直反对主流的社会观点。加州大学圣塔芭芭拉分校的经济学家蓝尼·埃布斯泰因表示，他们都“致力于顶层少数人的福利”。埃布斯泰因教授完全有权不同意威廉姆斯教授的分析或政策，但这与在没有提供证据的情况下恶语相向存在很大的不同。

作为认识沃尔特·E.威廉姆斯教授近半个世纪之久的同事和朋友，我在他的任何著作，或者他在公开或私下口头所说的任何话语中，都没有看出或听出他对促进富人福利有丝毫感兴趣的迹象。任何想亲自检验的人，可以查阅他的任何一部著作。这些著作有《种族与经济学》（*Race and Economics*）和《南非的反资本主义战争》（*South Africa's War Against Capitalism*）等，后者是他在种族隔离时代在南非进行研究的结果。

那些把与他们实际所说的相反的事情归咎于他人的人，也不一定是在撒谎。他们可能根本没有费心去查阅这些人实际说的是什么，而是基于在“志同道合”的人中广泛存在的信念——有时被称为“妇孺皆知”的信念——而信口开河，但最终的结果同样具有误导性。

如果同时具有教育家身份的学者做这样的事情，那么遭受最严重损害的，不是他们攻击的人，而是那些接受他们教育的人。此外，这种损害并不局限于可能产生的任何特定的错误结论，而是他们所展示的整个思维方式——不是思考，这种思维方式可能会被他们的学生模仿。

如果学生不能获得系统的方法和标准来检验相互冲突的信念，这可能会成为他们教育中的一个主要缺陷。因为，完全可以确定的是，他们在离开学术性校园的政治正确的单一文化环境之后的几年里，肯定会在许多问题上遇到相互冲突的理念。

| 工具栏：学生项目 |
| --- |
| 让学生去图书馆或网上查阅安德鲁·梅隆在他的小书《税收：人民的事业》中实际上说了什么，可能是一个有价值的项目。之后，通过对美国国税局数据的查阅，学生可以了解在最高税率从73%降至24%之前和之后，政府从不同收入阶层获得了多少税收。这个项目对学生的终身好处，可能包括对政治口号的明智怀疑，以及在对其他问题鹦鹉学舌之前核实事实的明智愿望。 |

## 暗示

公开发表的言论可以根据经验证据进行检验，但暗示的言论可以绕过这一保障。即便是“收入分配”这种听起来天真无邪的短语，通过无休止的重复，也可以暗示一个过程。在这个过程中，收入以某种方式存在，然后被分配，就像人们可能会在餐桌上分发食物或在圣诞节分发礼物一样。

在现实中，收入只可能是一个比喻意义上的“分配”。在统计意义上，人们之间存在着身高分布，从婴儿到超过7英尺[①]的职业篮球运动员，身高不等。但是，没有人会想象身高以某种方式作为独立的实体存在，然后按字面上的意义被"分配"——在被分发的意义上——给个人。

在平淡无奇、直截了当的意义上，大多数收入根本没有被分配，无论是否公平。市场经济中的大多数收入，都是通过提供别人想要的东西直接获得的，并且都是物有所值的，无论他们支付的对象是劳动力、住房，还是钻石。那些无法理解过去约翰·D.洛克菲勒或现在比尔·盖茨为什么能赚那么多钱的人可能会问，他们分别向他人提供了数百万人愿意购买的什么产品或服务？众多个人的微薄支付，又是如何为他们累积了如此巨大的财富的？但大多数人很少提出这个问题，特别是那些收入再分配论者。

更常见的表达方式，也是经济学家约瑟夫·斯蒂格利茨的说法，他曾经提到"最富有的1%的人在收入中所占的份额"，或者《纽约时报》的一篇社论声称，最富有的1%的人"占据了国家财富中越来越大的份额"。同样，奥巴马总统也曾指出，"收入最高的10%不再只是占总收入的1/3——现在他们占了一半"。这样的表达方式，并不是美国人特有的。例如，牛津大学的一位教授反复提到，收入最高的1%的人以某种方式"攫取"了预先存在的属于集体所有的"国民收入"。

在每一种情况下，关键的诀窍是通过口头表述将个人创造的财富

① 1英尺=30.48厘米。——编者注

集体化，然后将那些创造更多财富并因此获得更多财富的个人，描述为剥夺了他人应有的公平份额的人。按照这样的文字游戏，有人可能会说，贝比 · 鲁斯在纽约洋基队打出的本垒打中占据了不公平的份额。

有时，这种文字游戏是在国际范围内进行的。美国人在美国创造的财富，在修辞上被转化为“世界财富”的一部分，而美国人从中攫取了更多不公平的份额。但是，和其他民族一样，美国人本质上只是在消费他们自己生产的东西。他们从其他国家进口的东西，正是其他国家出口的用以换取美国人生产的部分产品。但在语言的世界里，这些平凡的事实无法与戏剧性的花言巧语相抗衡，这种夸张的花言巧语传达了一个有毒的信息，即结果的差异意味着一些人受到了其他人的欺负。

有人曾经说，19 世纪的法国经济学家让 · 巴蒂斯特 · 萨伊提到“受影响的说话方式”，这构成了萨伊“学说”的很大一部分。这一指控可能更好地适用于我们今天的许多同龄人。这些人认为，顶尖阶层的人以某种方式从预先存在的属于集体的“国民收入”或“我们的收入”中“巧取豪夺”，而不是通过直接从那些自愿购买了他们出售的特定商品或服务的人那里获得收入。

尽管这种口头表述——暗示有别于争论——可能有助于重新分配议程，但收入和财富都未能重新分配，因为它们一开始就没有被分配，而是直接从那些重视出售东西的人那里获得的。这种口头表述促进的不仅仅是一组不同的收入或财富结果，而是一个完全不同的确定每个人可以获得多少收入或财富的过程。在这个另类的世界中，拥有政府权力的第三方代理人，可以凌驾于数以百万计的个人对他们购买的无数商品和服务的估值之上，取而代之的是在这些代理人中流行的观念。

委婉语是另一种形式的暗示，但同样使得想法能够绕过事实或分析检验。当约翰·罗尔斯在他的《正义论》中反复提到“社会”可以“安排”的结果时，这种委婉的说法忽略了一个显而易见的事实，即只有政府才有权力推翻数百万人共同商定的交易条款。室内设计师负责“安排”，政府负责“强制”。这不是一个微妙的区别。

罗尔斯并不是唯一一个逃避强迫性现实的收入再分配论者。所谓强迫性现实，就是说，当经济结果的不平等被危险得多的权力不平等取代时，数百万人丧失了对自己的生活做出决定的自由。然而，不平等的经济结果允许即使是不太幸运的人，也有不断提高生活水平的可能性。但权力天生就是相对的，所以对一些人来说更多的权力，意味着对另一些人来说更少的自由。

隐瞒这一至关重要的平衡，导致许多知识分子将扩大政府权力带来的好处定义为伍德罗·威尔逊总统所称的“新自由”。接下来的几代知识分子继续改变对自由的历史定义，以便全盘囊括扩大政府范围和权力的所谓好处。

例如，根据两位耶鲁大学教授合撰的一本有影响力的著作，“如果一个人不能实现他的目标”，这个人就无法获得自由。在他们的定义中，消费者“在市场上就是不自由的，如果高昂的成本使他们无法通过集体选择来分享商品”。所谓“集体选择”，显然只是政府（行为）的另一种委婉说法。安格斯·迪顿教授对自由使用了类似的以结果为导向的定义：

在本书中，当我谈到自由时，它是指过上美好生活的自由，以及做让生活有价值的事情的自由。自由的缺失就是贫穷、匮乏和糟糕的健康——长期以来，大部分人，以及今天世界上比例高得离谱的人的命运，都是缺乏自由的。

自由不是什么新鲜或深奥的概念。它是一个被广泛理解和深刻感受了几个世纪的概念，尤其是那些没有获得自由的人，如奴隶、农奴、囚犯和生活在极权独裁统治之下的人。许多这样的人，不顾一切甚至冒着生命危险试图逃脱并重归自由。他们之所以这样做，不是为了获得政府福利。斯巴达克斯并不是为获得农业补贴或住房优惠券而战。

然而，许多生活在安全舒适的自由社会中的知识分子发现，重新定义自由既方便又实际。因此，通过扩大政府强制措施来强化政府对经济成果的决心，不会被视为对自由的平衡，而仅仅是自由的扩张，且重新定义自由只是举手之劳。

在文字的世界里，最难的事实也可以通过一个机智的流行语或夸张的花言巧语使其化为乌有。在口号和图像经常取代事实和逻辑的公共话语中，对一些人来说，语言确实已经成为几个世纪前霍布斯所说的“愚笨者的财富”——往往是由聪明人印制的假币。正如伟大的经济学家阿尔弗雷德·马歇尔曾经说的那样，我们的教育体系本来可以培养学生“交叉审查事实”的能力，但它本身已经成为影射和混淆的源头之一。

第6章

# 社会愿景与人类后果

DISCRIMINATION
and
DISPARITIES

他们以无与伦比的效率投入工作，结果应该是充分就业、最大产出和总体幸福。事实上，恰好相反，我们发现了痛苦、羞愧，以及最终的血流成河。但这只是一个偶然的巧合。

——J. A. 熊彼特

大多数人并不是简单地对不同的主题持有随机的意见分歧。更普遍的情形是，他们在不同问题上的观点有一定的一致性，这表明他们对世界有某种潜在的愿景，而对特定问题的特定意见，或多或少是这种潜在愿景的必然结果。

在构建社会愿景的过程中，寻找某种可以解释一切问题的关键因素的诱惑是巨大的，无论这种因素是基因、剥削、种族主义还是其他什么东西。但是，在现实世界中，即使是给定个体的单一特征，也可能存在许多非常不同的原因。例如，有些儿童说话比正常儿童晚了好几年，可能因为他们有严重的智障或自闭症。但许多非常聪明的人，在说话方面也晚了好几年，比如爱因斯坦这样的天才。

这并不否认，一些严重智障儿童实际上可能因为他们的痛苦（即智障）而晚了几年才学会说话。但是它确实否认了所有的孩子，至少是大多数孩子，他们说话很晚都是这个特殊的原因。一些社会现象也可能存在迥异的原因，例如经济或其他差异，尽管有些人可能热衷于某个特定的原因，并在此基础上构建一个特定的社会愿景来解释这一切。

20世纪初，社会经济差异背后的关键因素，正如那个时代重要的进步知识分子看到的，是遗传因素。可供选择的解释往往被驳斥，而不是得到认真的审视。到了20世纪末，歧视——在Ⅱ类歧视的意义上——已经成为普遍的解释，可供选择的观点同样被驳斥。

有愿景本质上没有错。尽管我们生活在现实世界中，我们也经常驰骋在愿景的世界中。即使在最困难的硬科学中，进步也往往始于新的概念、信念、预感和希望，简而言之，就是愿景。使科学成为科学的是严谨、系统的过程，这些过程可以对这些愿景进行逻辑和经验上的检验。这些愿景中的相当一部分（如果不是大多数）可能无法通过这样的检验，但是那些前提和推论都得到经验验证的愿景所带来的好处，促进了我们的理解，并使得整个过程富有价值。

社会愿景经常被比作科学中的愿景，但是在“社会科学”中，用来描述统计数据的弹性词语，甚至会使准确的数字产生误导性。当暗指被冠以同样名称的事物之间虚构的相似性时，词语也可能具有误导性。例如，“收入”包括工资和资本收益，或者“教育”是以受教育年限而不是以实际发生的学习的数量、种类或质量来衡量的。

当接受“相同”教育的人获得不同的收入时，这通常被称为歧视——在Ⅱ类歧视的意义上，即使有些人的教育是在充满喧闹、扰乱和暴力行为的学校里进行的，或者是在大学课程中获得技能的，但这些技能在就业市场上需求并不广泛。大法官奥利弗·温德尔·霍姆斯曾反复告诫，要“思考事情而不是言语”，这在今天同样适用。

## 主流愿景的基础

我们这个时代盛行的社会愿景的核心，是一种看似不可战胜的谬论，即如果没有有偏见的干预，或者没有基因缺陷，那么人类努力的群体结果往往是平衡的，或者至少是可比较的或随机的。这一不可战胜的谬论的本质，也许让-雅克·卢梭在18世纪就已经做出了非常恰当的表述。当时，他写道："人与人之间天生平等，但人与人之间后天不平等。"但是，自然以地理隔离的形式，注定了整个民族在几个世纪，甚至几千年里落后于世界其他地区的进步。

然而，卢梭就像后来许多信奉这一看似不可战胜的谬论的人一样，想当然地认为，只有人类的偏见才会造成不平等。地理、人口、文化差异以及育儿数量和质量上的差异，都从这一观点中消失了，他们转而偏向于一个因果因素，即许多人都认为他们掌握了某种"解决方案"。

**工具栏：地理隔离**

当西班牙人在15世纪接管与世隔绝的加那利群岛时，他们发现了被称为高加索人种的原住民，当时他们仍然生活在已经延续数千年之久的石器时代。在世界的另一边，在澳大利亚的一个孤岛上，18世纪到达那里的英国人发现一个黑人原住民人种。他们同样被描述为生活在石器时代，尽管澳大利亚有大量的铁矿石储藏。与之形成对比的是非洲黑人，后者早在几个世纪之前就已经开始生产铁了。

在英国人到来之前，澳大利亚是世界上相对较少、比撒哈拉以南非洲的大部分地区更加与世隔绝的大片地区之一。澳大利亚和加那利群岛的人类极端孤立的程度，可由自然界极端孤立的证据加以印证。这两个地方都有各自独立进化的物种，但这些物种在世界其他任何地方都不是原生物种。相反，在世界其他地方常见的物种，例如猫科动物，从普通的家猫到美洲豹、猎豹、狮子和老虎，在澳大利亚完全不存在，还有马和其他有蹄动物也不存在。各种鱼类、鸟类、树木和其他植被，同样是澳大利亚特有的本土物种。

自然界中这些数千年来地理隔离的极端迹象，对处于同一环境中孤立的人类也有影响。在其他自然环境中，如山脉、丛林和沙漠中，也发现了地理隔离与落后的社会经济发展的相关性。大自然似乎至少创造了和人类一样多的机会不平等。

在人类和自然界结果分布出现偏差的众多原因中，存在多个关乎特定结果的先决条件，这使得结果的正常钟形曲线分布不太可能，即使所有作为个体的先决条件本身都像钟形曲线那样正常分布。

这是因为，人们拥有不同数量的先决条件。缺少所需的全部先决条件，所有人都面临相同的结果——失败。在自然界中，拥有龙卷风的大多数先决条件并不会产生任何龙卷风。因此，龙卷风高度集中在某个国家。在这个国家，所有先决条件经常汇集在一起。因此，全球90%以上的龙卷风发生在美国。然而，世界上许多其他国家的气候总体上与美国没有太大差异，如有着类似的宽广平坦的平原地形，就像被称为“龙卷风走廊”的美国心脏地带一样。但是，龙卷风的产生所需的其他因素，显然在其他地方并不像在美国那么频繁地汇集在一起。

世界上很少有社会经济差异像世界范围内龙卷风的分布那样极端的。但世界上的石油储量、铁矿石、地震或通航水道的分布，也完全不是平均主义的。夏季给南亚大部分地区带来了湿润的季风雨，同时也给南欧大部分地区带来了干旱，那里的一些河流几乎干涸，而同期南亚的人们正在经历着洪水泛滥。显然，夏季时相互作用的其他因素，在这两个大陆上产生了相反的降雨结果，尽管这两个大陆实际上是一片连贯的陆地。

自然的结果和人类的结果不只是平行的，因为人类在千百年来在截然不同的地理环境中生活和进化。其中一些地理环境促进了物质财富的发展，推动了创造财富和社会演变背后的人力资本发展，另一些地理环境则起到了相反的作用。

在今天的多民族社会中，人类的文化起源于各自迥异的地理环境，并在迥异的历史环境中发展，不同民族的人口结构和其他因素都差异明显，但人们都生活在今天所处的社会之中。

例如，在 19 世纪欧洲向美国大规模移民的时代，在纽约发现以爱尔兰裔政客为代表的犹太移民和意大利移民社区并不少见，这似乎有些奇怪，这种情况直到 20 世纪初才发生变化。但是，任何熟悉这三个群体在欧洲截然不同的历史的人，都不会对此感到惊讶。因为，他们来到美国时并不都具有相同的政治技能和经验，就像他们在其他工作中并不都拥有相同的技能和经验一样。

这三个群体中的每一个都在某些方面超越了其他两个群体，不管是在美国还是在其他国家，都是如此。例如，意大利人在葡萄酒酿造方面比犹太人或爱尔兰人更突出，无论是在美国、拉丁美洲还是澳大利亚，都是如此。而在上述国家，犹太人在服装业中的地位比意大利人或爱尔兰人更突出。在其他方面，例如农业、医药和工会领导等方面，这三个群体中的每一个都在某些方面超越了其他两个群体。

这种模式，也不是上述特定群体所特有的。除了是阿根廷和澳大利亚领先的啤酒生产商，德国移民还生产了美国的大多数啤酒，以及中国的青岛啤酒。但在美国或其他国家，德国移民及其后代很少成为引人注目的政治领袖或高级时装、高级烹饪等方面的杰出代表。即使是那些在教育和社会经济方面落后的群体，也不仅仅是保持着自己的地位，而是会非常出色，特别是在那些不依赖于教育或社会经济因素亦可获得成功的领域。例如，世界各地贫困山区的人们，生产的精美手工艺品在其他地方需求量都很大。

虽然不同群体努力与结果分配不均的情况在世界各地很常见，但在现实世界中，我们更难发现的是，在这些或其他群体付出的努力中，结果是相同的。即使不同群体有相似的收入，这些收入也不一定是通过做同样的事情获得的。

在美国企业界的知名人物，甚至是历史人物中，犹太人在零售业、金融界和服装生产与销售领域的代表性尤其突出，但在重工业，如钢铁或汽车生产等重工业领域，犹太人的代表性并不突出。这种情形不仅发生在美国，也发生在其他国家。其他群体同样在特定的经济部门非常成功，而在其他一些领域的领导者中则难觅踪迹。然而，在现实世界中并非普遍存在的具体努力的平等结果，一直被视为一种社会规范，偏离这种规范即被视为错误行为的重要证据，迫切需要得到纠正。

关于“不同影响”的统计数据在法庭上具有很大的分量。作为偏见或歧视的证据，人们不仅从特定行业搜集，而且更多地从行业内的特定公司搜集这类证据。对具体努力的定义越窄，发现群体平等代表性的可能性越小。因此，群体统计数据成为反偏见对策的有效指标的可能性也就越小。

例如，作为一个整体，三个不同的群体在专业职业中的代表性大致相等，这不会阻止其中一个群体比其他两个群体作为律师更为突出，而另外两个群体中的一个作为医生最为突出，第三个群体则作为工程师最为突出。对努力的定义越窄，越可能发现更多关于“不同影响”的数据。

即使在像职业足球那样狭窄的努力中，黑人也被大大地“过度代表”，尤其是在明星球员中。但几十年来，在擅长踢球和射门的足球运动员中，黑人几乎难觅踪影。只有雇用跑卫和四分卫的人同时也雇用踢球的人，这样的事实才能阻止种族歧视诉讼的提起和胜诉，因为，如果这些不同类别的足球运动员是被不同的人雇用的，那么种族歧视诉讼有可能胜诉。但是，没有理由武断地排除这样一种可能性，即黑人自己可能更喜欢做一件事而不是另一件事，或者任何数量的其他群体，只是更擅长做某些特定的事情。

不可战胜的谬论具有诱人的可信性，因此，更有必要对其进行批判性审视，而不是简单地引用关于结果差异的统计数据并发出谴责。然而，相同的假设在社会愿景及其伴随的花言巧语中很常见，就像在考察现实世界的经验事实时常见的尖锐差异一样，无论是研究自然的事实还是人类社会的事实，都是如此。

不同群体想要做的事情，或者做已经有相关背景的事情，或者准备投入努力去做的事情，可能会影响他们在不同努力中的表现。这种可能性在假设中被忽略了，特别是在不同的努力中，结果可能会有很大的不同。如前所述，即使智商排在前 1% 的男性，他们的教育和职业结果也存在很大的差异，这种差异因他们成长的家庭类型而异。兄弟姐妹之间也存在类似的差异，这取决于他们出生的顺序。

不同社会阶层的人对孩子的培养方式不同。有研究表明，从事专业工作的父母的孩子每小时听到的词语远远多于福利家庭的孩子，实证研究也表明，这些词语的种类存在很大的差异。

在父母有职业的家庭中，父母使用“更多的词语和更多不同种类的词语，更多的多重从句，更多的过去和将来时态”，这样的父母“也会给他们的孩子更多正面的反馈，并且在他们在一起的每个小时里都会频繁地回应他们”。此外，与其他父母相比，他们每小时给孩子的负面反馈更少。在父母有职业的家庭中，肯定词语与否定词语的使用比例为 6 ：1。相比之下，在靠福利生活的家庭中，负面或令人沮丧的词语多于积极或鼓励的词语，两者之比超过 2：1。负面的回答包括“不要”“停止”“放弃”“闭嘴”等等。

我们是否应该认为，以如此不同的方式长大的孩子——在他们进入雇主的办公室、大学招生办公室或犯罪现场之前的许多年里，当他们最终到达后来搜集统计数据的地点时，他们在定位、能力和缺陷上必定是相同的?

通常存在着这样一种隐含的假设，即某些差异的原因在于搜集有关该差异的统计数据的地点。例如，硅谷女性代表性不足被认为是由硅谷发生的一些事情造成的，而许多低收入社区的商店收取更高价格则被认为是由那些商店的经营者造成的。这种隐含的假设，已被美国最高法院嵌入土地法中。该法院将来自不同群体的人在就业、薪酬和晋升方面的差异，视为雇主在其“不同的影响”标准下的歧视性偏见的证据。

这种方法忽略了这样一种可能性，即人们在进入雇主办公室、大学招生办公室或犯罪现场之前经历的事情，会对他们变成什么样的人，以及后来他们在搜集统计数据的地点具备怎样的技能、价值观、习惯和缺憾产生“不同的影响”。美国的政治制度，并没有造成爱尔兰人、意大利人和犹太人在政治技能和经验上的差异。这些差异，早在他们踏上美国的土地之前就已经存在了，并在他们到达之后持续了几代人之久。

类似的隐含假设是，搜集统计数据的地点表明了因果关系的起源，而这一假设的应用范围远远超出政治或经济问题。一些医院的患者死亡率可能比其他医院高很多，因为这些特定的医院拥有更高水平的医疗技能和医疗技术。因此，这些特定的医院会更多地治疗状况更加可怕和危险的患者，例如需要进行脑部手术或心脏移植的患者，而不是治疗脚踝扭伤或消化不良等问题。如果不了解患者在进入搜集统计数据的医院之前身上发生了什么“不同影响”，就显示不同医院不同死亡率的统计数据，可能会极大地误导人们。

然而，各种社会群体在或大或小的问题上的结果统计差异，引发了狂热的声讨和激烈的谴责。无论是硅谷中的女性，常春藤盟校中的拉美裔美国人，奥斯卡提名中的黑人，还是其他无数努力中其他群体的“代表性不足”，都会引发口诛笔伐。“不同影响”的法律标准，甚至不需要一个有血有肉的人出来声称自己受到了歧视，便可以启动一个足以持续数年的昂贵和耗时的法律程序。这里所需的只是一个隐含的假设，即统计差异起源于搜集统计数据的地点。

一个相关的假设是，由同一个词指代的人，在与搜集统计数据的情况相关的因素上也是相同的。当一项研究显示年轻男性医生的收入比年轻女性医生的收入高出很多时，这可能向那些相信不可战胜的谬论的人发出了存在性别歧视的信号。但是，当经验数据显示，年轻的男性医生比年轻的女性医生平均每年多工作500小时或更多时，对那些更喜欢确凿事实而不是笼统观点的人来说更重要。

对那些通过谈话要点来思考的人来说，只需要向他们表明英国航空公司男性员工的薪酬高于航空公司女性员工就足够了。但是，对那些对真实世界的事实而不是语言世界中的花言巧语更感兴趣的人来说，更多的飞行员是男性，而大多数空乘人员是女性，这很重要——不能因为把他们都称为“航空公司员工”，从而等同视之。用相同的词语描述不同的人，而相似的隐含假设破坏了在比较不同种族或族群的人时得出的许多结论。

这种用词不当的行为不合逻辑，它并没有告诉我们在涉及任何特定群体的任何特定情况下，实际发生的事实是什么。这里的重点在于，这样的语言技巧可以替代经验检验。了解口头对话中的缺陷，会凸显发掘现实世界中真实事实的重要性。一些重要的流行信念需要被重新检验，或者在许多情况下，需要一些人史无前例的真正的检验。

如果社会愿景想在政治上成功地使相关议程得以通过，它不仅需要有针对他人的假设和争论，还得具备自身内在的先决条件。这些先决条件之一，是要求分配慷慨捐赠的受益者不应被视为对自己的不幸负有因果或道义责任。许多促进这一愿景的人声称，只存在外部因果关系，因此也只存在外部责任。多元文化主义的基本前提，是所有文化都同样值得尊重。或者，至少“怪罪受害者”是政治或意识形态前提的逻辑推论，即只存在外部因果关系。

现有秩序的道德违法性——集中体现在诸如“制度被操纵”这样的流行语之中，对于主流社会愿景的政治成功同样至关重要。因此，被指定的受害者群体违反适用于他人的道德或法律规则的行为，被认为是正当的，或者至少是“可以理解的”。既然所有这一切的目的是一套具体的政策，那么那些持不同看法的人不应该参与和辩论，而应该怀疑和保持沉默。甚至，或许在学术性校园里更该如此。

当然，就其对人类的影响而言，这一切都是要付出代价的。

## 人类的后果

即使是我们中那些认为人类在思考时的智力潜力无论其种族或其他属性都非常相似的人，也必须承认地理和人口的差异使能力得到平等的发展，而基于这种能力发展的结果均衡变得不太可能实现。在历史的晚近时期，尽管交流的范围比以往任何时候都更广，但是出生在与世隔绝的山村的儿童，仍然不太可能发展出与世界各地主要海港出生的儿童相同的知识、技能和经验。

地理仍然很重要，因为孤立总体上仍然很重要，无论这种孤立是地理上的还是社会上的。在平均智商接近或低于美国黑人平均智商的各种白人社交子群体中，尽管他们共同的属性是与世隔绝——无论他们是来自阿巴拉契亚的丘陵和山地，还是来自苏格兰附近的赫布里底群岛，或者来自英格兰的运河船社区，抑或来自欧洲其他地方的各个移民群体，移民美国后他们都被纳入美国的主流生活。黑人在社会上与世隔绝的时间要长得多。

即使是天生的能力——出生时的精神潜能，也会受到子宫环境的影响。来自不同社会群体或年龄组的准妈妈，在营养健康饮食的程度、饮酒和药物的摄入量以及其他可能影响未出生孩子发育的行为方面，也可能有所不同。不同的阶层和文化背景的父母抚养孩子的方式不同，这进一步降低了孩子们成年后能力和结果平等的可能性。

在这种背景下，认为当社会经济结果存在差异时便可以自动推断存在歧视性偏见的假设，以及认为这种偏见的来源可以通过搜集统计数据的地点来确定的想法，似乎是站不住脚的。然而，在我们的教育机构、媒体和政府政策中，这个看似不可战胜的谬论，依然指导着许多人的言谈举止和所作所为。

所有这些都不能否认歧视性偏见或基因差异会产生影响。如果这种歧视没有效果，就没有必要研究歧视（在Ⅱ类歧视的意义上）的代价。

所有这些都不能证明基因对结果完全没有影响。一个简单明了的事实是，一对儿同卵双胞胎的智商比一对儿异卵双胞胎的智商更相近，这是一个不可否认的遗传学效应，因为这两种双胞胎的不同之处在于，异卵双胞胎和其他兄弟姐妹一样，只有部分基因相同，但同卵双胞胎的所有基因都相同。但是，说基因差异可以影响个人或家庭之间的智力差异，并不等于说个人或家庭之间所有的智力差异都是由基因差异造成的。长子和他们后来的兄弟姐妹的智商之间的系统性差异，就是一个明显的反例。

整个族群——每个族群都包括无数拥有自己不同基因组成的家庭——就更没有理由把族群之间在生理或心理能力上的所有差异都归因于基因。然而，20 世纪早期主要的遗传决定论者，假设群体之间的平均智商差异是由基因决定的。他们含蓄地认为，某些种族或族裔群体的智力"天花板"如此之低，以至必须以各种方式阻碍或阻止他们繁殖。

不同种族的智商值在该种族内部不同群体中有广泛的分布，而在平均智商低于其他人的种族或民族群体中，也有许多人的智商高于得分较高群体的平均智商。在第二次世界大战期间，美国空军中有黑人飞行员驾驶战斗机，在开发血浆或脑外科手术方面有享有国际声誉的黑人医生。在这些事情成为现实的几十年前，这可能会被许多优生学家认为是不可想象的。

到了 20 世纪下半叶，就连遗传因素影响的主要倡导者，加州大学伯克利分校的阿瑟 · R. 詹森教授也否定了对特定种族的人的智力发展设置"上限"的想法。他还认识到，来自社会弱势群体的儿童的低智商，与在中产阶层家庭的优势下长大的儿童的低智商并不一定属于同样的一般性残疾。

"智商在 60 到 80 之间的下层阶层儿童的表现，明显好于智商在这个范围内的中产阶层儿童。"詹森教授说。对此，他引用了自己和其他人的研究成果中的各种证据。此外，他问道："为什么有人会惊讶地发现，有一些黑人儿童的智商达到115或更高？或者，为什么他们就应该集中出生在洛杉矶富裕的综合性社区？"种族智力"天花板"理论已经消亡，即便对基因影响智力的主要倡导者来说也是如此。

简而言之，如今，任何认真对待事实的人，都不会对环境因素不屑一顾。这个问题已经缩小为环境因素的大小和类型问题。专家们可以在这个世界不断前进的时候继续争论这个问题，而无须等待在任何不确定的时间得出一个最终的答案，如果存在这样的答案。无论是基因还是歧视，都没有被证明具有许多倡导者所宣称的令人信服的影响力。

从"代表性不足"中推断歧视性偏见的经验案例，与理论案例一样有缺陷。

在职业篮球运动中，是否有一个"玻璃天花板"在限制白人男性的比例？但大多数俱乐部老板都是白人男性！然而，两性之间的结果差异被认为是"玻璃天花板"存在的自动证明。无数的实证研究——通常是由女性学者进行的——已经表明各种因素是如何解释收入中的性别差异的。从这些研究中得出的结果，与"玻璃天花板"场景关系不大。但是，当讨论男女之间的结果差异时，这种事实研究很少被媒体或学术界提及。

各种群体在统计中的"代表性不足"或"代表性过度"，并不是美国特有的，也不是我们这个时代特有的。几个世纪以来，在世界各地的一些国家中，大多数不同行业的成员和整个行业的大多数企业主，都是一些具有从属性的少数群体的成员——无论是东南亚的华侨，东欧的犹太人，东非的印度人，西非的黎巴嫩人，奥斯曼帝国的亚美尼亚人，法国的胡格诺派教徒，巴西的德国人，秘鲁的日本人，缅甸的切蒂亚尔人，阿根廷的意大利人，还是安特卫普钻石行业中来自印度的耆那教徒和哈西德派犹太人。

然而，“玻璃天花板”“隐含偏见”“隐蔽种族主义”等词语或短语有着完整的类型，它们宣称，统计差异表明受到了偏见的对待，且必须在没有确凿证据（除非纯粹的坚持重复被视为证据）的情况下，这个结论才能被相信。因此，他们使用的是玻璃、隐含和隐蔽之类的词语。

然而，在现实世界中，在远远超出社会经济差异的事物中，结果的差异同样很常见。例如，几个世纪以来，东欧的凶杀率一直是西欧的数倍，美国不同地区的凶杀率也存在着数倍的差异。在特定结果有多种先决条件时，无论是在人与人之间，还是在自然界，结果的偏向分布都不少见。

各群体之间的年龄中位数相差 10 年或几十年，仅此一项就足以排除需要多年教育和经验的或需要年轻人体力的职业的比例代表性，即使所有群体在除年龄之外的其他各方面都完全相同。

国家之间以及特定社会群体之间也存在着年龄差异。有 20 多个国家的人口年龄中位数为 40 岁，还有 20 多个国家的人口年龄中位数在 20 岁以下。期望在成年人工作经验方面存在如此巨大且显著的差异的国家产生同等甚至具有可比性的经济生产力，又有多合理呢？在国家之间，就像在个人之间，年龄差异只是诸多差异之一。

在平等或可比较的结果意义上，对寻求“社会正义”的人而言，似乎消除种族偏见、性别偏见或其他群体偏见，就会产生某种近似于理想的结果。但是，美国监狱中的大多数人是在父母一方或双方都不在的情况下长大的，这一事实又意味着什么呢？许多群体都有许多在单亲家庭中长大的人，但与那些在单亲家庭罕见的群体中长大的人相比，前者不会有同样的被监禁的可能性。但是那些相信不可战胜的谬论的人可能会认为，这个问题源于刑事司法系统搜集监禁统计数据的地点。

有时，仅仅是环境中一个不显眼的差异，就可能在人类的结果中产生巨大的历史性差异。19 世纪的巨大自然灾害之一是爱尔兰的饥荒，那是马铃薯作物的歉收造成的。当时，马铃薯是爱尔兰人的主要食物。据估计，在爱尔兰这个当时只有 850 万人口的国家，饥饿、与营养不良相关的疾病夺走了 100 万人的生命。

据估计，19 世纪 40 年代中期到 19 世纪 50 年代中期，有近 200 万人逃离了这个饥荒肆虐的国家。对这个小国来说，这是一个巨大的人口损失。然而，同样的马铃薯品种也在美国被种植——爱尔兰的马铃薯发源于美国，但美国没有遭遇作物歉收。

这种作物歉收的根源，可以追溯到大西洋两岸种植马铃薯时使用的一种肥料。这种肥料中含有一种真菌，这种真菌在爱尔兰温暖潮湿的气候中生长旺盛，但在美国爱达荷州和其他马铃薯种植区，炎热干燥的夏天让这种真菌不易生长。这一差异意味着数百万人的悲剧和大规模的人口损失。

诸如作物歉收、出生顺序、地理环境或人口和文化差异等非道德因素，催生了经济和社会结果往往不符合平等或可比性结果的先入之见。

然而，比起激起道德愤怒的因果因素（如歧视或剥削），非道德因素吸引的关注似乎要少得多。但是我们的个人反应，并没有告诉我们不同因素的因果权重，无论这些反应会在多大程度上影响政治宣传和政府政策。

在给定的地点或时间，哪些因果因素占据了主导地位，最终只是一个经验性的问题，独立于我们的情感或倾向。这不仅仅是一个哲学问题。无处不在的社会愿景的影响，可能会影响经济、教育和其他社会结果，包括将社会团结在一起的共同规范。

## 有毒的愿景

那些貌似承诺要终结现有群体差异的人，无论他们提倡的是什么政策，他们承诺的可能都是无法实现的事情。此外，热切追求的数字目标与为实现这些目标一再受挫的尝试之间的冲突，也并非没有社会后果。

它给整个社会带来的可怕后果包括，那些不断被告知他们有权享有人口统计学定义的“公平份额”的人普遍的怨恨、痛苦、无序和暴力，而那些恶意贬低他们和他们所爱之人的人正在剥夺这些“公平份额”。

《纽约时报》一篇报道的标题将纽约精英高中的招生标准描述为一道“护城河”，这一标准旨在将不太幸运的人排除在专为社会经济精英保留的机构之外。这是一个被大西洋两岸具有主流社会愿景的人广泛宣扬的信息，且它的应用远远超出学校招生的范围。这一愿景无论在政治上如何有效，在意识形态上如何令人满意，都会破坏共同社会价值观的整个道德基础，而这些价值观有助于社会团结。

亚当 · 斯密宣称，“敌对派系的良好脾气和节制”在“自由民族公共道德中随处可见”。但是，当大部分人相信“体系被操纵”对他们不利，而道德只是一个巨大的骗局时，我们还能期待什么样的好脾气或节制呢？此时，一个社会就可能分裂成相互敌对的群体和孤立的个人，就像霍布斯说的，“所有人对所有人的战争”。

这种有毒的社会愿景的后果，往往对那些不太幸运的人尤其可怕。当社会秩序崩溃，暴力在令人兴奋的社会改革中爆发时，不太幸运的人遭受的苦难是最多的。贫穷没有这种后果。20 世纪上半叶的贫困比下半叶更普遍。但是，正是在胜利的新社会愿景主导的 20 世纪下半叶，在大西洋两岸，人们目睹了被称为社会重要部分的“去文明化”。对社会愿景的实际后果，不能基于它的良好意图甚至它的合理性去做评估。真正的检验是，当这一愿景付诸实践时，实际发生了什么，以及由此带来的社会后果的影响是什么。

## 教育的影响

教育只是隐含的假设之一，即不同的群体在目标和能力上往往是相似的，因此，结果的差异意味着他们受到了他人的不同对待，但这种假设在事实的审视下是站不住脚的。在教育这一领域，价值观和行为差异会严重破坏基于相同假设的政策。

没有任何理由假定，教育受到了所有个人或群体的平等重视。不同群体的学生不仅花在家庭作业上的时间存在差异，而且在他们自己的成绩较高的成员被同组的其他成员（他们的同学）如何看待方面也存在差异。

一项对来自美国 80 个社区 175 所学校的 9 万多名黑人、白人和拉美裔高中生和初中生进行的调查发现，平均成绩达到 3.5 或更高的黑人学生，比平均成绩较低的黑人拥有更少的来自自身种族的朋友。其他黑人学生对他们当中在学校取得较高成绩的学生的这种负面评价，被认为是对那些“举止像白人”的黑人学生的排斥。也就是说，成绩优异的黑人学生的行为方式，被认为是对他们种族的不忠。

美国国家经济研究局发表的一项实证研究发现，黑人同学比例较高对黑人学生——尤其是能力较高的黑人学生——的教育成就有很大的负面影响。另一项关于能力分组的研究发现，教导能力水平相近的学生，可以提高能力较高的学生的学习成绩，特别是能力较高的少数族裔学生的学习成绩。

这样的模式绝不仅仅限于黑人，甚至也不仅仅限于美国。在拉美裔美国学生中，平均成绩为 4.0 的学生，比平均成绩为 4.0 的白人学生平均少 3 个来自自身所在族群的朋友。新西兰的毛利人、日本的部落民和英国的白人下层阶层，对同龄人的教育成就也有类似的负面反应。

显然，并不是所有的群体都重视教育，或者看重带来更大教育成就的举措。即使具有相同潜力或能力的学生，也不能假定他们在与同龄人截然不同的社会反应氛围中，在同龄人的反应对他们而言特别重要的人生阶段，有着相同的教育结果。教育落后群体对那些选择追求教育成就的群体成员的负面反应，远远超出社会排斥。正如西奥多·达尔林普尔博士描述的英国白人下层阶层的情况那样：

他们会说，如果你不“改过自新”，与我们为伍，我们就揍你。这不是一项无谓的威胁：我在医院的诊所里经常遇到二三十岁的人，他们在读书时就是在这种胁迫下放弃了求学，后来他们才意识到错过了一个机会，而如果他们抓住这个机会，他们的整个人生都会朝着更好的方向发展。而那些在城市中少数几所保持很高学术标准的学校就读的人，如果冒险去那些贫穷的白人傻瓜所在的地方求学，他们就会有被打的风险。在过去的一年里，我在急诊室治疗了两个因此被殴打的男孩，还有两个因为害怕被邻家小孩殴打而过量服药的男孩。

这样的事情并不限于男孩：

我的许多来自贫民区的聪明的病人，讲述了他们如何在学校里表达了自己学习的愿望，结果却遭到嘲笑、驱逐，在某些情况下还遭受了来自同龄人的直接暴力。一位聪明的 15 岁女孩说，她经常受到同龄人的戏弄和虐待，她因而服用过量药物，试图自杀。

在英国，追求教育成就的较低社会经济阶层的孩子，会被视为犯下了“阶层背叛”的罪行。而在美国，寻求教育成就的贫民区黑人同样经常被一些同学视为“举止像白人”的种族叛徒，并且经常遭受类似的排斥、言语虐待和 / 或肢体暴力。除了这种针对个人的特定目标，英国一些学校的普遍无序氛围被形容为“处于无政府状态下的刀刃之上”。在大西洋彼岸类似的美国社区中，也存在这种模式。

在英国和美国，有 1/6 的儿童被归为功能性文盲。这是对精神潜能的痛苦浪费，是穷人最无法承受的结果。

在这种背景下，乔治·W. 布什总统执政期间的“不让一个孩子掉队”等政策似乎收效甚微，与现实相去甚远。当一小撮捣乱或暴力的学生能够阻止整个班级获得体面的教育时，这些学生必须被分开——“掉队”，如果其他学生不想错过接受教育的好机会，而教育可能是他们获得更好生活的唯一机会。

在随后的奥巴马政府中，联邦机构在同一方向上走得更远，并对学校施加压力和威胁。因为统计数据显示，这些学校对少数族裔男生的惩戒率与其他学生的惩戒率在统计学上是不成比例的。这就好像黑人或拉美裔男生不可能与亚洲女生或其他类别的学生有不同的行为模式一样。存在于背景中的不可战胜的谬论，甚至胜过了摆在我们眼前一目了然的灾难性现实。

将具有破坏性或暴力倾向的儿童与其他想要学习的儿童分开的需要，与目前是否有任何“解决方案”可用，或者是否即将出现这种方案，以改变具有破坏性或暴力倾向儿童的行为无关。另一种选择是牺牲无数贫困和少数族裔儿童的教育，直到应对他们的行为不端和 / 或暴力同学的“解决方案”被找到、创造或伪造。

对那些沉迷于主流社会愿景及不可战胜的谬论的人来说，学校里所有形式的排序都是禁忌，无论是按行为、能力还是其他可能影响教育结果的因素进行的排序。这就好像学校的存在只是为了呈现一个表达愿景的画面，而不是教育所有想要学习的人。所有这些都不排除试图改善问题学生的行为。但除非这种模式获得成功，否则它就会耽误对其他学生所在的整个世代的教育。

## 政治的影响

有一种基于隐含假设的政治学说认为，财富差异应归咎于资本家通过“剥削”让工人贫穷而让自己变得富裕。

但是，如果富裕资本家的财富来自对贫穷工人的剥削，那么在富裕资本家较集中的地方，我们理应发现贫困集中度相应地会更高，但确凿的事实指向了相反的方向。

美国亿万富翁的数量是非洲和中东总和的 5 倍之多。然而，大多数美国人——包括那些生活在官方贫困线以下的人——的生活水平，远远高于非洲人和中东人的生活水平。

另一个例子是苏联，苏联即使不是世界上自然资源最丰富的国家，也是世界上自然资源最丰富的国家之一。然而，苏联普通民众的平均生活水平，与大多数西欧或美国或澳大利亚的普通民众的平均生活水平相去甚远。

其他一些建立在假设基础上的学说在 20 世纪也取得了全面的政治胜利，但通常是以该世纪后半叶的福利政府的形式，而 20 世纪 60 年代则是它们关键的、胜利的 10 年。

在这些智力、法律和政治发展中，假设检验通常起着非常小的作用。事实上，那些用硬数据检验主流愿景并发现其缺乏支撑的学者，经常会遭遇敌意和妖魔化，而不是反证或反驳。阻止他们发言的骚乱，已经使美国许多最负盛名的学术性校园蒙羞。实际上，是这样的校园蒙羞更甚。

## 社会的影响

如果社会愿景的冲突仅仅是知识分子之间的内部竞争，那么其他人可能没有什么理由去关注它。但是社会愿景，甚至是讨论这些愿景的流行语及其语言风格，都远远超出了那些创造和阐述社会愿景的知识分子所在的圈子。

例如，医生西奥多·达尔林普尔博士在治疗英国被监禁的杀人犯时发现，他们在讨论社会病态时，使用了与知识分子相同的被动语态。在讨论他们的罪行时，杀人犯说的是“刀子进去了”，而不是说他们刺伤了受害者。

精英知识分子的回声，甚至出现在美国老音乐剧《西区故事》中。其中的一个角色说：“嘿，我堕落是因为我被剥夺了权利。”知识分子的说法更老练，但他们所说的在本质上是一样的。虽然他们所说的可能是一个经过经验检验的合理的假设，但它往往被视为既定的事实，不需要这样的检验。

然而，在20世纪上半叶，无论是英国的低收入人群还是美国的低收入人群，都没有像他们在20世纪下半叶那样普遍地陷入堕落，比如，猖獗的暴力和其他社会病态，尽管当时他们比较贫穷，而在20世纪下半叶福利政府已使他们的物质生活变得更好。

社会愿景的重要性，远远超出它们所产生的花言巧语。在一个民主国家，如果没有首先在政治上盛行的社会愿景，就不可能有一个福利国家。正是这一愿景，证明了福利国家的创建或扩张是合理的。此外，这一愿景能在 20 世纪 60 年代在西方社会取得的胜利，所需的远不止福利国家本身。

伴随着盛行的社会愿景，人们采取了更加非理性的行为方式以及多元文化主义，淡化了社会规则和道德标准，淡化了治安和惩罚，强调了基于人口统计学上的所有人的“公平份额”。同时，法律和道德标准都被剥夺了合法性。许多个人和群体，都已经以多种方式阐述了所有这些信念的原因。关于新的社会愿景的有效性，就遵循该愿景的预期结果与实际发生的结果而言，阐述的次数要少得多。毕竟，这是基于经验的检验。

这不仅仅是因为，极大地扩展了福利政府和破坏了传统道德价值观的社会愿景未能实现其所有目标，还造成了一些消极后果。特别突出的是，一直在下降的各种社会病态——有些已经持续下降了数年、数十年甚至几个世纪——突然卷土重来。因为这些新的、往往是自鸣得意的思想，已于 20 世纪 60 年代在大西洋两岸的政治和社会中取得了胜利。

在美国，凶杀率、性病感染率和少女怀孕率都属于社会病态，它们在过去几年急剧下降，而在 20 世纪 60 年代却突然逆转，所有这些病症都飙升到全新的悲剧性高度。在美国，几十年来的凶杀率不断下降，20 世纪 60 年代初，这一比率已低于 20 世纪 30 年代中期的一半。但在 1960 年到 1980 年间，凶杀率突然逆转并翻了一番，这要归咎于新的愿景及其后果，如对执法的新的限制。

这些趋势及其逆转并不是美国独有的。哈佛大学斯蒂芬 · 平克教授发表过一部关于几个世纪以来世界暴力现象下降的巨著《人性中的善良天使》。书中指出，在欧洲，“20 世纪 60 年代的暴力比率发生了 180 度的大转折”，其中包括“凶杀率反弹至一个世纪前的水平”。

在令人震惊的暴力和其无序的增长中，最引人注目的是那些长期以守法、有序和有礼貌的行为而闻名的地方，英国就是一个突出的例子。1945 年 5 月，美国经济学家 J. K. 加尔布雷思碰巧在伦敦，当时有“二三十万人”——其中大部分是年轻人——聚集在一起庆祝欧洲战争的结束。他在给妻子的信中写道：“就像所有的英国人群一样，这里秩序井然。”

当时发表类似观点的其他人还包括国际知名的英国作家乔治·奥威尔，他在 20 世纪 40 年代写道，“英国的人群行为有序，推搡和争吵甚少”。他还观察到：

> 英国工人阶级的举止并不总是很优雅，但他们非常体贴。在给陌生人指路时极具耐心，盲人可以在伦敦各处旅行，因为他们确信在每一辆公交车和每一条街道上下车时都会得到别人的帮助。

第二次世界大战结束不久，来自新加坡的一位叫李光耀的亚洲年轻人去伦敦学习，他看到一个无人看守的报摊，震惊不已：

> 他看到人们停下来，取了份报纸，然后把钱放在摊位旁边的旧纸箱里。他甚至看到人们放进钞票，再找回不多不少的零钱。此外，没有人会去拿那些没有任何保护措施的钞票。

许多年之后，步入晚年的李光耀——之后成为新加坡总理，在撰写回忆录时想起了战后伦敦给他留下的深刻印象：

> 我见到饱受战争创伤的英国，但其人民对他们所遭受的损失并未悲观失望，对他们所取得的胜利也未沾沾自喜。伦敦金融城的每个着弹点都被清理干净，砖块和瓦砾被堆在一边，人们种植花卉和灌木以点缀废墟。这是他们低调的自豪与纪律的一部分。
>
> 他们对彼此和对外国人的礼貌和客气是非同寻常的。最令人印象深刻的是司机表现出的体贴：你向拥有通行权的人挥手致意，他向你挥手致谢。这是一个高度文明的社会。

在体育比赛中，英国参赛者以他们的体育精神而闻名。例如，在1953年的一场足球比赛只剩下两分钟的时候，领先的球队遭遇对方球员的逆袭——在比赛只剩几秒时对方得分。输球的球员站起来，为对方球员惊人的表现鼓掌。但是，到了20世纪60年代中期，这种体育精神已经不复存在，即使在英国的经典体育运动板球中也是如此。粗俗的侮辱，在如今的英国球员中司空见惯，在澳大利亚和新西兰等分支机构的英国球员中也很常见。

英国球迷尤其因为他们在其他国家的流氓行为而臭名昭著，他们会去参加自己喜欢的球队与其他国家球队之间的国际足球比赛。2000年，英国出版物《经济学人》指出："30年来，英国球迷一直断断续续地在海外城镇制造恐慌，并攻击外国对手。"例如，在西班牙，美国《新闻周刊》报道称，这些足球流氓袭击了服务员，在游泳池里大便，并破坏酒店的房间。《新闻周刊》质问道:“为什么在一个以文明著称的民族中会出现暴乱的热潮?”贫穷似乎是一个不太可能的原因，因为暴徒们能负担得起去其他国家的费用。

西班牙并不是唯一一个成为英国年轻人闹事目标的国家。《纽约时报》在 1988 年的报道中指出:“随着星期五在杜塞尔多夫的欧洲国家足球锦标赛的进行，联邦德国居民和警察正在准备迎接最不受欢迎的英国游客：英国足球流氓。”这种流氓行为也不仅仅局限于那些访问其他国家的英国人。据《纽约时报》报道:“在英国，每星期六的足球比赛及其周围的暴力威胁依然存在。”

在同一时代，同样的社会退化也影响了整体的社会安定。乔治 · 奥威尔在 20 世纪 40 年代写道:“除了 6 个大城镇中某些明确界定的地区，英国几乎没有犯罪或暴力。”即使在 10 年之后，也就是 1954 年，伦敦全年只发生了 12 起武装抢劫案，尽管当时任何人都可以买到猎枪。但是，在后来的数年中，尽管对购买枪支的限制越来越严格，到 1981 年和 1991 年，武装抢劫案件分别上升到了 1 400 起和 1 600 起。在英国，1964 年发生的入室盗窃案是 1938 年的 3 倍以上，而在 21 世纪初，入室盗窃案已达 1938 年的 30 倍之多。多年来，英国的其他犯罪案件同样在激增。

与犯罪是由贫困引起的理念相反，没有证据表明，20 世纪下半叶英国的贫困比 20 世纪上半叶更普遍。改变了的是英国人对法律和秩序的态度，就像在美国和其他新的社会愿景扎根的地方一样。乔治 · 奥威尔在 20 世纪 40 年代写道:“大众仍然或多或少地认为，‘违反法律’是‘错误’的同义词。”与其他一些国家不同的是，“英国人就像西班牙或意大利农民那样，他们在骨子里不相信法律是一场骗局”。

随着 20 世纪 60 年代新社会愿景的胜利，这种情况发生了改变。在这种愿景中，整个道德秩序被描绘成装模作样，是被操纵和用来对付普通人的，是有利于特权阶层的。道德和法律原则的非合法化也不仅仅局限于边缘性的煽动者，在知识分子中，无论是在媒体还是在学术界，这种现象早已泛滥成灾。

与加尔布雷思、奥威尔等人早年看到的井然有序形成对比的，是 2011 年蔓延在伦敦、曼彻斯特和英国其他城市的骚乱。骚乱涉及数以千计的流氓和抢劫犯，他们放火焚烧房屋和工厂，还在街上殴打和抢劫行人，并向警车投掷汽油弹。

在新社会愿景的时代，生活的粗俗化在英国有了其他形式。男人在街上被发现遭遇袭击并失去知觉的情况并不少见。然后，他们被带到医院，在那里工作人员努力使他们苏醒并治疗他们。之后，他们对那些照顾他们的人恶语相向。侮辱和虐待医务人员的行为在英国非常普遍，以至国家卫生服务机构不得不在其设施中张贴标语警告称，对医务人员进行辱骂和威胁将受到起诉。

无论是在英国还是在美国，盛行的社会愿景——在学校、媒体和知识界无休止的重复和强化之下，将社会病态描绘为是贫穷和压迫造成的。然而，在这两个国家——以及其他国家，在福利政府为低收入人群创造了更高的生活水平之后，本应减缓的社会退化反而上升到更高的水平。

20 世纪 40 年代，当李光耀在伦敦的报摊上看到无人看管的钱箱时，诚实给他留下了深刻的印象。在 20 世纪 60 年代社会愿景获得胜利之前的几代人中，纽约也存在同样的诚实：

> 自助餐厅在19世纪80年代的纽约市尚属新鲜事物。第一个出现的自助餐厅是交易所自助餐厅，它于1885年9月4日在纽约证券交易所街对面开门营业……交易所自助餐厅的顾客自行选择——三明治、沙拉，或许是一片蛋糕，还有茶、咖啡，或者牛奶——从沿墙而设的自助餐食中挑选……每个顾客都自行清理餐盘，计算自己的账单，然后告诉收银员应付的账目。这种基于荣誉制度的自助服务获得了出人意料的成功。在接下来的几年里，交易所自助餐厅又在曼哈顿、布鲁克林和新泽西州纽瓦克开了35家连锁自助餐厅。

交易所连锁自助餐厅运营了78年之久。随后，《纽约时报》的一篇头条报道："建立在诚实基础之上的自助餐厅遭遇失败。"在运营了超过3/4个世纪之后，自助餐厅在20世纪60年代失败了。这并不令人惊讶。新的社会愿景出现后的社会退化，并不是在生活的所有方面都立竿见影。传播需要时间，但这的确发生了。

社会退化蔓延尤其深远的领域包括"公共住房"项目——"公共"是对政府的众多委婉说法之一。这些项目长期以来一直是物理残骸、社会病态、犯罪和暴力的化粪池——不仅在美国，在英国、法国和其他地方亦如此。但是，今天许多人可能会惊讶地发现，事情并不总是如此。不足为奇的是，美国公共住房项目的大转折始于20世纪60年代。《纽约时报》2009年的一篇回忆性文章描述了纽约早年的公共住房项目：

这些项目并不总是被闲置，并不总是有着臭气熏天的电梯，也不总是有着被黑帮控制并用于毒品交易的楼梯间。在20世纪40年代、50年代和60年代，当这座城市的大部分公共住房被建成时，一种自豪感和社区意识弥漫在维护良好的走廊、公寓和庭院之中。

在早期的几十年里，并不是每个人都能买得起电视机。一些拥有电视机的住房项目家庭会在星期六早上不锁门，这样他们孩子的玩伴就可以随时来看电视。

经济学家沃尔特·E.威廉姆斯也用类似的话语回忆了费城的公共住房项目，而他本人更是在某一公共住房项目中长大的：

回到20世纪40年代，这些住房并不是后来这般模样——一个以毒品、杀戮和夜间枪声而闻名的地方。与今天相比，当时最明显的区别之一是居民家庭的构成。不像我们姐弟，和我们一起玩的大多数孩子都是和父母同住的。很可能还有其他单亲家庭，但我一家都记不起来了。父亲工作，母亲也经常工作。建筑物和院子都被维护得很好。

在炎热的夏夜，在大多数人买不起空调的时代，住房项目中的人睡在阳台上，一楼的租户则睡在院子里。在项目所在的黑人社区，可以看到老人围坐在一张桌子旁，晚上在街上玩跳棋或扑克牌。在早期，这种活动并不是某个住房项目或社区特有的。工人阶级——无论是黑人还是白人——经常在炎热的夏夜睡在户外，无论是在消防通道、屋顶，还是在公园。但是，在以后的时代，在新的社会愿景取得胜利之后，在社区中普遍存在暴力的情况下，这样的行为是极其危险的。

西奥多·达尔林普尔博士对英国后期公共住房项目的描述，同样适用于大西洋两岸：“我所知道的所有公共住房小区的公共空间和电梯，都浸泡在尿液之中，臭气熏天。任何可以砸的东西都被砸碎了。”

虽然福利政府帮助低收入人群提高了物质生活水平，但创造福利国家的社会愿景也具有削弱行为标准和道德价值观的特点。例如，在纽约，早期的住房项目对申请者进行筛选，筛选掉有“酗酒史，无规律工作经历，单身母亲和缺乏家具”的人。

简而言之，当时的公共住房项目是批判性和排他性的，这与 20 世纪 60 年代开始取得胜利的新社会愿景的禁忌恰恰相反。例如，纽约市住房管理局“在联邦政府和社会正义活动家的巨大压力下，于 1968 年放松了对公共住房申请者的限制”。

在文字世界里，“社会正义”的愿景已经取得了胜利，且其胜利已经远远超出纽约甚至美国。但是，在现实世界中，已经出现了与“社会正义”倡导者所设想的任何事情都不同的后果，这种后果也远远超出了公共住房项目，而公共住房项目只是社会退化变得令人痛苦的众多地方之一。无论其意图多么值得称道，这一愿景的实际后果一直都是有毒的，对那些预计将成为其主要受益者的人来说尤其如此。

早期的时代，绝不是田园诗意的。它们也存在很多问题，但普通的礼仪仍然随处可见。

## 工具栏：两次停电的故事

在美国，除了20世纪60年代新的社会愿景开始传播之后有衡量社会倒退和堕落的各种统计数据，两次停电——一次在1965年，另一次在1977年——更是戏剧性地描绘了这种倒退和堕落。

1965年11月9日下午5点30分左右，一场巨大的电力故障导致纽约州大部分地区停电，直到数小时后供电才得以恢复。虽然当时的纽约市黑夜漫漫，但当晚的犯罪率却比平时更低。有很多关于陌生人的故事，他们陷入了共同的不幸，但他们的行为像是朋友或邻居。一些人“成为志愿警察并指挥交通”。其他拿着手电筒或蜡烛的人，则带领人们走出昏暗的办公楼，人们成群结队地“与无法看清的人手牵着手”。

这样的合作甚至是欢快的，得到了媒体的广泛报道，后来这件事还被拍成一部电影。

十多年后的1977年7月，又一次电力中断袭击了东北部，纽约市又一次彻夜漆黑。但这回，到处都有人抢劫和纵火。当哈莱姆社区的灯光熄灭时，“几分钟之内，夜空就已被火光照耀，人行道上充斥着抢劫者，音乐被呼啸的警笛和破碎的玻璃声湮没。抢劫一直持续到黎明，真是肆无忌惮”。

类似的事情也发生在纽约市的其他地方，数百名警察受伤，监狱里人满为患，当局不得不重新开放老旧的闲置监狱，以羁押泛滥成灾的被捕者。纽约市长称这是一个“恐怖之夜”。当晚被捕的人数，

> 是1965年大停电期间的几倍之多。据《纽约时报》报道，“1965年的‘撒玛利亚人’(意即乐善好施者)在上星期三晚上并不引人注目”，其他人也谈到过两次停电之间的痛苦对比。显然，两次停电之间存在着广泛的社会倒退和堕落。

在美国，除了不断下降的社会病态现象发生逆转，以前存在的其他社会病态现象也扩大到全新的程度。这些社会病态现象包括失去父亲的孩子和城市暴乱。截至1960年，有2/3的美国黑人儿童与父母一起生活。随着时间的推移，这个数字不断下降，到1995年，只有1/3的美国黑人儿童和父母一起生活。52%的美国黑人儿童和他们的母亲住在一起，4%的黑人儿童和他们的父亲住在一起，11%的黑人儿童既不和母亲住在一起，也不和父亲住在一起。在贫困黑人家庭中，85%的孩子没有父亲陪伴。

虽然美国白人家庭的单亲子女比例远不及1960年的黑人家庭那么高，但20世纪60年代，单身母亲所生的白人子女数量急剧上升，达到了此前几十年几倍的水平。到了2008年，近30%的美国白人儿童出生于单身母亲家庭。在21世纪的头10年里，由受教育不足12年的白人女性生育的孩子，有超过60%由单身母亲所生。

这些社会形态并不是美国特有的，在部分西方社会很常见。例如，英国的一项研究指出：“从1900年到20世纪60年代初，非婚生婴儿一般占所有新生儿的4%或5%。现在已经达到40%。”超过40%的孩子是由单身母亲所生的国家，包括法国、瑞典、挪威、丹麦和冰岛等国。

这并不是现代化的必然结果。日本和韩国等现代化的亚洲国家，无论是在家庭还是在教育机构方面，都没有屈服于西方国家的社会愿景。最终的结果是，在这些亚洲国家中，由单身母亲所生的孩子所占的比例，只是西方国家同类比例的一小部分。最极端的例子是，冰岛单身母亲所生孩子的比例是 2/3，而在韩国则是 66 个孩子中仅有一个由单身母亲所生。

在教育方面，来自这些亚洲现代化国家的学生，在国际考试中的得分一直高于大多数西方国家的学生。

1960 年之后的当代西方国家，不仅落后于当代亚洲各国，在许多方面也远远落后于本国 1960 年以前的水准。美国的城市骚乱在早年只是零星发生，但在 20 世纪 60 年代，骚乱像巨浪一样从东海岸蔓延至西海岸。从 20 世纪 60 年代起，美国学校的教育标准和表现开始了长达数十年的下降，无论是考试成绩、教授们对即将入学的大学生的评估、学生自己对学习时间的报告，还是雇主对他们雇用的年轻人缺乏基本技能的抱怨，都是很好的印证。

那些具有主流社会愿景的人赖以推动教育成功的因素——总体上增加教育支出，特别是黑人的种族融合，被证明很难奏效或根本没有效果。

在人类历史上，很少有任何一个时代具有完全消极或完全积极的趋势。美国 20 世纪 60 年代最常被引用的积极成就，或许是终结了南方的种族歧视法律和政策的民权法律和政策，特别是 1964 年的《民权法案》和 1965 年的《投票权法案》。尽管这类法案常常被归功于政治左翼的社会愿景，但实际上，在投票支持这些具有里程碑意义的法律的国会议员中，共和党人的比例高于民主党人。但是，不符合主流愿景的事实，往往在许多媒体和学术界中被简单地忽视了。

无论民权法律和政策对于保障基本法律权利有多么重要，它们都不是黑人经济崛起的基础。1960 年之前的 20 年里，黑人贫困率下降的幅度远远大于其后的 20 年。

抛开官方对贫困的定义的随意改变，取而代之的是以购买力计算的贫困水平实际收入的固定定义，生活在贫困线以下的美国黑人人口的比例在 20 世纪 40 年代和 50 年代有所下降，在 20 世纪 60 年代开始放缓，然后在 70 年代的 10 年中暂时停止下降。

20 世纪 60 年代，美国黑人的经济进步很大程度上是前几十年趋势的延续，但这种趋势通常不会加快，而是会有所减缓。

与美国黑人持续的经济进步形成对比的是，20 世纪 60 年代开始出现社会倒退，这种倒退以大规模城市骚乱的形式蔓延至全美。在 20 世纪下半叶英国的低收入白人中，相同类型的社会倒退也发生了许多。

大西洋两岸发生的大部分社会倒退，可以追溯到主流社会愿景的中心原则，即不平等的结果根源于对不太幸运的人的不公正对待。这种先入为主的观念成为怨恨驱使的态度、情绪和行动的源泉，包括在许多情况下被恰当地称为“去文明化”的行为。

尽管新的社会愿景以及随后出现的新法律和政策的结果充其量只是一种喜忧参半的记录，但是 20 世纪 60 年代的形象在媒体、政界和学术界都受到了赞颂，尤其是那些参与了社会运动的人。20 世纪 60 年代，社会运动的一名高层参与者，一位美国高级官员，在会见畅销书作家谢尔比 · 斯蒂尔时做出的反应并不罕见。当时，斯蒂尔对 20 世纪

60 年代表达了一些“不合时宜”的怀疑。

> “听着，”这位美国高级官员不耐烦地说，“只有——我的意思是——政府才能打破那种贫困，那种根深蒂固的深度贫困。我不在乎你说些什么。如果这个国家是正派的，那么它会让政府再尝试一次。”

斯蒂尔试图把谈话重点放在 20 世纪 60 年代各种政府项目的实际后果上，这引起了对方激烈的回应：

> “放屁！是我们拯救了这个国家！”他几乎咆哮起来，“当时这个国家即将爆炸。当时到处都在发生暴乱。你就是事后诸葛亮，站着说话不腰疼！但我们必须让整个国家团结一致，我的朋友。”

20 世纪 60 年代林登 · 约翰逊政府的一位高级官员竟然相信与可证明的事实完全背道而驰的事情，由此，社会愿景的宏大力量可见一斑。

他声称只有政府项目才能有效地解决深度贫困问题，但这与一个显而易见的事实是互相矛盾的，即黑人贫困率从 1940 年的 87% 下降到 1960 年的 47%，这发生在 20 世纪 60 年代约翰逊政府开始大规模推广国家福利政策之前。在约翰逊政府大规模的“向贫困宣战”项目开始后，黑人的贫困率出现了更为温和的下降。

至于贫民区骚乱，在 20 世纪 40 年代和 50 年代，这些骚乱从来没有像 20 世纪 60 年代的那样多，规模也没有那样大，而福利政府背后的社会愿景在20世纪60年代已在政治、教育机构和媒体等领域取得了胜利。20世纪80年代的骚乱，也没有发生类似的数量或规模的暴力事件，尽管在里根政府执政的8年里，这一社会愿景被否定了。

这里涉及的远不止某个人从可证明的事实中得出的不正确的推论。这是一个稀松平常的例子，说明社会愿景不仅能够生存，而且能够在无视经验证据的情况下茁壮成长——当媒体人具有相同的愿景时，许多经验证据就无法通过媒体传播给普通公众。

盛行的社会愿景已经变得如此普遍，以至它的某些方面已经成为思想或者至少是意识的组成部分，就算是一些反对这种愿景的保守派和自由主义者也不例外。这种无处不在的现象以及它所代表的社会假设的巨大变化的一个迹象是，早在20世纪初，即使是许多社会主义者和宗教人士也支持这句老话:“不劳不获。”但是，到了21世纪初，甚至一些保守派和自由主义者也支持政府应该自动地为每个人提供一定程度的基本生活需求的想法。

这种想法看起来很慷慨——没有人应该忍饥挨饿或流离失所，在一个比以前富裕得多的社会中尤其如此。但这里仍然存在一个问题，那就是可能产生什么样的人类后果。这不纯粹是出于猜测，因为现代福利国家在这个方向上已经走了相当远的距离，已有可观察人类后果的记录。

无论当前社会愿景在多大程度上是为了创造一个在培育和保护成员方面与家庭非常相似的社会，它实际上所做的都是用福利国家单方面和无条件的补贴取代家庭成员之间的互惠义务。作为一种合法的权利和权益，单方面和无条件的补贴使接受者免于承担互惠义务，甚至免于承担共同礼仪的义务。

我们可以想象，这种愿景是把人们从不断为自己和他们的家属提供食物、住所和其他必需品的负担和压力中解放出来，让他们从焦虑中解脱出来，让他们更放心地追求其他利益。但是，发生在被剥夺了个人责任和生活目标的人的身上的实际记录，也是非常有警醒意义的。

福利国家的许多受益者，都寻求用毒品、性交、暴力和其他自我放纵填补空虚，或者加入暴徒们对当前不满的狂暴活动。福利的保障非但没有保证生存，反而产生了一种令人放松的安全感和满足感。相反，它似乎导致了受惠者对一个让他们漂泊不定的社会的不满，他们在生活中并没有扮演本质上有意义的角色，但其他人既取得了有意义的成就，生活水平还明显高于满足基本需求的层次。所有这些，都在不断强调令人反感的比较，以及一些人比其他人拥有更多东西是如何不正确。

在那些持主流社会愿景的人中，生产力似乎并不是已经消失在相关背景中的唯一概念。“权利”激增让人产生了一种对他人生产的物品的“权益”感，但责任在缩减。一项对英国和美国书籍中“责任”一词使用频率的计算机研究表明，其使用频率已经缩减为早期的1/3。羞耻是另一个似乎已经褪色的概念，因为无耻的行径蓬勃发展，甚至在一些地方被标榜为“解放”。

在福利国家及随之而来的社会愿景获胜的时代，人类行为发生了广泛的变化。其中包括法国的公共住房项目中住满了令人恐惧的人，在那里，汽车“为了好玩而被烧毁”；英国和美国充满令人恐惧的学校，在那里，孩子们和他们的老师都沦为被允许肆意横行的年轻暴徒的攻击目标；在新西兰，领取福利的单身母亲说，“如果我没有生另一个孩子，我将被迫回去工作”；在回应关于一名妇女在自己的公寓里遭到残暴轮奸的报道时，一名在美国公共住房项目中工作的妇女说：“哦，有一位女士被强奸了。这有什么大惊小怪的！这里还有太多太多其他的犯罪活动正在发生呢。”我们已经注意到，全球凶杀案连续几个世纪都在下降，但美国在20世纪60年代却突然逆转，再次激增，并达到了20世纪以来前所未有的水平。

用任性的单方面补贴取代互惠的社会义务，听起来并不乐观，即便在理论上也不乐观。鉴于已经发生的社会退化，以及盛行的社会愿景对人类造成的后果，这似乎很难鼓舞人们朝着这个方向继续前进。

第 7 章

# 事实、假设和目标

瓜就是瓜，种瓜得瓜。那么，我们何必自欺？

——温斯顿·丘吉尔

许多人都可能期望对经济和社会差异的讨论以“解决方案”结束——通常是政府可以创造、制度化、配备人员并用纳税人的钱支付的东西。

本书的目标完全不同。我们的生活中从来不缺对他人指手画脚的人。但是，任何“解决方案”，就算它在给定条件下的给定时刻是有效的，也会随着时间的推移和条件的变化而过时。

本书的期望是，澄清不那么容易过时且适用于与经济和社会差异有关的现有问题，以及涉及同一主题的新问题，这些新问题肯定会随着时间的推移而出现。鉴于预言的局限性，本书的重点是寻求提供足够的证据，使其他人在面对那些宣扬自己的观念或自身利益的人时，能够做出自身必然会产生的主张和反主张。

从我们这个时代的许多经济、社会和技术差距的调查，以及追溯到几个世纪以前的其他时代和地点的此类调查中，我们可以得出什么结论呢？我们已经看到，多个先决条件以不同的方式产生结果上的偏态分布。无论是在人类的努力之中，还是在龙卷风或闪电等自然现象之中，都不会呈现正常的钟形曲线。

对某一特定因素被**先验地**假定为结果不平等的原因的否定，并不意味着否定实现这些结果的机会实际上在世界各地的社会中是非常不平等的，在长达数千年的有记载的历史中亦如此。从某种意义上说，生活就是一场接力赛，我们每个人都在无法控制的时间和地点接棒。我们的父母，我们的出生顺序，我们的国家和我们的周边文化，都是早已为我们设定好了的。成就的一些先决条件后来可能会受到个人选择或社会政策的影响，但在大多数情况下不是百分之百的，更不用说在所有情况下了。没有任何一个人和任何人类机构有足够的知识或力量做到这一点。更重要的是，我们根本无法掌控过去，正如很久以前的老话所说："我们不是生活在过去，而是过去存在于我们身上。"

## 平等：意义与前景

不平等的批评者，经常或明或暗地要求某种形式的平等或近似的平等。但是，当我们谈到人类之间的"平等"时，我们的意思是什么？我们当然无法都像帕瓦罗蒂那样终生高歌，也无法像爱因斯坦那样深邃思考，更无法像萨利机长萨伦伯格那样在哈得孙河上安全降落客机。显然，就具体的事情而言，我们不可能具备同等的能力。就现实生活中的具体能力而言，一个人甚至不能在人生的不同阶段——有时甚至是在不同的日期——拥有与自己相等的能力，更不用说拥有与处于不同生活阶段的其他人同等的能力了。

即使我们在出生或受孕时都有同等的潜力，但是有太多的因素在起作用——作用于不同的个体，甚至作用于不同的家庭成员，影响着我们发挥同样的能力，达到相同的程度。如果我们无法拥有同等的能力，那么我们只能用其他的方式来定义平等。这些可能包括回报的平等，尽管打破生产力和回报之间的联系在很多时候和地方都注定是没有前途的。奖励人们的美德是另一种可能，尽管人性本恶。

## 业绩与生产力

关于经济和其他差异的许多争议，集中表现为人们得到的东西是否反映了他们的业绩。也就是说，从道德的角度看，基于他们在向他们开放的特定可能性中的选择，他们应该得到何种回报。但从道德的角度看，他们应该得到何种回报，是我们不知道也不可能知道的，因为我们没有“站在他们的立场之上”。我们可以猜测、揣测或想象，但这很难成为充分的依据，无法促使政府作为。

我们如果承认奖励道德价值会更好，就应该提出一个更根本的问题，即我们自己评估道德价值的能力。例如，一些大学招生人员似乎含蓄地认为，他们可以根据申请者对以前提供给他们的特定教育机会的利用程度，而不是根据一个申请者的教育成绩记录与另一个申请者的比较，来评估申请者。但这将大学录取过程变成了评估过去成绩的尝试，而不是评估申请者未来的生产力。

一般来说，判断能力似乎比判断生产力更超出我们的能力范围。在经济领域，我们更有可能自行判断某人提供给我们的任何产品或服务是否物有所值。在道德价值意义上，如果我们知道并理解了影响某个特定个体生活的所有因素（这似乎超出了人类知识的范畴），那么我们可以称赞或责备这个人的业绩。但是，当我们被迫决定舍弃我们自己的金钱，也就是说放弃金钱其他令人向往的用途，以购买某种产品或服务时，我们可以将注意力集中在可检验的现实之上，而不会因令人兴奋的话语或笼统的愿景分心。

虽然生产力比道德价值更容易评估，但在讨论社会经济差异时，生产力往往是完全缺失的，而那些提倡所谓“社会正义”的人尤其容易忽视生产力因素。一个经典的例子是《纽约时报》刊发的一篇长篇报道。报道开头便写道:“一名沃尔玛员工的工资中位数为 19 177 美元，若想获得该公司首席执行官道格 · 麦克米伦 2017 年赚取的 2 220 万美元，这名员工必须工作 1 000 多年。”在这篇报道中，这一主题因生产力缺失而引人注目。

《纽约时报》的这篇报道远非标新立异，只是延续了由来已久的传统。正如著名剧作家和费边社会主义者乔治 · 萧伯纳 20 世纪初说的那样:

> 一个女人每工作一小时可挣得 1 先令，另一个女人每工作一小时可挣得 3 000 先令。这种划分并没有道德上的意义：这只是发生了的事情，以及不应该发生的事情。一个聪明伶俐有表演天赋的童星，她拍电影的收入可能是她在普通行业辛勤工作的母亲的 100 倍。

在这里，作为收入的基础，生产力不是简单地缺失，而是被含蓄地否定了。这位童星的报酬是她母亲的很多倍，显然是有人比任何人都更看重她在电影中的角色，但不是任何人都看重她母亲的工作。简而言之，她的报酬是生产力决定的——这可以通过谁付钱给她进行判断：她获得了其他人支付的大量金钱，这些人为他们在电影中观看她扮演的角色所获得的乐趣买单。这并不“只是发生了的事情”，第三方观察员也没有任何依据可以说这种自愿交易是“不应该发生的事情”——他的个人观点不应该凌驾于他人支配自己的金钱或时间的权利。

这是一种先发制人的力量，即使它被冠以更富吸引力的名号——“社会正义”。《纽约时报》等“社会正义”运动对愤怒目标的选择，本身就具有象征性。许多职业运动员和艺人的薪酬是沃尔玛首席执行官的几倍。但是，没有人会问，一个在棒球场从事普通工作的人要多少年，才能挣到和球队明星球员一样多的年薪。没有人会问，一个在好莱坞电影制片厂做勤杂工的人要工作几千年，才能挣到一个电影明星从一部热门电影中赚到的钱。

为什么人们对一般行业中的薪酬差距感到愤怒和强烈的抱怨，却对体育和娱乐领域更大的薪酬差距熟视无睹？这两者背后的差异是什么？一种可能的解释是，企业主和管理者的角色可以被政治决策者取代，而政治决策者又可以实施那些认为自己拥有卓越的智慧或美德，有权对他人发号施令的人所偏爱的政策。但职业运动员和艺人的角色，显然不能被政客或官僚接管。因此，试图抹黑体育或娱乐领域的高薪人士，或者激起公众对他们的愤怒，是不明智之举。

在任何情况下，根本的问题都在于，人们是否应该根据他们的劳动生产力而不仅仅因为他们的存在而获得报酬。但在许多有关收入差距的文献中，生产力是一个经常被忽视的因素。此外，很少有人提出这样的问题：一个低水平的工人要工作几千年才能创造出像比尔·盖茨的计算机操作系统所能产生的庞大财富。比尔·盖茨的计算机操作系统让世界各地数十亿人能够操作一种极其复杂的系统，如果没有这样的中介系统，只有极少数技术高手才能运作这种极其复杂的系统。

在众多（如果不是大多数）关于收入和财富差距的文献中，收入和财富的**生产**都被忽视了，尽管它们在世界不同地区和不同的经济体制下被忽视的**程度**可能截然不同。盖茨本人只获得微软操作系统在世界各地所创造的财富的一小部分，但这也足以让他富甲天下。

与时髦的言论相反，这笔财富并不是盖茨“攫取”、“夺取”或“围猎”的“世界收入”的一部分。这是全世界数十亿人自愿为购买装有盖茨的操作系统——微软视窗的计算机而支付的费用，购买者认为，这样做会给自己带来足够的好处，他们认为支付这个价格是值得的。价格是**增值**的一部分，那些花自己的钱购买的人可以自行判断。

所有这些都不能否认，很可能有其他人生来就很有潜力，就像比尔·盖茨一样，但他们从来没有像盖茨那样具备相同的组合在一起的先决条件。与道德价值问题联系在一起的是运气——作为影响社会经济成果的因素之一。这种现实，始于人们出生在一种环境而不是另一种环境之中。尽管运气不在我们的控制范围之内，但是，我们仍然可以通过研究运气的组成来学习。作为独生子女或长子（长女）的运气，可以使我们意识到，父母对所有儿童在发展的最初几年的关注是非常重要的，并导致对一般儿童的更多关注，无论他们的出生顺序如何。

审视其他幸运或不幸的影响也可以提供线索，并告诉我们应该接受或避免什么样的行为或政策。

我们如果能以某种方式确定具体的先决条件是哪些，我们如果可以将特殊的个人潜力发展成伟大的成就，就能在许多方面造福整个社会，无论是在技术进步方面，还是在发现治疗或预防毁灭性疾病的方法上。但是，我们的教育体系往往是背道而驰的，它强烈反对为那些被证明能力超群的人提供不同程度和不同种类的教育。

在许多情况下，教育工作者在口头上将更高的能力转化为“特权”。通过文字的魔力，以“社会正义”的名义，这些教育者反对利用学校促进个人特殊能力的发展并使整个社会受益，因为这可能导致教育差距和随之而来的经济差距的扩大。许多具有这种社会愿景的人，不仅把社会看成一场零和博弈——其中一个群体的利益必然以牺牲其他群体的利益为代价，他们还经常忽视、无视或妖魔化看待这种情形的其他方式。

对其他人来说，他们的思想并不局限于主流社会愿景的封闭泡沫之中，而最大限度地发挥那些具有更高水平能力的人的生产潜力，会让许多其他人受益。其他人愿意为这些能力创造的成果买单，且正是这种意愿，使得那些拥有这些能力的人能够通过自愿交易获得更高的收入。这有别于攫取部分预先存在的财富，或者获得决策者可能以“社会正义”名义屈尊向他们发放的任何第三方代理的财富。

代理决策的诸多危险之一是，决策者无法像了解自己的情况一样了解数百万其他人的情况，尽管这可能不符合有关代理的普遍看法。此外，代理决策者往往无须为错误付出任何代价，无论他们如何犯错或者对那些抢先做出决定的人造成了多么灾难性的后果。考虑到人非圣贤，只有施加极大的风险，才能让他们谨慎决策。

## 语言

忽视或淡化生产力会产生许多后果，因为，任何生产力的来源都可能是差异的根源。这些根源包括像语言这样基础的东西。语言不仅仅是个人交流的一种手段，尽管这一点很重要。知识本身——从最平凡的知识到最复杂和最有价值的知识——是生产力的核心，不同的语言在不同的时间和地点存储了大量的知识。只会口语却不懂书面语的人，只能被迫依赖于非常有限的大脑容量和容易出错的记忆。

曾经，在过去的几个世纪里，西方文明中的大部分高级知识都是用拉丁语储存的，拉丁语是罗马人的语言，而罗马人长期主导并创造了西方文明的主体。无论你是在法国还是在英国上大学，你都会学习拉丁文，因为在罗马帝国消失很久之后，拉丁语仍然是知识的储存地。无论你生来有多大的智力潜力，如果不懂拉丁语，都无法获得这些知识。

在过去的几个世纪里，许多曾经局限于拉丁文写作的知识被翻译成欧洲的当地语言。但翻译需要时间，成本很高，而且并不是所有的民族都足够大或足够富裕，能够负担得起让他们的特定语言像其他语言那样获得那么多知识的代价。哈布斯堡王朝治下的捷克小孩，要到1848年才能在小学学习母语。如果想继续读大学，他们还需要更长的时间才能掌握足够的母语写作的文献。当时，对东欧大部分国家的人来说，他们必须学习德语才能获得大学教育。而数以百万计辛勤工作的人，既没有时间也没有金钱去学习德语。

在这种情况下，没有任何类似机会平等的东西。在世界各地不同的时间和地点，有许多语言尚未开发出书面语。即使在同一块大陆上，西欧的语言也比东欧的语言早几个世纪就发展出了书面语，东欧用了几个世纪才赶上西欧语言中可用的书面材料的范围和种类。这不是一个基因、歧视或功绩的问题，它只是生活中的一个事实。就像生活中的其他事实一样，这意味着机会和结果的巨大差异。

在这种背景下，语言的差异在不同的时间和地点使整个社会分化也就不足为奇了。这甚至导致了波希米亚、加拿大和印度的暴力和恐怖主义，以及斯里兰卡赤裸裸的内战。这些并不是关于语言本身的质量的争论，而是关于说不同语言的人的社会经济后果。

在当代美国，关于对拉美裔年轻人是否应该用英语授课，或者在低收入贫民区中发现的特定种类的“黑人英语”是否应该在学校使用的争论，同样会影响到遵循一种政策而不是另一种政策所带来的社会经济结果。在这里，问题也不在于所涉及的语言或方言的特殊质量，尽管语言学者可能会对此进行判断。这是关于这些年轻人的未来成就如何被他们的语言影响，以及他们如何获取周围社会语言中储存的知识的问题。

例如，语言学者约翰·麦克沃特试图证明，在学校里使用“黑人英语”来教授贫民区的年轻人是合理的。但是，用“黑人英语”撰写的数学、科学、工程、医学和无数其他学科的图书在哪儿呢？对拉美裔年轻人来说，尽管有关于这些主题的西班牙语书籍，但他们不太可能在美国公立学校找到这些书籍。即使能找到，他们所获得的知识能让他们与周围大多数不讲西班牙语的美国人展开轻松的交流吗？在这两种情况下，问题本身都是生活在英语国家的年轻人可以获得的文化知识的范畴。

在一个群体认同政治的时代，各种群体发言人、活动家或“领导者”可能会专注于作为文化认同标志的语言，但文化的存在是为了服务人类。人类的存在并不是为了保护文化，也不是为了“领导者”的利益而保护一个社会孤立的群体。为什么要在今天的美国为少数族裔青少年创造或延续文化障碍？在早期许多其他国家的少数族裔青少年中，这些文化障碍是不可逾越的，也是导致他们选择更少、更狭窄的根源。

在语言被视为生产工具而不是社会符号的地方，政策也是非常不同的。一家日资跨国公司颁布规章，规定无论该公司在世界各地的分支机构处于何地，英语都是该公司唯一的（工作）语言。换句话说，该公司认识到英语是国际商务的通用语言，因为英语是国际航空公司飞行员赖以与世界各地机场交流的语言。这家日资公司的决定，不是基于英语或日语的质量，也不是基于它们的符号价值，而是基于在世界各地做生意的经济学考量这一确凿事实。

在新加坡，亚裔人口占压倒性多数——人们在家里说的语言是中文、马来语或其他语言，不仅所有的学童都需要学习英语，其他学科的教学语言也是英语。新加坡作为一个重要的国际港口，其生产力和繁荣取决于它与许多国家的沟通能力，这些国家的货物都经过新加坡的港口。英语作为通用语言，是做到这一点的关键。

在这种情况下，语言的选择是基于人们福祉的实际考虑，而不是符号问题或意识形态问题。在文字世界中，无论有多少知识分子会被这些问题吸引，但在现实世界中，符号都是穷人最负担不起的奢侈品。

## 重新思考差异

对一些个人和群体在取得成就的道路上走得更远或更快的可能的原因，人们已经给予了很大的关注，但对于为什么其他人甚至一开始就没有走上这条道路的问题，人们却没有给予太多的关注。

能力无疑在成就中起着作用，但智商排在前 1% 的男性在成就上的巨大差异表明，能力可能是必要的，但作为一种解释，仅有能力是远远不够的。的确，在特曼教授那项具有里程碑意义的研究中，有两个人未能达到 140 的智商上限，却获得了诺贝尔物理学奖，这表明，其他因素肯定发挥了很大的作用。因为，在数百名超越智商 140 的上限的人中，没有人获得过任何诺贝尔奖。

在我们可以说谁在某些努力中失败或成功了之前，我们必须首先知道都有谁试图在这一努力中取得成功。那些不尝试的人不太可能成功，不管他们有多少与生俱来的能力，也不管他们有多少机会。

例如，当所有的孩子都被法律强迫去上学时，我们没有理由相信他们能平等地接受教育。当大西洋两岸的许多儿童不仅不把自己的努力放在学习上，甚至还扰乱教室并骚扰、威胁和攻击其他试图学习的儿童时，他们早就该停止学习了。这就像是说所有的教育缺失都是由外部因素造成的，或者唯一重要的内部因素是遗传潜力一样。

教育只是众多领域之一。在这些领域中，假设结果平等的背景这一看似不可战胜的谬论，无论是对证据还是对逻辑，都是不屑一顾的。国家内部不同群体之间，以及一个国家与另一个国家之间重大的人口统计学差异——年龄中位数相差10年、20年或更多，给群体或国家之间对平等结果的广泛期望带来一种不切实际的氛围。当这些期望没有实现时，广泛的愤怒就会产生。

任何对社会群体、国家或种族的严肃的经验性审视，都会发现它们各自所处的环境有很大的不同。严重的与世隔绝，使一些民族落后了几个世纪甚至几千年。无论是在中世纪时仍然生活在石器时代水平中的加那利群岛的高加索人，还是在18世纪仍然生活在狩猎-采集者时代的澳大利亚黑人世居民族，他们都是很好的例子。无论是种族、民族还是其他社会群体，它们身上的进步并不比平等能更自然而然地发生。我们不能辩称，好的事情是自然而然发生的，而不好的事情是他人的错误。

无知使人们与世界各地数千年来积累的知识、技能和洞察力隔绝开来。获得文字知识，甚至是高等教育，并不能使所有获得者平等地获得他们的好处。几个世纪以来，犹太人被称为“经书之民”。但对世界上大多数其他人来说，文盲在这些世纪的大部分时间里仍然很普遍。即使在20世纪，高等教育也只是例外，而不是规则。

后来，特定地区的大多数人的识字和教育都扩展到大学水平，那些第一个实现这两个目标的家庭成员，与那些来自文化和教育已经普及了几代人的家庭的人是不一样的——在他们成长的家庭里也是如此。在这几代人和几个世纪中，知识兴趣、知识习惯、知识标准和传统得到发展。例如，当犹太男孩达到参加成人礼的年龄时，他们都面临着一项知识测试，这标志着他们从童年世界进入成年之路。

在两次世界大战之间的东欧，如果是家庭中第一个接受教育的年轻人，就没有这样的传统让他们为进入高等教育世界做好准备。不足为奇的是，这些学生缺乏在大学里与他们竞争的犹太学生的知识背景。在反犹太运动成员中，来自这些群体的学生尤为活跃。

在 20 世纪许多欠发达国家——无论是在欧洲、亚洲还是非洲，高等教育对许多人来说都是一种新的体验。那些自身的文化背景没有给他们提供知识经验、传统或规范作为指导的学生，更倾向于学习“社会科学”或人文科学中更柔软、表面上更有吸引力的学科，而不是硬科学、工程学、医学或其他在现实世界中具有重大实际应用的挑战性学科。

马来西亚总理马哈蒂尔 · 穆罕默德曾抱怨说，尽管马来裔学生被大学优先录取，但他们忽视学术研究，并被吸引到政治领域。他的抱怨实际上正是呼应了两次世界大战期间关于罗马尼亚大学生的说法，即他们“在数量上迅速膨胀，在学术上相当松懈，在政治上过度热衷”。20 世纪初，大多数罗马尼亚人都是文盲。当年青一代大举接受高等教育时，罗马尼亚学生倾向于选择较软的学科，例如，只有 1% 的学生学习医学。第二次世界大战后获得独立的第三世界国家，如斯里兰卡和非洲国家尼日利亚、塞内加尔，也存在着类似的模式。

看到今天的美国社会中来自经济和教育落后的群体的大学生有类似的模式，又或者看到这样的事情很少在政治正确的单一文化的学术界或在大多数媒体中被讨论，我们为什么要感到惊讶呢?

所有这些，仅仅触及了阻碍结果平等的因素的表面。刻意、有偏见地压制他人的机会，只是阻碍结果平等的各种其他障碍之一。但是，那些冒犯我们道德感的事情，并不会自动地比诸如人口统计学、地理或语言差异等非道德因素具有更多的因果权重。确定在特定时间和地点存在特定差异的具体原因，仍然需要认真的检验和分析，而不是令人兴奋的花言巧语和笼而统之的预先假设。

作为一名年轻的学者，也是第一个获得哈佛博士学位的黑人，伯格哈特 · 杜波依斯提出这样一个问题："如果所有白人一夜之间都失去他们的种族偏见，会发生什么呢?"他说，这对大多数黑人的经济状况影响不大。虽然由于种族歧视的结束，"一些人会得到提升，一些人会获得新的职位"，但"芸芸众生仍将保持原样"，直到年青一代开始"更努力"，以及种族"失去了无处不在的失败借口：偏见"。

无论杜波依斯的结论是否合理，无论是在当时还是在更普遍的情况下，他的关键点白人种族主义——他一生都在与之激烈斗争，都不会自动地成为结果中种族差异的主要根源。

我们在第 2 章中看到，即使是毋庸置疑的和公开宣称的种族主义的实际影响，就像在种族隔离下的南非一样，也可能很大程度上取决于在各种制度环境中歧视者为歧视所需付出的代价。类似的因素及其后果同样适用于针对其他群体的偏见，无论这些群体是不是由性别、宗教或其他差异来定义的。

如果不公正和迫害总是因果的至上根源，那么犹太人将是当今世界上最贫穷和受教育程度最低的民族之一。在追溯他们的受害史时，几乎没有其他群体拥有犹太人一半时间的受害史，犹太人的受害史长达很多个世纪甚至数千年。毫无疑问，对犹太人无处不在的敌意经常破坏他们的生活，阻碍他们的进步，并使许多人陷入不必要的贫困。在不同的时间和地点，这种敌意也使得他们沦为致命暴力的目标。但显而易见的事实是，如果今天的犹太人仍然身处最贫穷或受教育程度最低的群体中，那么情况将是不可想象的。

世界各国都存在着其他一些扮演过类似经济角色的群体——他们都面临着类似的敌意，时不时地还会遭受彻头彻尾的暴民暴力和/或政府的大规模驱逐。这些扮演类似经济角色并面临类似敌意的群体，包括有时被称为“东南亚犹太人”的华人，被称为“印度犹太人”的帕西人，被称为“西非犹太人”的黎巴嫩人，等等。

针对成功群体的暴力，往往超过了针对被贬为“劣势”的落后群体的暴力。在越南，被暴徒杀害的华裔人数，在短短一年内就超过美国历史上有记载的遭受私刑的黑人人数。在短短一年内，奥斯曼帝国的暴徒杀害的亚美尼亚人的人数同样如此庞大。同一年，在历史上无数时间和地点被杀害的犹太人的人数也是如此庞大。更不用说后来还有数百万犹太人在大屠杀中遇害。

在一个令人反感的差异和不平等困扰众人的时代，有必要指出的是，本书进行这种比较的目的不是表扬、责备或对不同群体排序。本书的目的是试图获得某些因果关系，并将从中得出的见解告诉普罗大众。

姑且不说别的，我们知道的是，对整个社会来说，不断地将结果差异描述为需要反击或报复的恶意行为的证明或证据是非常危险的。与许多人说的相反，从理论观点看，社会经济结果的差异并非不可能；从经验观点看，社会经济结果的差异也是司空见惯的。这在现实生活中的必然结果是，禁止讨论任何在落后群体的个人行为或社会文化中可能被认为是负面的东西，都会适得其反。鉴于所有人类的不可靠性——这在世界各地无数次得到印证，在数千年有记载的历史中也已被证明——免除对任何群体的批评，不是对他们的祝福，而是对他们的诅咒。

在这种背景下，呼吁降低来自落后群体的年轻人在学校的表现标准或行为标准，可能只会增加这类群体成员的数量，而他们几乎具备了成功的所有先决条件。

来自落后群体的年轻人会遭遇不必要的失败，因为让他们做好准备的第三方决定不追究他们是否守时或英语是否标准，或者不追究他们的背景可能没有赋予他们其他一些品质。这是个人的不幸，更是社会的悲剧。没有什么事情比完成了成功所需的 90% 的事情更令人痛苦和沮丧的了：尽管付出了所有的努力和牺牲，但是仍然失败了。

怎样才能避免这种不必要的失败呢？直截了当地说，通过更多地关注事实而不是假设或愿景，就可以达成这一目标。如果第三方的生活与他们为其提供教学、建议或运行项目的落后群体成员的生活有很大的不同，那么在一开始就不了解情况的第三方，或许是可以被谅解的。但是，多年来积累的大量证据表明，落后群体成员不仅成功而且出色的特殊情况，几乎总是没有降低他们的标准。无情的竞争，成为所有人的常态。

美国的低收入和落后群体——无论他们是 19 世纪的爱尔兰人还是 20 世纪的黑人和拉美裔，往往首先在体育和娱乐领域崛起，且最为引人注目。这两个领域都是竞争激烈的领域。即便是昔日的明星，他们的表现一旦稍有褪色，也会被无情地抛弃。

在教育机构方面，华盛顿特区的全黑人学生学校邓巴高中在 1870 年至 1955 年长达 85 年的学术成就中，对学业和诸如守时、社交风度等行为品质都有严格的标准。该校学生要完成的作业量，也比其他大多数公立学校多。就学生要完成大量家庭作业这件事，部分邓巴高中学生的家长甚至向教育委员会提出了抗议。

今天，在那些非常成功的特许学校，如在知识就是力量计划连锁学校和成功学院连锁学校，至少其标准也是相当严格的，那里有更长的上课时间，更长的学年，更严格的学业要求。在这些学校，扰乱行为几乎是不能容忍的，更不用说在其他公立学校经常被忽视或原谅的粗俗行为了。

这种毫不妥协的要求在教育领域的回报，就像在体育或娱乐领域一样具有戏剧性。正如第 3 章提到的那样，邓巴高中的黑人毕业生早在 100 年前就已经就读于美国最顶尖的大学，并以优异的成绩毕业，并且成长为许多领域取得各种职业成就的“第一位”黑人。今天，低收入黑人和其他少数族群学生在许多特许学校的学业成绩同样显著。

例如，在 2016—2017 学年，纽约市的各种成功学院连锁学校招收了 1.4 万名学生。在 2017 年进行的全州测试中，纽约州所有正规公立学区通过英语语言艺术（ELA）测试的学生的比例，最高的为 81%；而在成功学院连锁学校，有 84% 的学生通过了英语语言艺术测试。在数学方面，该州得分最高的普通公立学区有 85% 的学生通过了考试；在成功学院连锁学校，有 95% 的学生通过了考试。

这是成功学院特许学校在正常情况下的杰出记录。实际情况是，包括在这些学校中占绝大多数的低收入家庭的黑人学生和拉美裔学生，都是通过抽签而不是依据能力被录取的，考虑到这类学生在普通公立学校的表现通常相当糟糕，这确实是非同寻常的成就。

纽约州的普通公立学区，其中通过数学和英语考试的学生比例最高的学区，65% 的学生是亚洲人，29% 的学生是白人。事实上，在该州通过全州数学和英语考试的学生比例最高的五大正规公立学区中，白人和亚裔学生占多数，从 86% 到 94% 不等。在这五大成绩最好的普通公立学区中，黑人和拉美裔学生加在一起所占的比例都不足其中任意一个学区学生总数的 10%。

相比之下，在成功学院特许学校通过相同考试的黑人学生比例要更高。通过考试的学生，有 86% 要么是黑人，要么是拉美裔，只有 6% 是白人，只有 3% 是亚裔。纽约州得分最高的 5 个普通公立学区孩子的平均家庭收入，是成功学院孩子的平均家庭收入的 4 倍以上，最高的达到 9 倍以上。

有多少观察者——无论他们是什么种族、阶层，有什么政治倾向——可以坦诚地说他们预料到这样的结果了呢？这样的结果，即便不是毁灭性的驳斥，也是对关于遗传或环境的普遍看法的挑战，因为这些术语无处不在。无论是一些人所说的严重智力障碍的基因，还是其他人所说的破坏少数族裔儿童教育前景的贫困，结果都不是意识形态领域许多人所说的那种无法逾越的障碍。

然而，教育只是诸多领域之一。在这些领域，信念、争论和政策往往不是以已被证明行之有效的东西为指导，而是以符合普遍愿景的东西为指导。学校中的种族“融合”——当时的社会愿景宣称这是教育平等的先决条件，因为用首席大法官沃伦的口头禅来说，隔离的学校“天生不平等”——已从达成目的的一种手段，变成了本身就是一种目的。因此，特许学校遭到许多少数族裔“领导人”的反对，包括美国全国有色人种促进会，该协会一直主张禁止开办特许学校。

尽管这些反应看起来令人惊讶，但就算是在其学术成就卓越的时代，邓巴高中在黑人群体中也面临着类似的敌意。在世界各地的许多情况下，平均主义作为一种抽象的哲学，往往意味着对作为社会现实的成功的不满。更广泛地说，各种杰出的成就——无论是教育、经济还是其他方面，在世界的许多国家和历史的许多时期都引发了充满敌意的反应。

我们早就应该考虑失控言论和轻率指控的代价，特别是要考虑大多数这些代价，包括法律和秩序崩溃带来的高昂的社会成本都是由弱势群体支付的这一事实，尽管这种言论和指控表面上是为了维护弱势群体的利益。

## 文化

社会愿景和社会政策的影响，无论是好是坏，在整个社会中并不是整齐划一的。具有不同文化的不同群体，面对相同的客观环境，会有非常不同的反应方式。

虽然亚裔美国人可以享受与其他美国人一样的国家福利，但亚裔美国人的文化和教育表现为他们提供了比依靠福利生活更好的选择。

同样，对拥有世界上一些最高生活标准和最高诚信标准的斯堪的纳维亚人来说[①]，依靠福利生活可能不如英国或美国一些低收入群体那么有吸引力。

斯堪的纳维亚国家经常被引作福利国家的例子，它们摆脱了其他福利国家出现的一些严重问题。因此，仔细研究斯堪的纳维亚半岛可能是有用的，特别是现在这些国家已经开始变得更像其他福利国家。

## 斯堪的纳维亚

在其历史的大部分时间里，斯堪的纳维亚国家的人口在文化上高度同质化，从而避免了许多使美国和英国等福利国家复杂化的内部冲突。同质化人口使得就业机会变少，因而激进的族群“领袖”和积极分子宣称，当前结果的差异背后存在着历史积怨。

例如，1940 年只有 1% 的瑞典人出生在瑞典以外。随着时间的推移，到 1970 年，这一比例上升到 7%。此外，当时瑞典的移民主要来自西欧国家，他们通常受过良好的教育，而且往往比土生土长的瑞典人有更高的劳动力参与率和更低的失业率。直到 1970 年，瑞典 90% 的外国出生人口都出生在欧洲，其中 60% 来自北欧国家，即文化上与瑞

① See, for example, Eric Felten, “Finders Keepers?” *Reader's Digest*, April 2001, pp. 102–107; “So Whom Can You Trust?” *The Economist*, June 22, 1996, p. 51; “Scandinavians Prove Their Honesty in European Lost-Wallet Experiment,” *Deseret News*, June 20, 1996; Michael Booth, *The Almost Nearly Perfect People: Behind the Myth of the Scandinavian Utopia* (New York: Picador, 2014), p. 40.

典相似的国家。

20世纪末21世纪初，这一切都改变了。到2007年，移民已占瑞典人口的12%。此外，不仅仅是移民数量的增加，这些移民的国家和文化起源的改变也起了至关重要的作用。

中东的动荡把越来越多的难民从该地区输送到瑞典、丹麦和挪威。截至2012年，在这三个斯堪的纳维亚国家，来自伊拉克的移民比其他任何国家的移民都要多。鉴于斯堪的纳维亚国家的人口非常少——瑞典全国仅有约1 000万人口，数量有限的中东难民也对瑞典社会产生了重大影响。此外，来自中东的难民与此前进入瑞典的移民有着巨大的差异。

瑞典移民来源的变化，反映在瑞典福利国家内部不断变化的行为模式上。移民对政府"社会援助"计划的利用急剧增加。1976年以前，以欧洲人为主的移民，只有6.2%求助于这类"社会援助"计划，而1996年到1999年间，已有40.5%的人求助于这类"社会援助"计划，此时的移民大多是来自巴尔干半岛和中东的难民。

主要的区别不在于时代，而在于人民。即使是在1999年，来自北欧国家的移民只有6.8%接受了政府的"社会援助"，这与土生土长的瑞典人有4.7%接受政府的"社会援助"没有太大区别。但是，来自中东的移民有44.3%获得了同样的国家福利。

主流福利国家愿景的非批判性，让瑞典向这些寻求庇护的人打开了大门，但开门不是基于涌入者对现有瑞典人口及其社会价值观的影响。例如，根据瑞典难民政策被接受的难民，有半数以上没有接受过高中教育。

其后果之一，就是外国人的失业率是本地人的两倍以上。此外，“在瑞典生活了 10 年后，只有一半的寻求庇护者找到了工作”。移民现在占瑞典规模有限的总人口的 16%，但已占长期失业人口的 51% 和福利金接受者的 57%。

在挪威，按照该国许多福利法规规定的方式，支持一名难民的成本为 12.5 万美元，这足以支持生活在约旦的一群叙利亚难民。在丹麦，当地人的劳动力参与率为 76%，来自非西方国家的移民的参与率不到 50%，来自索马里的移民的参与率低至 14%。

随着近几十年来大量移民的涌入，尤其是来自非西方国家的移民，斯堪的纳维亚国家内部的族群和文化同质性发生了改变，一些与英国和美国相同的社会问题开始出现在斯堪的纳维亚半岛。

在瑞典，来自中东的移民几乎没有表现出被瑞典文化同化的迹象，反而有很多迹象表明，他们把自己的文化移植到了瑞典：

> 来自穆斯林世界的移民最近有一些故事——在欧洲其他地区定居下来，这很常见，也发生了一些很常见的事，如学生骚扰犹太裔教师，污损涉及犹太主题的教科书。犯罪率居高不下。

在一些中东移民群体中，存在着“源源不断的‘荣誉谋杀’”，通常涉及“因穿短裙或与瑞典男人约会而被兄弟或父亲处死的女孩”。瑞典监狱中外国人的比例，是其在瑞典人口中所占比例的 5 倍。对于更严重的犯罪，如谋杀、强奸和巨额毒品交易，大约一半的囚犯是在外国出生的。

在斯堪的纳维亚半岛，这些模式的含义之一是，福利国家是一种影响，而不是一种宿命。换句话说，福利国家与人口中不同的现有文化的相互作用产生了不同的社会经济结果，无论是在民族内部还是在民族之间都是如此。但在这里，就像在其他情况下一样，不可战胜的谬论往往会压倒最强硬的事实。所以，非常不同的群体也会被当作完全相同的群体来对待。

## 移民问题

无论是对普通移民的全面攻击，还是对普通移民的全面防御，都没有任何意义，因为没有普通移民。相反，来自不同国家和文化的移民有着非常不同的行为模式，例如在教育、就业和犯罪方面。

语言艺术可以模糊这种差异，令其产生美妙的共性。比如，将每个人作为一个个体来判断，或者以某种难以捉摸和无法证实的意义宣称，所有文化都是同样有效或有价值的。在这个充满文字的世界里，很多争议都基于断言和反断言，而不是基于教育水平、福利国家依赖、汽车事故率，或者来自特定国家或文化的特定群体的犯罪率等客观事实。花言巧语、愿景和流行语，经常被用作这些基本信息的替代品。

特定的移民群体极大地造福了许多社会，无论是在拉丁美洲、东南亚还是美国，都是如此。阿根廷、巴西等南美国家以及马来西亚、泰国等东南亚国家的移民，甚至创造了整个产业。即使是英国和美国那样的发达经济体，也存在着一些移民开创的产业。英国的制表业，是由来自法国的胡格诺派难民创建的；美国殖民时期的第一批钢琴，是由德国移民制造的。

具有讽刺意味的是，在一些国家，那些带来了当地居民最缺乏的技能的移民，却成为最令人憎恶甚至是憎恨的移民之一。在通常情况下，他们在特定行业的主导地位，会导致人们指责他们“接管”了这些行业，即便这些行业在移民到来之前并不存在，情况也会如此。

不仅在国家层面如此，就算在最依赖外来者提供本国一般人口最缺乏的经济技能的当地社区也是如此。人们往往对那些提供这种技能和服务的移民，以及由此富裕起来的移民有着最大的怨恨。

例如，在 1992 年洛杉矶的贫民区骚乱中，韩国人拥有的 2 000 多家商店被烧毁和抢劫，造成了价值 3.5 亿美元的损失，尽管韩国人与那次骚乱的起因、奴隶制或黑人遭受的其他灾难无关。将差异归咎于“社会群体”的主流社会愿景，使得该社会群体中的个人和整个群体沦为目标，无论这些个人或群体是否与落后群体的问题有关。这种现象并不是美国特有的。在法国，北非移民持刀袭击中国移民，就因为中国人有“华服”和“锦车”。

尽管来自不同国家和文化的移民群体存在巨大的差异，但有关这种差异的经验事实很少出现在关于移民政策的公开辩论中。试图从事实的角度讨论这些问题，这在道德上被认为是不值得的。任何关于需要保护国内文化的担忧，都有可能被认为是恐惧症或种族主义。因为本国文化已经产生了某种程度的繁荣、秩序和自由，且这种繁荣、秩序和自由在其他文化中是很少见的。似乎讨论移民问题在道义上唯一合法的方式，就是根据当前的社会愿景，基于似乎不可战胜的谬论，假定两个民族和文化之间的发展能力是相同的。

# 过程目标与结果目标

对世界有不同看法的人，可能不仅有不同的目标，而且有不同类型的目标。一些类型的目标是过程目标，如“自由市场”或“法治政府而不是人治政府”。其他目标是结果目标，例如消除个人或群体之间的社会经济“差距”或“差异”。此外，不同类型的机构可能更适合实现这些不同类型的目标。

即使那些寻求促进某些过程目标的人，也认识到结果才是最重要的。但关键的问题是，对谁来说重要？在自由市场中，每个个体交易者决定特定的交易者想要的特定的结果，以及以什么为代价，无论代价是金钱还是辛劳或牺牲。寻求维持市场过程的制度结构，将市场中的个人决策留给在该过程框架内直接相互交易的特定个人。

相比之下，那些希望硅谷有更多女性就业，或者有更多少数族裔学生被常春藤盟校录取的人，正在追求的是由第三方选择的特定结果目标，并将其强加给其他人。无论特定目标的利弊如何，这些利弊都不是由那些直接受到影响的人来权衡的，而是由第三方代理决策者来衡量的，他们可能声称或假定自己拥有更高的知识、同情心或其他东西。[①]

相比之下，那些推进过程目标的人，寻求的是让个人直接体验他

① 类似的原则也适用于国际社会。伍德罗·威尔逊在第一次世界大战中宣布的“民族自决”原则，实际上从来都不是自决。相反，由美国总统威尔逊、法国总理乔治·克莱门索和英国首相大卫·劳合·乔治组成的三人小组，也就是战争的胜利者，决定了全世界人民的命运。当然，没有人认为爱尔兰的爱尔兰人或新成立的捷克斯洛伐克的德国人能决定他们自身将生活在什么样的主权之下。

们自己决策的好处和成本，从而进行增量的权衡。那些提倡结果目标的人，正在寻求创建由第三方选择的绝对优先事项，并由政府强制对那些直接体验好处和成本的人施加压力。

那些寻求确定优先事项以消除差异的人，并不一定会说要“不惜一切代价”或“采取一切必要的手段”。但是，至少衡量这些成本和好处的工作不会落在那些将同时体验两种成本和好处的人的手中。更重要的是，对所有成本的理解——不管是在金钱方面还是在个人方面，那些遥远的代理决策者，都不可能像那些成本的直接承担人那样感同身受。

那些已经拆除了整个社区的代理决策者，为了用政府规划和控制的新住房取代这些社区，不仅破坏了这些社区的实体结构，还破坏了一个无形的、由宝贵的人类联系构成的网络，而正是这些联系构成了一个富有生机的社区。这些联系，不仅包括居住在同一社区附近彼此有亲属关系的家庭，还包括与特定邻居、朋友以及多年熟知的特定企业和专业人士的联系。

当所有这些人因社区被拆毁而流离失所时，他们不得不单独居住在他们能找到的任何新的地方，而在那里，他们并没有这样的联系。对失去长期客户的企业和专业人士来说，这些成本就是真金白银，而其他无法量化的成本，对支付这些人力成本的人来说可能同样重要，但是第三方代理决策者可以等闲视之，就好像这些成本不存在一样。

如果政府必须为人们的财产支付一个足以补偿他们自愿离开社区的价格，那么所有那些隐藏的成本都会包含在这个价格中。但是在征用法律之下，通过使用强制手段，这些隐藏的成本没有办法表现出来，尽管这些成本在自由市场中是存在的。即使政府为其所需的所有房产支付当前的市场价格，显然也不是足额的补偿。尽管现在的业主可以获得市场价格的补偿，但他们显然没有选择主动出售。

同样，那些希望看到更多女性在硅谷工作的人不可能知道，想要在硅谷工作的女性必须权衡哪些不可避免的成本。对那些有孩子要照顾的女性来说，这些成本可能特别高。而且她们知道，在孩子恰好需要的时候她们不在孩子身边，这不能通过安排下班后的"优质时间"来弥补，尽管这种油嘴滑舌的论调听起来对其他人很好。

身为母亲或正在考虑成为母亲的女性也知道，从长远看，由于养育孩子而中断几年的职业——在硅谷这样的地方，快速发展的技术变革可能会让她们在以后重返工作岗位时被远远抛下——可能不会是一个有前途的职业。在一个自由竞争的劳动力市场，为补偿一些女性的所有这些考虑而需要支付的薪酬金额，可能远远超出为完成特定工作而支付给任何人的合理薪酬。

除了人力成本（只有拥有这些成本的人才知道它的大小）固有的问题，以及在自愿市场交易中被第三方代理决策者强制取代时反映出来的问题，还有一个更根本的问题，那就是为什么促进经济增长或其他进步的努力必须采取消除群体之间的"差距"这一形式。如果每个人的收入、受教育程度和预期寿命在一段时间内翻番，那么差距必然会扩大，这难道没有意义吗?

当不同的个人和群体不想要相同的东西，或者对这些差距没有相同的优先级或紧迫性时，为什么要把消除差距当作目标呢? 如果亚裔美国人对职业篮球的兴趣不像美国黑人那么大，为什么亚裔美国人在这项运动中的“代表性不足”应该是一个需要缩小的“差距”呢？为什么女性在国际象棋俱乐部中的“代表性不足”，或者男性在护理方面的“代表性不足”，应该是一个需要消除的差距呢？防止有偏见的决策任意阻塞机会的过程目标，也是可以理解的目标。但通过创造某种画面来匹配一个愿景的先入之见，则另当别论。

那些把市场描绘成冷酷无情、非人性化的机构，而他们自己的观念则是人道主义和富有同情心的人，实则是在颠倒是非。正是当人们做出自己的经济决策，考虑到对自己很重要且只有自己知道的成本时，这种知识才会成为他们做选择时权衡的一部分。无论是作为消费者还是作为生产者，都是如此。

那些提倡过程目标和结果目标的人之间的许多差异，似乎反映了他们理解知识的差异，以及相关知识是在少数人中还是在许多人中广泛传播等差异。这些知识包括成本知识。无论代理决策者知道的社会影响信息的数量是多少，任何给定的决策者都只可能知道他所需要知道的信息（以便为整个社会做出最佳决策）的一小部分。在制定结果目标时，这可能是一个比制定过程目标更重要的问题。

约翰·斯图尔特·穆勒早在 19 世纪就看到这个问题，当时他说：“即使一个政府在智力和知识上比国家中的任何一个人都要优越，也必定比不上这个国家所有个人智力和知识的累加。”换句话说，穆勒明白，与进行复杂的社会权衡相关的相应知识和理解太过庞大，以至任何给定的个人或任何可管理的小群体对此都无法了解和理解。

过程目标使包含该知识的决策能够通过大量人员之间的无数复杂交互作用来做出，总体而言，这些人比任何给定的代理决策者或任何一小群代理决策者都具有更多的决定性和高度具体的知识。

因此，通过联系无数交易方的复杂市场互动做出的决策，调动了只有参与其中的个人才能知道的无数具体考虑，尽管这些交易方中的大多数相互没有直接联系。但所有这些因素，都会影响通过市场价格联系起来的无数交易。“总的来说，‘市场’比它的个体参与者中最聪明的人更聪明。”《华尔街日报》编辑罗伯特 · L. 巴特利如是说。

有些人认为，受过高等教育的少数高智商的人集中掌握着决定性知识，对他们来说，为整个社会指定特定的结果目标，可能比那些认为大量的决定性知识高度分散在普通民众（包括贩夫走卒）中的人更可行。对任何给定的个人或任何可管理的代理决策者来说，将所有因素都考虑在内几乎是不可能的。但是，决策是由大量在市场上交易的个人做出的，而每个人都有自己的必要知识片段，都掌握需要考虑的因素，并且所有人都被迫达成相互兼容的条件。也就是说，所有相关人员可用的所有知识，都会影响经济结果。

20 世纪的计划经济在尝试之前看起来很有前途，但它最终被缩减或放弃。世界各地的社会主义国家最终决定通过市场做出更多的经济决策。在许多国家，比如印度和中国，市场经济的发展带来了经济增长率的大幅提高和贫困率的显著降低。

如果相关知识像主流社会愿景假设的那样集中，那么这堪称一个非凡的——几乎是不可能的——结果。当关键的经济决策被转移到数百万缺乏这些资格的普通人的手中，并在一个不受控制的市场上竞争时，将重大经济决策从训练有素的专家手中夺走（专家拥有卓越的知识和海量数据，并有政府的力量做后盾），怎么可能会带来更高的经济增长率？然而，除了印度和中国，这个结果在许多其他国家也被发现。

这些截然不同的目标之间的冲突是在许多方面展开的，涉及的问题更是多种多样。例如，关于最低工资法是让穷人过得更好还是更糟的争论，只有在第三方代理人设定的优先事项范围内才有意义。在20世纪初的进步时代，那些接受最低工资法会让低技能工人失业的主张的进步人士，根本没有被这种前景吓倒。因为那个时代的进步派特别欢迎这一结果，特别是当被取代的低技能工人不是白人的时候。这与他们在那个时代所追求的特定场景是契合的。

如果低收入工作的成本和收益由低技能和缺乏经验的工人自己来衡量，国家就没有理由制定最低工资法。与其他政策类似，最低工资法意味着由第三方规定结果，而不是促进过程，但在这些过程中，结果是那些在过程框架内既获得收益又付出代价的个体进行权衡的系统性结果。

鉴于人类普遍的不可靠性，反馈的作用——结果反馈，有别于简单的信息——在任何类型的决策过程中都是至关重要的。来自过程目标的反馈，对那些直接体验自己决策的成本和好处的人来说是不可避免的，而那些直接受影响的人的不利经验，则可能被第三方代理人忽略、合理化或混淆，尤其是当他们的决定使得事情变得更糟时，他们不愿意向他人，甚至向自己承认这一点。

简而言之，结果特定的目标意味着第三方优先考虑其他人关于他们自己生活的决定。值得注意的是，这种优先考虑的基础很少被明确规定。在较早的时代，国王的神圣权力被引用为对从工作到宗教等问题的代理决策的理由。今天，辩解的责任往往落在那些渴望对自己的生活做出决定的人的身上，这些人要求特别豁免来自第三方的监督。正如哲学家托马斯·纳格尔描述的那样，一个人的社会经济利益并不完全取决于他自己的个人价值。这一事实意味着，目前对这些利益的分配不存在“道德神圣性”。

换句话说，因为个人无法负责自身的利益，因此政治家、官僚和法官——也就是可以“安排”事情的政府，即罗尔斯说的“社会”——会先发制人，并以一种可能更合乎道德的方式重新分配利益。但是，这种先发制人并不需要事先证明政府具有优越的道德或卓越的效率。这种厚颜无耻的非逻辑推理——如果“不是你造的”就是政府接管的理由——与一个不可战胜的谬论相辅相成，即人们在没有偏见的解决方案之下往往会获得类似的结果。

如果除去不可战胜的谬论和厚颜无耻的非逻辑推理，那么普遍的社会愿景会失去很多（如果不是大部分）根基。“社会正义”或“公共利益”等术语可能会被那些具有普遍视野的人援引，但决定什么是“公共利益”的并非普通民众。这个决定权是留给第三方代理人的。路易十四声称“朕即国家”，今天的收入再分配论者宣称“社会正义”或“公共利益”。但在决策术语中，这两者都意味着本质上相同的东西——第三方强势抢夺个人选择权。

那些被认为更开明的政策的所谓受益者，甚至都没有机会选择放弃多少自身的自由，以换取政府政策的假定利益。相反，这种权衡本身也被重新定义的词语湮没，以至政府政策的假定利益被描绘成一种“新自由”，这在口头上打消了所谓受益者以自由换取政府承诺的利益的想法。

值得注意的，不仅仅是代理人通过简单地将举证责任放在那些希望免除这种抢占权的人的身上，从而率先剥夺他人对自己生活的决定权，而且是代理人的优先权既没有时间限制，也没有显式或隐式的撤销条件。

例如，那些承认基于种族的“平权行动”适得其反的人，仍然主张基于贫困或其他社会经济标准的平权行动。他们的政策已经造成了长达数十年的种族冲突、两极分化和持久的仇恨——在表面上的受益人与那些憎恨给予表面上的受益人优待的人之间，这一事实无碍那些策划了这一政策的人，无所畏惧地寻求继续行使其先发制人的特权。他们的大胆假设，与他们对相关数据的压制，和对持不同观点的人的压制和妖魔化形成了鲜明的对比，但他们无视相关论争。

## “社会正义”

许多被冠以“社会正义”之名的话语，都隐含地假设了3件事：(1)看似不可战胜的谬论，即在没有他人的偏见对待的情况下，不同的群体将同等成功；(2)不同结果的原因，可以通过搜集显示不平等结果的统计数据来确定；(3)如果更幸运的人无须完全为自己的好运负责，那么政府——政治家、官僚和法官——将通过干预有效地产生更好的结果，或道德上更好的结果。

当我们观察现实世界中的事实时，我们会反复发现结果的分布有偏差，无论是人与人之间还是自然界都是如此。但是，当我们审视社会愿景或政治议程时，我们发现平等的结果是普遍的假设，而当这一假设得不到满足时，它就是政府强加的规范。如果某些社会类别的人在特定的职业、机构或收入阶层中没有获得平等的代表性，那就会被认为是某人的错误，因为理应存在的自然平等的结果并未得到体现。这似乎就是很多说和做背后不可战胜的谬论。

举证责任方面存在着根本的不对称。无论有多少关于结果的偏态分布的经验证据被提出，并被作为反驳不可战胜的谬论的证据，另一方都没有相应的举证责任来提出，在任何给定的努力中各种社会群体哪怕有着平等代表性的一个例子。试问，在哪个国家，在什么样的努力中，或者在人类几千年历史的哪个世纪，在人们自由竞争的任何活动中，曾经有不同群体有着平等的代表性？人们可以读到大量的相关论点，即统计差异意味着有偏见的待遇，但人们无法找到任何一个在任何努力、在任何国家或在任何历史时期中社会群体均匀分布的实证例子。

在大多数关于财富再分配的"社会正义"的观点中，同样缺失的是在任何全面、长期的意义之上，这种再分配实际上有多大的可能性。当然，在不同的时间和地点，金钱或其他物质财富被政府没收或被暴徒掠夺的例子俯拾皆是。但物质财富是人力资本，即存在于人的头脑中的知识、技能、才情和其他素质的产物，而人力资本是无法被没收的。

人们为了再分配而没收的物质财富，是一些会随着时间的推移而被耗尽的东西。如果没有创造它的人力资本，它就无法恢复。人力资本本身也不容易由第三方决策者创造。虽然雇用教师和购买书籍是可能的，但购买文化史是不可能的。文化史能锤炼并引导所有人获得对人力资本来说起决定性作用的技能、习惯和态度。

几个世纪以来，许多国家没收了生产性人才构成的人力资本所创造的物质财富。如果被没收的物质财富是由外国投资者拥有的，这一过程经常被称为“国有化”，并被誉为本国对外国“剥削”的胜利。当被没收的实物资本属于生产性国内群体时，使用的也是类似的理由，这往往导致许多生产性人才离开该国，他们的离开可能是为了逃离激愤的暴徒，也有可能是因为政府的负面行动——有时还包括大规模的驱逐。

无论如何，最终的结果往往是这些人来到其他国家，成为赤贫的难民。与此同时，他们逃离的国家承受的后果往往是大量人力资本撤离后的经济衰退。这类事例，包括 20 世纪 70 年代亚洲人被驱逐后乌干达经济的崩溃，以及这些难民进入英国后英国经济的崛起。类似地，20 世纪中叶来到美国的古巴难民，他们一贫如洗，靠从事低水平、低收入的工作而生存下来。但是，多年后，在美国的古巴人的企业的总收入超过了古巴国家的总收入。

这个主题的变体，可以在许多时间和地点被找到。这类例证，包括 15 世纪末被驱逐出西班牙的犹太人，这些被剥夺物质财富的人再次在荷兰繁荣兴盛，并在这个过程中为荷兰的经济做出了贡献。16 世纪和 17 世纪逃离法国的胡格诺派难民，使瑞士成为世界上领先的制表国。第二次世界大战结束时，捷克斯洛伐克将绝大多数德国人驱逐出境，这使得他们曾经聚居的苏台德区在几十年之后仍陷于经济困境。20 世纪末，白人农民被赶出津巴布韦之后，类似或更严重的经济灾难发生了。

尽管约翰 · 罗尔斯和其他“社会正义”倡导者的言论在语言世界

中可能极具说服力，但现实世界中存在的事实提出了一个关键的问题，即在任何全面和可持续的意义之上，收入或财富的再分配是否真的可行。相反，如果只是出于人道主义的愿望，即希望看到不太幸运的人拥有更美好的生活前景，那么“社会正义”既是不必要的，也是与那些碰巧没有共享这一特定社会愿景的隐含假设的其他人联手实现这一目标的障碍。

不可否认的事实是，生活从来谈不上“公平”——从某种意义上说，实现经济繁荣或其他利益的可能性是平等的。这让许多人得出结论，认为人类的偏见正是其背后的原因。毫无疑问，人类的偏见导致了不公平的可能。但是，说人类的偏见是造成不平等的唯一甚至主要原因，并没有确凿的证据。这完全是无稽之谈。

当智商排在前1%的男性之间以及在同一屋檐下长大的兄弟姐妹之间的结果存在重大差异时，以及当受歧视的少数族裔在经济上比歧视他们的人更成功时，坚持认为人类偏见是造成结果差异的主要原因，那就是掩耳盗铃。受歧视的少数族裔在经济上更成功的例证，曾经发生在奥斯曼帝国、许多东南亚国家和大部分东欧国家。

这并不是说无法作为，无法为更多的人提供更多的机会。为此，我们已经做了很多事情，可以做的事情还很多，将来还会做很多事情。但方法可能是有益的，也可能是有害的，这取决于我们对世界现状的理解程度和处理方式，而不是根据一些因各种原因看起来更有吸引力的愿景。

尽管无法没收和重新分配人力资本，但具有讽刺意味的是，人力资本是少数几种可以传递给其他人而无损自身的东西之一。但是，阻碍这种情况发生的最大障碍之一正是“社会正义”的愿景。在这种愿景下，不太幸运的人的根本问题不是缺乏足够的人力资本，而是存在他人的恶意。对一些人来说，放弃这一愿景意味着放弃一部道德情景剧。在这部情景剧中，他们把自己视为对抗邪恶势力的战斗勇士。有多少人准备放弃这一切——以及它带来的所有精神、政治和其他回报，仍是一个悬而未决的问题。

## 过去与未来

回顾几个世纪以来的人类历史，我们发现其中有许多令人鼓舞和值得惊叹之处。至于未来，我们能确定的就是它即将到来，无论我们是否已经做好迎接它的准备。

也许关于过去最令人振奋的事情，就是在无数案例中，整个民族在给定的时间里远远落后于它的同代人，但在后来的时代它实现了超越，并走在了人类成就的前列。

其中就包括英国人。在古代，他们是不识字的部落民族，而当时的古希腊人和古罗马人正在奠定西方文明的智力和物质基础。然而，1 000 多年之后，正是英国人带领世界进入了工业革命。

在不同的时间和地点，中国和伊斯兰世界比欧洲先进，但后来它们落在了后面，而日本在 19 世纪中叶摆脱了贫穷和落后，并在 20 世纪取得了经济和技术成就。在早期现代科学技术的革命性现象中，犹太人几乎没有或根本没有发挥任何作用，但在 20 世纪获得诺贝尔奖的所有科学家中，犹太人具有完全不成比例的代表性。

在许多关于过去的骇人听闻的故事中，很难分辨哪一个是最糟糕的，因为有太多来自世界各地的候选项都被冠以这个称号。在历经几千年的文明之后，在一个最先进的社会中，像大屠杀这样的事情会发生，这在智力上几乎是不可理解的，在道德上也是毁灭性的，在表明整个人类可能堕落的深度方面也是如此。这是一种痛苦的警醒，文明只是“火山上薄薄的外壳”。

如果以持久性和普遍性为标准，那么奴隶制一定是所有人类制度中最骇人听闻的候选项之一，因为它在世界各地存在了数千年之久，可以追溯到人类物种的起源。然而，在今天，人们往往严重低估了奴隶制的全面性，因为人们经常讨论奴隶制，就好像它仅限于一个族群奴役另一个族群，而事实上，奴隶制几乎意味着一些人可以奴役其他任何人——在许多情况下，如果不是在大多数情况下，奴役对象也包括同一种族的人。这种情况，在欧洲和亚洲就像在非洲一样真实存在，在哥伦布的船队出现在地平线之前的西半球也是如此。

尽管今天奴隶制受到如此广泛的谴责，但令人痛苦的事实是，在18世纪之前，奴隶制几乎没有受到任何挑战，尽管虐待奴隶或奴役特定民族面临着挑战。但是制度本身被接受为生活的事实，这足以令每个人的毛孔都惴惴不安，甚至领先的哲学家和宗教领袖也会蓄奴。欧洲的基督教寺院和亚洲的佛教寺院都蓄有奴隶。

直到18世纪才出现了一场严肃的运动，它主张废除整套奴隶制度。当时，这只是西方文明内部的一种发展，且最初响应者寥寥无几。在后一个世纪，反奴隶制的观念仍然主要局限于西方社会，在所有西方国家废除奴隶制之后，奥斯曼帝国和其他地方仍在买卖奴隶。

**工具栏：奴隶制的地理范围和持续时间**

许多人可能没有意识到，奴隶制在世界上大部分地区已经被废除的第一个世纪是 20 世纪，直到 21 世纪奴隶制的残余仍然存在。一位著名的美国经济学家称奴隶制是美国建国时的“原罪”。但 1776 年时的奴隶制没有任何原创性，当时亚当·斯密写道，西欧是世界上唯一完全废除奴隶制的地区——当然，这并未妨碍西欧人在西半球拥有奴隶。承认奴隶制几乎是人类的普遍诅咒，与将其描述为更狭隘的本地化现象是非常不同的，但这符合当前的愿景和议程。

在欧洲人把第一批非洲奴隶（大多数奴隶是从奴役他们的其他非洲人那里买来的）带到西半球之前，欧洲人已经奴役了其他欧洲人几个世纪之久。欧洲人被非欧洲人奴役，也不是没有先例。欧洲奴隶被巴巴里海岸（埃及以西的北非沿海地带）的海盗带到北非沿岸就是一个例子。这些欧洲奴隶比被带到后来构成美国的美洲殖民地，以及美国的非洲奴隶的数量还要多。

其他海盗沿着欧洲的地中海和亚得里亚海海岸进行了广泛的掠奴行动，以至这些地方建起了许多瞭望塔，以便在看到海盗船接近时，沿海人民可以得到警告并逃跑。仅在西西里岛上，就有 100 多座这样的瞭望塔。

将关于奴隶制的讨论局限于被白人奴役的黑人，这只是当前议程扭曲我们对过去的理解的许多方式之一，这使得我们丧失了未经过滤的过去的知识所能传授给我们的宝贵经验。至少，世界范围内奴隶制的历史应该是对所有人的严重警告，即在任何时候都不应该赋予任何人凌驾于其他人之上的不受约束的权力，无论这种不受约束的权力被修辞方式包装得多么诱人。

20 世纪——奴隶制在世界各地几乎被根除后的第一个世纪，见证了一种新式的残酷的人类奴役，即极权主义独裁统治的建立。在这个世纪的和平时期，极权主义独裁统治者集体杀害了数以千万计的本国人民，使许多幸存者的生活成为噩梦。

最后一个结束奴隶制的西方国家巴西——在 1888 年（原文有误，应是 1889 年）成立了极权主义独裁政权。从消灭对人类极其残酷的一种制度到创造同样残酷的另外一种制度，间隔尚且不足一代人的时间。然而，这些非人道的独裁统治往往建立在激荡人心的言辞和崇高的愿景之上。甚至，这些言辞和愿景还在世界各国的许多知识领袖中引起了共鸣。以史为鉴的必要性，可一言以蔽之："永恒的警惕即自由的代价。"

正如两个多世纪前埃德蒙·伯克所言，"以史为鉴，我们可以从人类过去的错误和弊病中汲取未来所需的智慧养料"。但他警告说，过去也可能是一种"苟活、复辟、分歧和敌对"的手段。

正是在后一种意义之上，历史在今天被教授得太多了[①]，打着"社

① 任何对此有疑虑的人，可参见霍华德·津恩的《美国人民史》，并反思这一事实，这是美国使用最为广泛的教科书之一。截至 2015 年，它在北美的销量已超过 250 万本。见 Howard Zinn, *A People's History of the United States* (New York: Harper Perennial, 2015), p. xviii。

会正义”的旗号，混杂以同样有害的令人兴奋的言辞和粗心大意的愿景，20 世纪的极权主义独裁政权最终导致了如此巨大的悲剧。

领土收复主义导致各国为了本身可能没有什么价值的土地而互相残杀，仅仅因为这片土地曾经属于不同的政治辖区。在任何一个活着的人都已经不记得的时代，从早已死去的人犯下的历史错误中抽取并灌输社会恢复主义，这是我们期待的吗?

这种错误，在世界各地的不同时间和地点随处可见。实际上，这种错误就是由几乎所有种族、信仰和肤色的人制造的，也是由他们犯下的。但是，在今天的任何一个社会，让新生儿继承同一天出生在同一社会的其他婴儿预先包装好的不满，又有什么益处呢?

我们今天所能做的任何事情，都无法消除过去的许多罪恶和灾难，但我们至少可以从中吸取教训，而不是重复过去的错误，而其中许多错误都是以崇高的目标开始的。尽管这一切看起来是那么显而易见，但人们往往会过目即忘。今天德国人能做的任何事情，都不会以任何方式减轻希特勒过去罄竹难书的罪孽。在今天的美国，为过去的奴隶制道歉也不可能有任何意义，更不用说对今天的黑人或白人有任何好处了。A 为 B 的所作所为道歉，这有什么意义? 即使是在同时代人之间，这也是毫无意义的，更不用说还需要跨越生者和死者之间的巨大鸿沟。

我们唯一能影响的时代，就是现在和未来，这两个时代都可能因试图象征性地弥补生者和死者之间所发生的事情而变得更糟，而死者远远超出我们帮助、惩罚或复仇的范围。尽管这些约束性事实可能令人恼火，但怒火无法阻止它们成为我们无法控制的事实。假装我们拥有实际上并不具备的能力，就是冒着在当今制造不必要的邪恶的风险，同时还声称要对付过去的邪恶。

任何对当今世界的认真思考都必然告诉我们，让在世的同代人保持共同的礼仪仍然是一个重大的挑战，更不用说和平与和谐了。无论是在国家之间还是在国家内部，都是如此。承认我们对死者发生的事情无能为力，并不是让我们放弃为一个更美好的世界奋斗的努力，而是让我们把努力集中在至少还有些许希望的地方——让活着的人变得更好。

# 致谢

人类历史发展至今，很难想象有人能撰写一本关于任何严肃主题的书，而无须站在巨人的肩膀之上，无论他是现在的巨人，还是遥远的过去的巨人。除了本书脚注和文后注释中引用的许多著作，还有许多其他著作和见解为我提供了历史、地理和经济知识的背景。没有这些知识，就没有特定的研究和分析基础，而特定的研究和分析基础使得我能够“揣摩事实”，如同伟大的经济学家阿尔弗雷德·马歇尔对经济分析的目标所定义的那样。

在一个许多教育工作者认为他们的学生无须研究单纯事实的时代，背景知识的重要性尤其值得强调。他们认为，事实可以根据需要进行查找，无论是通过参考书还是互联网。但是，如果没有历史、科学和经济等基本学科的一般性背景知识，学生就无法知道哪些事实与手头的问题相关，并有必要进行查阅。

没有什么比事件发生的背景更富有基本性了，这些背景包括人类物种从史前世界演进到当今完全不同的世界的漫长道路上的不同时间、地点和环境。我对特定民族在经济和文化上演进的特定地理环境的兴趣，可以追溯到几十年前。

我发现有两位学者关于这一主题的不朽论著对我尤具启发意义，为我增加了新的维度，这远远超出我为了成为地理学家而在教科书中找到的技术性事实。

在这些标志性论著中，最古老和最全面的是埃伦·丘吉尔·森普尔所著的《地理环境的影响》。读完这本内容广泛而又细致入微的巨著——书中以很长的章节讲述了世界上许多岛屿民族的经济和社会模式，以及各种山地环境、沿海环境等不同民族的不同经济和社会模式，没有人还会相信大自然为所有人提供了平等的机遇。这本书出版于 1911 年，当时地理决定论大行其道，但森普尔教授既回避又否定了这种决定论。她提出并广泛记载下来的是“无论种族或时代”都存在的某些地理和社会模式，其著作标题中“影响”一词的选择可谓恰到好处。

N. J. G. 庞兹教授出版的一系列在地理范围上更为局限，在组织方式上也有所不同的里程碑式的丛书的书名是《欧洲历史地理》(*An Historical Geography of Europe*)。该丛书的不同分卷涵盖了特定文明发展过程中的不同时代——一种文明内部包含许多迥异的地理环境和历史环境。这套丛书既是一部经济史，也是一部地理史。庞兹教授曾经指出，“欧洲的经济增长是一种高度本地化的现象”，而化石燃料“明显不存在于南欧”，并因此限制了工业革命可能发生的地点。这些事实与当今的隐含假设，即如果不是因为有偏见的待遇或遗传缺陷，所有人都会获得同等的结果，又一次形成了对比。

除了为了解历史事件的发展提供重要背景，全球地理学术研究和专注于世界特定地区——无论是西欧、东南亚还是拉丁美洲——的学术研究，都是我们今天的学校和大学迫切需要的背景教育的组成部分。如果从地理或社会环境的固有制约，以及完全不可能改变过去的角度看，许多“社会问题”及其“解决方案”，看起来又是另一番模样。

老式的学者也不乏令人耳目一新，甚至是救赎性的著述。他们终身致力于创作关于人类状况某个方面的经典作品，从而为后来者提供一些严肃的知识和理解背景，以便后来者着手处理后来的特定问题。太多的当代著述，似乎都从当前流行的结论开始，并向后努力寻找支持该结论的证据。

在形成《歧视与不平等》特定的分析框架的背景知识中，在具有划时代意义的概念性著作中，加里·贝克尔关于歧视经济学的著作对经济学家来说可谓耳熟能详，尽管他的见解和启示尚未被纳入当前关于经济差异的大多数讨论和争议中。尽管我们的大多数同时代人仍然对他所知甚少，没有贝克尔教授半个多世纪前的洞察力，许多这样的讨论和争论仍不会有结果，我们仍将在砌满文字和愿景的世界里摸索。

在事实研究中，社会学家 E. 富兰克林·弗雷泽的开创性研究，始于他 20 世纪上半叶对芝加哥和纽约的黑人贫民区的研究，他的研究结论堪称种族问题讨论中清晰、深邃和诚实的典范，这在后来有关该主题的著述中非常罕见。

斯蒂芬和阿比盖尔·特恩斯特伦的著作，尤其是他们里程碑式的研究《黑白美国》(*America in Black and White*)，堪称学术性、清晰、深邃和诚实的研究范例。在这本书写成 20 多年后的今天，我们仍然可以从中学到很多东西，也需要从中学习很多东西。他们的工作突破了知识界的错误信息和误解的丛林，为那些寻求知识和理解的人留下了一条更清晰的道路，而不是政治正确的华丽辞藻。

最近出版的一些著作提供了对美国经济差异、“社会正义”愿景和社会退化的深刻见解，其中包括两本里程碑式的图书，但它们不是关于美国的，而是关于其他国家类似发展的著述。这两本著作是西奥多·达尔林普尔的《底层生活》(*Life at the Bottom*，关于英国）和詹姆斯·巴塞洛缪的《国家福利》

（*The Welfare of Nations*，关于西方世界的福利国家）。

达尔林普尔博士的深刻见解基于他在伦敦低收入社区的一家医院担任医生，以及他作为监狱囚犯服务医生的亲身经历，是对他所学知识的真正精湛的描述，尽管这与许多当代的花言巧语和凭空幻想背道而驰。达尔林普尔博士的深刻见解，是对詹姆斯·巴塞洛缪充满事实的福利国家实证研究的有力补充。

对许多美国人——尤其是那些在美国因讨论同样的问题而感到不安的人——来说，阅读这两本书中的一本或全部，可能是一种解放，也可能是一种启示。在美国，任何提到源自不太幸运的人自身的问题，都可能会被认为是无意识的种族主义，因为诸多不幸的人都是少数族裔。然而，在英国和其他各种西方国家，下层阶层主要是白人，那里所见的社会模式和我们在美国看到的是一样的，没有“白人负疚感”的干扰。从他本人里程碑式的著作《我本如斯》（*The Content of Our Character*）起，谢尔比·斯蒂尔在其著述中对此进行了深刻的分析。

那些讨论当代美国问题的教育家观念狭隘，仿佛这些问题是美国独有的，他们认为少数族裔学生的教育与其他学生“相关”，但无视来自世界各地和跨越几个世纪的历史的大量证据。我们如果将美国视为伟大而阴郁的人类织锦的组成部分，这些证据可能就具有启发意义了。

谈到这里，我脑海中浮现出一个微小但发人深省的插曲。20 世纪 60 年代，布兰迪斯大学的一名黑人学生来到我的办公室，与我讨论一些他正在努力解决的问题。我递给他一份卡尔·马克思与一位年轻的德国共产党人在 19 世纪 40 年代的一次短暂而激烈交锋的材料。读完后，他惊呼道：“我们上个星期在黑人学生会上也有同样的争论！”我只希望这有助于他敞开胸怀，面向更广阔的世界。

在一个急需具有开阔的思想的著作的时代，即便只是为了对抗那么多学术机构封闭思想的趋势，乔治梅森大学的沃尔特 · E. 威廉姆斯教授的书、文章和联合专栏也是一笔财富。《 歧视与不平等 》利用了其中的一些宝藏，特别是他那充满事实的初级读本《 种族与经济学 》，以及他对南非种族隔离时期的经济力量的独特研究成果《 南非的反资本主义战争 》。

在本书的写作过程中，在那个思想封闭的时代，其他一些令人视野开阔的图书还包括哈佛大学教授斯蒂芬 · 平克关于几个世纪以来暴力活动的国际趋势的不朽论著《 人性中的善良天使 》。几个世纪以来，人类在减少暴力方面取得了持续的进步，但从整个世界来看，这一趋势在 20 世纪 60 年代突然逆转。平克教授的相关描述，与当时的歌舞升平形成了痛苦的对照。

在身边的人中，我的妻子玛丽的批评和建议，以及我的朋友约瑟夫 · 查尼和斯蒂芬 · 卡马拉塔的评论和建议，对本书都是宝贵的贡献。他们的帮助，使得本书的出版成为可能。这三个人都有建设性评论所必需的洞察力和坦率。如果没有我多年的助手刘娜和伊丽莎白 · 科斯塔的辛勤工作，写作这本书几乎是不可能完成的任务，尤其是在我年事已高的时候。胡佛研究所和斯坦福大学图书馆等机构的支持，也是不可或缺的。

然而，最后，他们都无须为我的结论或可能出现的任何错误或不足负责。对于这一切，我将承担全部责任。

托马斯 · 索威尔

胡佛研究所

斯坦福大学

# 注释

## 序言

1 Alan Greenspan, ***The Age of Turbulence: Adventures in a New World*** (New York: Penguin Press, 2007), p. 95.

### *Epigraph*

Fernand Braudel, ***A History of Civilizations***, translated by Richard Mayne (New York: The Penguin Press, 1994), p. 17.

## 第 1 章 差异和先决条件

1 A sharp reduction in the probability of success, when there are multiple factors required in a given endeavor, even when the prerequisites are few and common, is just one of the things making equality of outcomes less likely. Other factors may be influences without being prerequisites, and yet the increased multiplicity of factors— both prerequisites and other influences— increases the number of possible combinations and permutations affecting outcomes, thereby reducing the likelihood of equality of successful outcomes. A concrete example of an influence that is not a prerequisite is that being left-handed is an advantage for a baseball player who is playing first base. Even though there have been a number of right-handed first basemen who have been excellent fielders, nevertheless left-handers have tended to be over-represented among first basemen.

2 The chances of having one, two, three, four or five of the prerequisites may be normally distributed, as in a bell curve, but the outcomes will not be. If the distribution of outcomes is plotted on a graph, with the number of prerequisites measured on the horizontal axis and successful outcomes measured on the vertical axis, all those people with one, two, three and four of the prerequisites will have zero successes, represented by a line that coincides with the horizontal axis. At five prerequisites, this line will rise at right angles to the horizontal axis, representing various degrees of success. This is clearly nothing like a bell curve.

3 ***World Illiteracy At Mid-Century: A Statistical Study*** (Paris: United Nations Educational, Scientific and Cultural Organization, 1957), p. 15.

4 As of 1940, just under half of the women in the Terman group were employed full time. Lewis M. Terman, et al., ***The Gifted Child Grows Up: Twenty-Five Years' Follow-Up of a Superior Group*** (Stanford: Stanford University Press, 1947), p. 177.

5 Malcolm Gladwell, ***Outliers: The Story of Success*** (New York: Little, Brown and Company, 2008), p. 111.

6 Ibid., pp. 89–90. See also Joel N. Shurkin, ***Terman's Kids: The Groundbreaking Study of How the Gifted Grow Up*** (Boston: Little, Brown & Company, 1992), p. 35; Wolfgang Saxon "William B. Shockley, 79, Creator of Transistor and Theory on Race," ***New York Times***, August 14, 1989, p. D9; J.Y. Smith; "Luis Alvarez, Nobel-Winning Atomic Physicist, Dies," ***Washington Post***, September 3, 1988, p. B6.

7 Malcolm Gladwell, ***Outliers***, pp. 111–112.

8 Ibid., p. 112.

9 Distinguished economist Richard Rosett was another example. See Thomas Sowell, ***The Einstein Syndrome: Bright Children Who Talk Late*** (New York: Basic Books, 2001), pp. 47–48. The best-selling author of ***Hillbilly Elegy*** was another. See J.D. Vance, ***Hillbilly Elegy: A Memoir of a Family and Culture in Crisis*** (New York: HarperCollins, 2016) pp. 2, 129–130, 205, 239.

10 Charles Murray, ***Human Accomplishment: The Pursuit of Excellence in the Arts and Sciences, 800 B.C. to 1950*** (New York: HarperCollins, 2003), pp. 98–99.

11 Ibid., p. 99.

12 James Corrigan, "Woods in the Mood to End His Major Drought," ***The Daily Telegraph*** (London), August 5, 2013, pp. 16–17.

13 Charles Murray, ***Human Accomplishment***, p. 102.

14 Ibid., pp. 355–361.

15 John K. Fairbank and Edwin O. Reischauer, ***China: Tradition & Transformation*** (Boston: Houghton Mifflin, 1978), p. 17.

16 William D. Altus, "Birth Order and Its Sequelae," ***Science***, Vol. 151 (January 7, 1966), p. 45.

17 Ibid.

18 Julia M. Rohrer, Boris Egloff, and Stefan C. Schmukle, "Examining the Effects of Birth Order on Personality," ***Proceedings of the National Academy of Sciences***, Vol. 112, No. 46 (November 17, 2015), p. 14225. These differences in median IQs are not necessarily large. However, even modest differences in ***median*** IQs can translate into large disparities in the representation of different groups at IQs of 120 and above— which are the kinds of IQs found among people in elite occupations that attract major attention. Most observers are far less interested in what kinds of people qualify to work behind the counter of fast-food restaurants than they are in what kinds of people are qualified to work in chemistry labs or as engineers or physicians.

19 Lillian Belmont and Francis A. Marolla, "Birth Order, Family Size, and Intelligence," ***Science***, Vol. 182, No. 4117 (December 14, 1973), p. 1098.

20 Sandra E. Black, Paul J. Devereux and Kjell G. Salvanes, "Older and Wiser? Birth Order and IQ of Young Men," ***CESifo Economic Studies***, Vol. 57, 1/2011, pp. 103–120.

21 Lillian Belmont and Francis A. Marolla, "Birth Order, Family Size, and Intelligence," ***Science***, Vol. 182, No. 4117 (December 14, 1973), pp. 1096–1097; Sandra E. Black, Paul J. Devereux and Kjell G. Salvanes, "Older and Wiser? Birth Order and IQ of Young Men," ***CESifo Economic Studies***, Vol. 57, 1/2011, p. 109.

22 Sidney Cobb and John R.P. French, Jr., "Birth Order Among Medical Students," ***Journal of the American Medical Association***, Vol. 195, No. 4 (January 24, 1966), pp. 172–173.

23 William A. Layman and Andrew Saueracker, "Birth Order and Sibship Size of Medical School Applicants," ***Social Psychiatry***, Vol. 13 (1978), pp. 117–123.

24 William D. Altus, "Birth Order and Its Sequelae," ***Science***, Vol. 151 (January 7, 1966), pp. 44–49. See also Robert S. Albert, "The Achievement of Eminence: A Longitudinal Study of Exceptionally Gifted Boys and Their Families," ***Beyond Terman: Contemporary Longitudinal Studies of Giftedness and Talent***, edited by Rena F. Subotnik and Karen D. Arnold (Norwood, New Jersey: Ablex Publishing Corporation, 1994), p. 293.

25 Alison L. Booth and Hiau Joo Kee, "Birth Order Matters: The Effect of Family Size and Birth Order on Educational Attainment," ***Journal of Population Economics***, Vol. 22, No. 2 (April 2009), p. 377.

26 Robert J. Gary-Bobo, Ana Prieto and Natalie Picard, "Birth Order and Sibship Sex Composition as Instruments in the Study of Education and Earnings," Discussion Paper No. 5514 (February 2006), Centre for Economic Policy Research, London, p. 22.

27 Jere R. Behrman and Paul Taubman, "Birth Order, Schooling, and Earnings," ***Journal of Labor Economics***, Vol. 4, No. 3, Part 2: The Family and the Distribution of Economic Rewards (July 1986), p. S136.

28 Philip S. Very and Richard W. Prull, "Birth Order, Personality Development, and the Choice of Law as a Profession," ***Journal of Genetic Psychology***, Vol. 116, No. 2 (June 1, 1970), pp. 219–221.

29 Richard L. Zweigenhaft, "Birth Order, Approval-Seeking and Membership in Congress," ***Journal of Individual Psychology***, Vol. 31, No. 2 (November 1975), p. 208.

30 ***Astronauts and Cosmonauts: Biographical and Statistical Data***, Revised August 31, 1993, Report Prepared by the Congressional Research Service, Library of Congress, Transmitted to the Committee on Science, Space, and Technology, U.S. House of Representatives, One Hundred Third Congress, Second Session, March 1994 (Washington: U.S. Government Printing Office, 1994), p. 19.

31 Daniel S.P. Schubert, Mazie E. Wagner, and Herman J.P. Schubert, "Family Constellation and Creativity: Firstborn Predominance Among Classical Music Composers," ***The Journal of Psychology***, Vol. 95, No. 1 (1977), pp. 147–149.

32 Arthur R. Jensen, ***Genetics and Education*** (New York: Harper & Row, 1972), p. 143.

33 R.G. Record, Thomas McKeown and J.H. Edwards, "An Investigation of the Difference in Measured Intelligence between Twins and Single Births," ***Annals of Human Genetics***, Vol. 34, Issue 1 (July 1970), pp. 18, 19, 20.

34 "By age 3, the average child of a professional heard about 500,000 encouragements and 80,000 discouragements. For the welfare children, the situation was reversed: they heard, on average, about 75,000 encouragements and 200,000 discouragements." Paul Tough, "What it Takes to Make a Student," ***New York Times Magazine***, November 26, 2006, p. 48. See also Betty Hart and Todd R. Risley, ***Meaningful Differences in the Everyday Experience of Young American Children*** (Baltimore: Paul H. Brookes Publishing Co., 1995), p. 253. See also Edward C. Banfield, ***The Unheavenly City: The Nature and Future of Our Urban Crisis*** (Boston: Little, Brown, 1970), pp. 224–229.

35 "Choose Your Parents Wisely," ***The Economist***, July 26, 2014, p. 22.

36 See, for example, Kay S. Hymowitz, ***Marriage and Caste in America: Separate and Unequal Families in a Post-Marital Age*** (Chicago: Ivan R. Dee, 2006), pp. 78–82; Betty Hart and Todd R. Risley, ***Meaningful Differences in the Everyday Experience of Young American Children***, p. 253; Edward C. Banfield, ***The Unheavenly City***, pp. 224–229. It is painful to contemplate the prospects of a child born to a single mother on welfare who has failed to finish high school. Lacking the interactions of a father is not without consequences. "We find that after accounting for parental education, skills, and income, both a father's and a mother's time investment in the first five years of a child's life have a large effect on the child's completed education." George-Levi Gayle, Limor Golan, and Mrhmet A. Soytas, "Intergenerational Mobility and the Effects of Parental Education, Time Investment, and Income on Children's Educational Attainment," ***Federal Reserve Bank of St. Louis Review***, Volume 100, No. 3 (Third Quarter 2018), p. 292.

37 For examples and a fuller discussion of social mobility see Thomas Sowell, ***Wealth, Poverty and Politics***, revised and enlarged edition (New York: Basic Books, 2016), pp. 178–183, 360–375, 382–390.

38 Henry Thomas Buckle, ***On Scotland and the Scotch Intellect*** (Chicago: University of Chicago Press, 1970), p. 52.

39 Irokawa Daikichi, ***The Culture of the Meiji Period***, translated and edited by Marius

B. Jansen (Princeton: Princeton University Press, 1985), p. 7.

40 Joel Mokyr, ***A Culture of Growth: The Origins of the Modern Economy*** (Princeton: Princeton University Press, 2017), p. 256.

41 Steven Beller, "Big-City Jews: Jewish Big City— the Dialectics of Jewish Assimilation in Vienna, *c.* 1900," ***The City in Central Europe: Culture and Society from 1800 to the Present***, edited by Malcolm Gee, Tim Kirk and Jill Steward (Brookfield, Vermont: Ashgate Publishing, Ltd., 1999), p. 150.

42 Charles Murray, ***Human Accomplishment***, pp. 280, 282.

43 Charles O. Hucker, ***China's Imperial Past: An Introduction to Chinese History and Culture*** (Stanford: Stanford University Press, 1975), p. 65; Jacques Gernet, ***A History of Chinese Civilization***, second edition, translated by J.R. Foster and Charles Hartman (New York: Cambridge University Press, 1996), p. 69.

44 David S. Landes, ***The Wealth and Poverty of Nations: Why Some Are So Rich and Some So Poor*** (New York: W.W. Norton & Company, 1998), pp. 93–95; William H. McNeill, ***The Rise of the West: A History of the Human Community*** (Chicago: University of Chicago Press, 1991), p. 526.

45 David S. Landes, ***The Wealth and Poverty of Nations***, pp. 94–95.

46 See, for examples, Thomas Sowell, ***Wealth, Poverty and Politics***, revised and enlarged edition, especially Part I; Ellen Churchill Semple, ***Influences of Geographic Environment*** (New York: Henry Holt and Company, 1911), pp. 144, 175, 397, 530, 531, 599, 600. By contrast, she refers to "the cosmopolitan civilization characteristic of coastal regions." Ibid., p. 347.

47 Andrew Tanzer, "The Bamboo Network," ***Forbes***, July 18, 1994, pp. 138–144; "China: Seeds of Subversion," ***The Economist***, May 28, 1994, p. 32.

48 Richard Rhodes, ***The Making of the Atomic Bomb*** (New York: Simon & Schuster, 1986), pp. 13, 106, 188–189, 305–314; Silvan S. Schweber, ***Einstein and Oppenheimer: The Meaning of Genius*** (Cambridge, Massachusetts: Harvard University Press, 2008), p. 138; Michio Kaku, ***Einstein's Cosmos: How Albert Einstein's Vision Transformed Our Understanding of Space and Time*** (New York: W.W. Norton, 2004), pp. 187–188; Howard M. Sachar, ***A History of the Jews in America*** (New York: Alfred A. Knopf, 1992), p. 527; American Jewish Historical Society, ***American Jewish Desk Reference*** (New York: Random House, 1999), p. 591.

49 Quoted in Bernard Lewis, ***The Muslim Discovery of Europe*** (New York: W.W. Norton, 1982), p. 139.

50 Giovanni Gavetti, Rebecca Henderson and Simona Giorgi, "Kodak and the Digital Revolution (A)," 9–705–448, Harvard Business School, November 2, 2005, pp. 3, 11.

51 "The Last Kodak Moment?" ***The Economist***, January 14, 2012, pp. 63–64.

52 Mike Spector and Dana Mattioli, "Can Bankruptcy Filing Save Kodak?" ***Wall Street Journal***, January 20, 2012, p. B1.

53 Henry C. Lucas, Jr., ***Inside the Future: Surviving the Technology Revolution*** (Westport, Connecticut: Praeger, 2008), p. 157.

54 Giovanni Gavetti, Rebecca Henderson and Simona Giorgi, "Kodak and the Digital Revolution (A)," 9–705–448, Harvard Business School, November 2, 2005, p. 4.

55 Ibid., p. 12.

56 More than half a century before the collapse of Eastman Kodak, economist J.A. Schumpeter pointed out that the most powerful economic competition is not that between producers of the same product, as so often assumed, but the competition between old and new technologies and methods of organization. In the case of Eastman Kodak, it was not the competition of Fuji film, but the competition of digital cameras, that was decisive. For Schumpeter, it was not the competition of firms producing the same products, as in economics textbooks, that was decisive. In Schumpeter's words, "it is not that kind of competition which counts but the competition from the new commodity, the new technology, the new source of supply, the new type of organization (the largest-scale unit of control, for instance)— competition which commands a decisive cost or quality advantage and which strikes not at the margins of the profits and the outputs of the existing firms but at their foundations and their very lives." Joseph A. Schumpeter, ***Capitalism, Socialism, and Democracy***, third edition (New York: Harper & Brothers, 1950), p. 84. Among other examples were the A&P chain of grocery stores that was for years the largest chain of retail stores of any kind, anywhere in the world. Eventually new competitors "competed against A&P not by doing better what A&P was the best company in the world at doing," but by organizing their businesses in very different ways that all but obliterated A&P. Richard S. Tedlow, ***New and Improved: The Story of Mass Marketing in America*** (New York: Basic Books, 1990), p. 246.

57 Darrell Hess, ***McKnight's Physical Geography: A Landscape Appreciation***, eleventh edition (Upper Saddle River, New Jersey: Pearson Education, Inc., 2014), p. 200.

58 ***Africa: Atlas of Our Changing Environment*** (Nairobi, Kenya: United Nations Environment Programme, 2008), p. 29; Rachel I. Albrecht, Steven J. Goodman, Dennis E. Buechler, Richard J. Blakeslee and Hugh J. Christian, "Where Are the Lightning Hotspots on Earth?" ***Bulletin of the American Meteorological Society***, November 2016, p. 2055; ***The New Encyclopædia Britannica*** (Chicago: Encyclopædia Britannica, Inc., 2005), Volume 3, p. 583.

59 Darrell Hess, ***McKnight's Physical Geography***, eleventh edition, p. 198.

60 Alan H. Strahler, ***Introducing Physical Geography***, sixth edition (Hoboken, New Jersey: Wiley, 2013), pp. 402–403.

61 Bradley C. Bennett, "Plants and People of the Amazonian Rainforests," ***BioScience***, Vol. 42, No. 8 (September 1992), p. 599.

62 Ronald Fraser, "The Amazon," ***Great Rivers of the World***, edited by Alexander Frater (Boston: Little, Brown and Company, 1984), p. 111.

63 Karen Kaplan, "Man, Chimp Separated by a Dab of DNA," ***Los Angeles Times***, September 1, 2005, p. A12; Rick Weiss, "Scientists Complete Genetic Map of the Chimpanzee," ***Washington Post***, September 1, 2005, p. A3; "A Creeping Success," ***The Economist***, June 5, 1999, pp. 77–78.

64 David S. Landes, ***The Wealth and Poverty of Nations***, p. 6.

65 A.H.M. Jones, ***The Later Roman Empire 284–602: A Social and Administrative Survey*** (Norman: University of Oklahoma Press, 1964), Volume 2, pp. 841–842.

66 Ellen Churchill Semple, ***The Geography of the Mediterranean Region: Its Relation to Ancient History*** (New York: Henry Holt and Company, 1931), p. 5.

67 Jack Chen, ***The Chinese of America*** (San Francisco: Harper & Row Publishers, 1980), pp. 65–66.

68 See, for example, Ellen Churchill Semple, ***Influences of Geographic Environment***, pp. 20, 280, 281–282, 347, 521–531, 599, 600; Fernand Braudel, ***The Mediterranean and the Mediterranean World in the Age of Philip II***, translated by Siân Reynolds (Berkeley: University of California Press, 1995), Vol. I, pp. 34, 35; Thomas Sowell, ***Wealth, Poverty and Politics***, revised and enlarged edition, pp. 45–54.

69 James S. Gardner, et al., "People in the Mountains," ***Mountain Geography: Physical and Human Dimensions***, edited by Martin F. Price, et al (Berkeley: University of California Press, 2013), pp. 288–289; J.R. McNeill, ***The Mountains of the Mediterranean World: An Environmental History*** (New York: Cambridge University Press, 1992), pp. 223, 225–227; Ellen Churchill Semple, ***Influences of Geographic Environment***, pp. 578–579.

70 See, for example, Frederick R. Troeh and Louis M. Thompson, ***Soils and Soil Fertility***, sixth edition (Ames, Iowa: Blackwell, 2005), p. 330; Xiaobing Liu, et al., "Overview of Mollisols in the World: Distribution, Land Use and Management," ***Canadian Journal of Soil Science***, Vol. 92 (2012), pp. 383–402; Darrel Hess, ***McKnight's Physical Geography***, eleventh edition, pp. 362–363.

71 Andrew D. Mellinger, Jeffrey D. Sachs, and John L. Gallup, "Climate, Coastal Proximity, and Development," ***The Oxford Handbook of Economic Geography***, edited by Gordon L. Clark, Maryann P. Feldman and Meric S. Gertler (Oxford: Oxford University Press, 2000), p. 169. Nearly a century earlier, a geographic treatise declared that, as a general rule, "the coasts of a country are the first part of it to develop." Ellen Churchill Semple, ***Influences of Geographic Environment***, p. 280.

72 See, for documented examples, Thomas Sowell, ***Wealth, Poverty and Politics***, revised and enlarged edition, Section I. See also Ellen Churchill Semple, ***Influences of Geographic Environment***, especially chapters on coastal peoples (VIII), island peoples (XIII), peoples in river valleys (XI) and peoples in hills and mountains around the world (XV and XVI).

73 James S. Gardner, et al., "People in the Mountains," ***Mountain Geography***, edited by Martin F. Price, et al., p. 268.

74 The world population in 2014 was 7.2 billion people. The population of the United States that year was 323 million people, while the population of Italy was 61 million people. The Economist, ***Pocket World in Figures: 2017 edition*** (London: Profile Books, 2016), pp. 14, 240.

75 Edward C. Banfield, ***The Moral Basis of a Backward Society*** (New York: The Free Press, 1958), pp. 35, 46–47.

76 Fernand Braudel, ***A History of Civilizations***, translated by Richard Mayne (New York: The Penguin Press, 1994), p. 17.

77 Donald L. Horowitz, ***Ethnic Groups in Conflict*** (Berkeley: University of California Press, 1985), p. 677.

78 Myron Weiner, "The Pursuit of Ethnic Equality Through Preferential Policies: A Comparative Public Policy Perspective," ***From Independence to Statehood***, edited by Robert B. Goldmann and A. Jeyaratnam Wilson (London: Frances Pinter, 1984), p. 64.

79 Cynthia H. Enloe, ***Police, Military and Ethnicity: Foundations of State Power*** (New Brunswick: Transaction Books, 1980), p. 143.

80 Angelo M. Codevilla, ***The Character of Nations: How Politics Makes and Breaks Prosperity, Family, and Civility*** (New York: Basic Books, 1997), p. 50.

81 Charles Murray, ***Human Accomplishment***, p. 298.

82 Ibid., pp. 304, 305.

83 U.S. Bureau of the Census data show the median household income of people aged 45 to 54 to be double that of the median household income of people less than 25 years old. But white household income is less than double that of black household income. Kayla Fontenot, Jessica Semega and Melissa Kollar, "Income and Poverty in the United States: 2017," ***Current Population Reports***, P60–263 (Washington: U.S. Census Bureau, 2018), Table 1, p. 2. So are median weekly earnings of full-time workers. "Usual Weekly Earnings of Wage and Salary Workers First Quarter 2017," U.S. Bureau of Labor Statistics, U.S. Department of Labor, April 18, 2017, Table 3.

84 See U.S. Census Bureau, S0201, Selected Population Profile in the United States, 2016 American Community Survey 1-Year Estimates, downloaded from the Census website on July 9, 2018: https://factfinder.census.gov/faces/tableservices/jsf/pages/productview.xhtml?pid=ACS_16_1YR_S0201&prodType=table.

85 For documented specifics, see Thomas Sowell, ***Intellectuals and Race*** (New York: Basic Books, 2013), Chapter 3.

86 Thomas C. Leonard, "Eugenics and Economics in the Progressive Era," ***Journal of Economic Perspectives***, Vol. 19, No. 4 (Fall 2005), p. 216.

87 Sidney Webb, "Eugenics and the Poor Law: The Minority Report," ***Eugenics Review***, Vol. II (April 1910-January 1911), p. 240; Thomas C. Leonard, "Eugenics and Economics in the Progressive Era," ***Journal of Economic Perspectives***, Vol. 19, No. 4 (Fall 2005), p. 216; Richard Overy, ***The Twilight Years: The Paradox of Britain Between the Wars*** (New York: Viking, 2009), pp. 93, 105, 106, 107, 124–127; Donald MacKenzie, "Eugenics in Britain," ***Social Studies of Science***, Vol. 6, No. 3–4 (September 1975), p. 518; Jakob Tanner, "Eugenics Before 1945," ***Journal of Modern European History***, Vol. 10, No. 4 (2012), p. 465.

88 For documented specifics, see Thomas Sowell, ***Intellectuals and Race***, pp. 29–35.

89 Leon J. Kamin, ***The Science and Politics of I.Q.*** (New York: John Wiley and Sons, 1974), p. 6.

90 Carl C. Brigham, ***A Study of American Intelligence*** (Princeton: Princeton University Press, 1923), p. 190.

91 *The World Almanac and Book of Facts: 2013* (New York: World Almanac Books, 2013), p. 335.

92 E.A. Pearce and C.G. Smith, *The Times Books World Weather Guide* (New York: Times Books, 1984), pp. 279, 380, 413.

93 Ibid., pp. 132, 376. In none of the winter months— from December through March— is the average daily low temperature in Washington warmer than in London, and the lowest temperature ever recorded in Washington is lower for each of those winter months than in London.

94 For documented specifics, see Thomas Sowell, *Wealth, Poverty and Politics*, revised and enlarged edition, pp. 62–64.

95 Steven Pinker, *The Better Angels of Our Nature: Why Violence Has Declined* (New York: Viking, 2011), pp. 85–87.

96 "Solving Murder," *The Economist*, April 7, 2018, p. 9.

## 第 2 章 歧视：含义与成本

1 Harry J. Holzer, Steven Raphael, and Michael A. Stoll, "Perceived Criminality, Criminal Background Checks, and the Racial Hiring Practices of Employers," *Journal of Law and Economics*, Vol. 49, No. 2 (October 2006), pp. 452, 473. See also Gail L. Heriot, "Statement of Commissioner Gail Heriot in the U.S. Commission on Civil Rights' Report, "Assessing the Impact of Criminal Background Checks and the Equal Employment Opportunity Commission Conviction Records Policy," Legal Studies Research Paper Series, Research Paper No. 17–251 (San Diego: University of San Diego Law School, 2013); Jennifer L. Doleac and Benjamin Hansen, "The Unintended Consequences of 'Ban the Box': Statistical Discrimination and Employment Outcomes When Criminal Histories Are Hidden," Social Science Research Network, last revised August 22, 2018.

2 See, for example, Zy Weinberg, "No Place to Shop: Food Access Lacking in the Inner City," *Race, Poverty & the Environment*, Vol. 7, No. 2 (Winter 2000), pp. 22–24; Michael E. Porter, "The Competitive Advantage of the Inner City," *Harvard Business Review*, May-June 1995, pp. 63–64; James M. MacDonald and Paul E. Nelson, Jr., "Do the Poor Still Pay More? Food Price Variations in Large Metropolitan Areas," *Journal of Urban Economics*, Vol. 30 (1991), pp. 349, 350, 357; Donald R. Marion, "Toward Revitalizing Inner-City Food Retailing," *National Food Review*, Summer 1982, pp. 22, 23, 24.

3 David Caplovitz, *The Poor Pay More: Consumer Practices of Low-Income Families* (New York: The Free Press, 1967), p. xvi.

4 See, for example, "Democrats Score A.&P. Over Prices," *New York Times*, July 18, 1963, p. 11; Elizabeth Shelton, "Prices Are Never Right," *Washington Post*, December 4, 1964, p. C3; "Gouging the Poor," *New York Times*, August 13, 1966, p. 41; "Overpricing of Food in Slums Is Alleged at House Hearing," *New York Times*, October 13, 1967, p. 20; "Ghetto Cheats Blamed for Urban Riots," *Chicago Tribune*, February 18, 1968, p. 8; "Business Leaders Urge Actions to Help Poor," *Los Angeles Times*, April 11, 1968, p. C13; Frederick D. Sturdivant and Walter T. Wilhelm, "Poverty, Minorities, and Consumer Exploitation," *Social Science Quarterly*, Vol. 49, No. 3 (December 1968), p. 650.

5 Donald R. Marion, "Toward Revitalizing Inner-City Food Retailing," *National Food Review*, Summer 1982, pp. 23–24. "Sales in urban stores are 13 percent lower by volume, and operating costs are 9 percent higher. Profits, before taxes, are less than half of the suburban stores. Labor costs are higher, shrinkage costs are greater, sales per customer are lower, insurance and repair costs are higher, and losses due to crime are more than doubled in the inner-city stores." *Hearings Before the Subcommittee on Agricultural Production, Marketing, and Stabilization of Prices of the Committee on Agriculture and Forestry*, United States Senate, Ninety-Fourth Congress, Second Session, June 23 and 25, 1976 (Washington: U.S. Government Printing Office, 1976), p. 57. See also pp. 116, 124–125.

6 Dorothy Height, "A Woman's Word," *New York Amsterdam News*, July 24, 1965, p. 34.

7 Ray Cooklis, "Lowering the High Cost of Being Poor," *Cincinnati Enquirer*, May 28, 2009, p. A7.

8 Jonathan Gill, *Harlem: The Four Hundred Year History from Dutch Village to Capital of Black America* (New York: Grove Press, 2011), p. 119.

9 See U.S. Census Bureau, S0201, Selected Population Profile in the United States, 2016 American Community Survey 1-Year Estimates, downloaded from the Census website on July 9, 2018: https://factfinder.census.gov/faces/tableservices/jsf/pages/productview.xhtml?pid=ACS_16_1YR_S0201&prodType=table.

10 "Choose Your Parents Wisely," *The Economist*, July 26, 2014, p. 22. "We find that after accounting for parental education, skills, and income, both a father's and a mother' time investment in the first five years of a child's life have a large effect on the child's completed education." George-Levi Gayle, Limor Golan, and Mehmet A. Soytas, "Intergenerational Mobility and the Effects of Parental Education, Time Investment and Income on Children's Educational Attainment," *Federal Reserve Bank of St. Louis Review*, Volume 100, No. 3 (Third Quarter 2018), pp. 291–292.

11 *The Chronicle of Higher Education: Almanac 2017–2018*, August 18, 2017, p. 46.

12 Karl Marx and Frederick Engels, *Selected Correspondence 1846–1895*, translated by Dona Torr (New York: International Publishers, 1942), p. 476.

13 Adam Smith, *An Inquiry into the Nature and Causes of the Wealth of Nations* (New York: Modern Library, 1937), p. 423.

14 Adam Smith denounced "the mean rapacity, the monopolizing spirit of merchants and manufacturers" and "the clamour and sophistry of merchants and manufacturers," whom he characterized as people who "seldom meet together, even for merriment and diversion, but the conversation ends in a conspiracy against the public." As for policies recommended by such people, Smith said: "The proposal of any new law or regulation of commerce which comes from this order, ought always to be listened to with great precaution, and ought never to be adopted till after having been long and carefully examined, not only with the most scrupulous, but with the most suspicious attention. It comes from an order of men, whose interest is never exactly the same with that of the public, who have generally an interest to deceive and even to oppress the public, and who accordingly have, upon many occasions, both deceived and oppressed it." Adam Smith, *An Inquiry into the Nature and Causes of the Wealth of Nations*, pp. 128, 250, 460. Karl Marx wrote, in the preface to the first volume of *Capital*: "I paint the capitalist and the landlord in no sense *couleur de rose*. But here individuals are dealt with only in so far as they are the personifications of economic categories, embodiments of particular class-relations and class-interests. My stand-point, from which the evolution of the economic formation of society is viewed as a process of natural history, can less than any other make the individual responsible for relations whose creature he socially remains, however much he may subjectively raise himself above them." In Chapter X, Marx made dire predictions about the fate of workers, but not as a result of subjective moral deficiencies of the capitalist, for Marx said: "As capitalist, he is only capital personified" and "all this does not, indeed, depend on the good or ill will of the individual capitalist." Karl Marx, *Capital: A Critique of Political Economy* (Chicago: Charles H. Kerr & Company, 1909), Vol. I, pp. 15, 257, 297.

15 William Julius Wilson, *The Declining Significance of Race: Blacks and Changing American Institutions*, third edition (Chicago: University of Chicago Press, 2012), pp. 52–53, 54–55, 59.

16 Robert Higgs, *Competition and Coercion: Blacks in the American Economy 1865–1914* (New York: Cambridge University Press, 1977), pp. 47–49, 130–131.

17 In many cases, they did not have to literally *go* anywhere because, in an era where many blacks in the rural South had no access to either public or private transportation, white landlords or employers either went, or sent an emissary, to where black workers were congregated, and announced what work was available and on what terms. Even in some urban settings today, similar recruitment patterns occur in the hiring of casual day laborers.

18 Robert Higgs, *Competition and Coercion*, pp. 102, 144–146.

19 Ibid., p. 117.

20 Walter E. Williams, *South Africa's War Against Capitalism* (New York: Praeger, 1989), pp. 101, 102, 103, 104, 105. See also Brian Lapping, *Apartheid: A History* (New York : G. Braziller, 1987), p. 164; Merle Lipton, *Capitalism and Apartheid: South Africa, 1910–1984* (Aldershot, Hants, England: Gower, 1985), pp. 152, 153.

21 The book that resulted from this research was Walter E. Williams, *South Africa's War Against Capitalism*.

22 Ibid., pp. 112, 113.

23 See, for example, Thomas Sowell, *Applied Economics: Thinking Beyond Stage One*, revised and enlarged edition (New York: Basic Books, 2009), Chapter 7; Thomas Sowell, *Economic Facts and Fallacies* (New York: Basic Books, 2008), pp. 73–75, 123, 170–172.

24 Jennifer Roback, "The Political Economy of Segregation: The Case of Segregated Streetcars," *Journal of Economic History*, Vol. 46, No. 4 (December 1986), pp. 893–917.

25 Ibid., pp. 894, 899–901, 903, 904, 912, 916.

26 Kermit L. Hall and John J. Patrick, *The Pursuit of Justice: Supreme Court Decisions that Shaped America* (New York: Oxford University Press, 2006), pp. 59–64; Michael J. Klarman, *From Jim Crow to Civil Rights: The Supreme Court and the Struggle for Racial Equality* (Oxford: Oxford University Press, 2004), p. 8.

27 Bernard E. Anderson, *Negro Employment in Public Utilities: A Study of Racial Policies in the Electric Power, Gas, and Telephone Industries* (Philadelphia: University of Pennsylvania Press, 1970), pp. 73, 80.

28 Ibid., pp. 93–95.

29 Venus Green, *Race on the Line: Gender, Labor, and Technology in the Bell System, 1880–1980* (Durham: Duke University Press, 2001), p. 210.

30 Bernard E. Anderson, *Negro Employment in Public Utilities*, pp. 84–87, 150, 152.

31 Ibid., pp. 150, 152. During the 1950s, the percentage of male employees in the telecommunications industry who were black actually fell in such Southern states as Alabama, Arkansas, Florida, Georgia, Kentucky, Louisiana, Mississippi, North Carolina, South Carolina, Tennessee, Texas and Virginia. Ibid., pp. 84–87.

32 Ibid., pp. 114, 139.

33 Michael R. Winston, "Through the Back Door: Academic Racism and the Negro Scholar in Historical Perspective," *Daedalus*, Vol. 100, No. 3 (Summer 1971), pp. 695, 705.

34 Milton & Rose D. Friedman, *Two Lucky People: Memoirs* (Chicago: University of Chicago Press, 1998), pp. 91–92, 94–95, 105–106, 153–154.

35 Greg Robinson, "Davis, Allison," *Encyclopedia of African-American Culture and History*, edited by Colin A. Palmer (Detroit: Thomson-Gale, 2006), Volume C–F, p. 583; "The Talented Black Scholars Whom No White University Would Hire," *Journal of Blacks in Higher Education*, No. 58 (Winter 2007/2008), p. 81.

36 George J. Stigler, "The Economics of Minimum Wage Legislation," *American Economic Review*, Vol. 36, No. 3 (June 1946), p. 358.

37 Walter E. Williams, *Race & Economics: How Much Can Be Blamed on Discrimination* (Stanford: Hoover Institution Press, 2011), pp. 42–43.

38 Ibid.; Edward C. Banfield, *The Unheavenly City: The Nature and Future of Our Urban Crisis* (Boston: Little, Brown, 1970), p. 98.

39 Charles Murray, *Losing Ground: American Social Policy, 1950–1980* (New York: Basic Books, 1984), p. 77; Walter E. Williams, *Race & Economics*, p. 44.

40 Chas Alamo and Brian Uhler, *California's Housing Costs: Causes and Consequences* (Sacramento: Legislative Analyst's Office, 2015), pp. 9, 11–12, 14.

41 Sandra Fleishman, "High Prices? Cheaper Here Than Elsewhere," *Washington Post*, January 8, 2005, p. F1; Jason B. Johnson, "Making Ends Meet: Struggling in Middle Class," *San Francisco Chronicle*, October 16, 2005, p. A11.

42 Stephen Coyle, "Palo Alto: A Far Cry from *Euclid*," *Land Use and Housing on the San Francisco Peninsula*, edited by Thomas M. Hagler (Stanford: Stanford Environmental Law Society, 1983), pp. 85, 89.

43 Leslie Fulbright, "S.F. Moves to Stem African American Exodus," *San Francisco Chronicle*, April 9, 2007, p. A1.

44 Bureau of the Census, *1990 Census of Population: General Population Characteristics California*, 1990 CP–1–6, Section 1 of 3, pp. 27, 28, 31; U.S. Census Bureau, *Profiles of General Demographic Characteristics 2000: 2000 Census of Population and Housing, California*, Table DP–1, pp. 2, 20, 42.

45 Gilbert Osofsky, *Harlem: The Making of a Ghetto, Negro New York 1890–1930* (New York: Harper & Row, 1966), pp. 106–110; Jonathan Gill, *Harlem*, pp. 180–184.

46 Gilbert Osofsky, *Harlem*, p. 110.

## 第 3 章　群体与分类

1 Joses C. Moya, *Cousins and Strangers: Spanish Immigrants in Buenos Aires, 1850–1930* (Berkeley: University of California Press, 1998), pp. 119, 145–146. Similarly, most of the Italian immigrants to Australia, between 1881 and 1899, came from places containing only 10 percent of the population of Italy. Helen Ware, *A Profile of the Italian Community in Australia* (Melbourne: Australian Institute of Multicultural Affairs and Co.As.It Italian Assistance Association, 1981), p. 12.

2 Australia's eminent historian of immigration, Professor Charles A. Price, pointed out long ago that "immigrants rarely come in equal proportions from all parts of the country of origin, but rather in bunches from a few districts here and there. One of the main reasons for this is chain migration, the process whereby one member of a family, village, or township successfully establishes himself abroad and then writes to one or two friends and relatives at home encouraging them to come and join him, frequently helping with housing, jobs, and passage expenses. The few who join him then write home in their turn, so setting off a 'chain' system of migration that may send hundreds of persons from one small district of origin to one relatively confined area in the country of settlement." Charles A. Price, *Jewish Settlers in Australia* (Canberra: The Australian National University, 1964), p. 21.

3 Jonathan Gill, *Harlem: The Four Hundred Year History from Dutch Village to Capital of Black America* (New York: Grove Press, 2011), p. 140; Charles A. Price, *Southern Europeans in Australia* (Melbourne: Oxford University Press, 1963), p. 162; Philip Taylor, *The Distant Magnet: European Emigration to the USA* (New York: Harper & Row, 1971), pp. 210, 211; Dino Cinel, *From Italy to San Francisco: The Immigrant Experience* (Stanford: Stanford University Press, 1982), pp. 28, 117–120; Samuel L. Baily, "The Adjustment of Italian Immigrants in Buenos Aires and New York, 1870–1914," *American Historical Review*, April 1983, p. 291; John E. Zucchi, *Italians in Toronto: Development of a National Identity, 1875–1935* (Kingston, Ontario: McGill-Queen's University Press, 1988), pp. 41, 53–55, 58.

4 Moses Rischin, *The Promised City: New York's Jews 1870–1914* (Cambridge, Massachusetts: Harvard University Press, 1962), pp. 76, 85–108, 238–239.

5 Annie Polland and Daniel Soyer, *Emerging Metropolis: New York Jews in the Age of Immigration, 1840–1920* (New York: New York University Press, 2012), p. 31; Tyler Anbinder, *City of Dreams: The 400-Year Epic History of Immigrant New York* (Boston: Houghton Mifflin Harcourt, 2016), pp. 174–175, 178, 356, 358; Stephen Birmingham, *"The Rest of Us": The Rise of America's Eastern European Jews* (Boston: Little, Brown, 1984), pp. 12–24.

6 Louis Wirth, *The Ghetto* (Chicago: University of Chicago Press, 1956), pp. 182–184; Irving Cutler, "The Jews of Chicago: From Shetl to Suburb," *Ethnic Chicago: A Multicultural Portrait*, fourth edition, edited by Melvin G. Holli and Peter d'A. Jones (Grand Rapids, Michigan: William B. Eerdmans Publishing Company, 1995), pp. 127–129, 134–135, 143–144.

7 Fred Rosenbaum, *Visions of Reform: Congregation Emanu-El and the Jews of San Francisco, 1849–1999* (Berkeley: Judah L. Magnes Museum, 2000), pp. 59–60, 184.

8 William A. Braverman "The Emergence of a Unified Community, 1880–1917," *The Jews of Boston*, edited by Jonathan D. Sarna, Ellen Smith and Scott-Martin Kosofsky (New Haven: Yale University Press, 2005), p. 66. Both the German Jews and the Polish Jews moved out when the Russian Jews moved in. The Polish Jews in this case were from German-ruled areas, there being no Poland at the time, and were apparently more culturally like German Jews than like Russian Jews.

9 Daniel J. Elazar and Peter Medding, *Jewish Communities in Frontier Societies: Argentina, Australia, and South Africa* (New York: Holmes & Meier, 1983), pp. 263–264, 332–334; Hilary L. Rubinstein, *The Jews in Victoria: 1835–1985* (Sydney: Allen & Unwin, 1986), Chapters 10–12. One sign of these internal differences was a saying among Australian Jews that Sydney was a warm city with cold Jews, while Melbourne was a cold city with warm Jews. Hilary Rubinstein, *Chosen: The Jews in Australia* (Sydney: Allen & Unwin, 1987), p. 220.

10 H.L. van der Laan, *The Lebanese Traders in Sierra Leone* (The Hague: Mouton & Co., 1975), pp. 237–240; Louise L'Estrange Fawcett, "Lebanese, Palestinians and Syrians in Colombia," *The Lebanese in the World: A Century of Emigration*, edited by Albert Hourani and Nadim Shehadi (London: The Centre for Lebanese Studies, 1992), p. 368.

11 Tyler Anbinder, *City of Dreams*, pp. 176–177.

12 Teiiti Suzuki, *The Japanese Immigrant in Brazil: Narrative Part* (Tokyo: University of Tokyo Press, 1969), p. 109.

13 Tyler Anbinder, *City of Dreams*, p. 185.

14 Charles A. Price, *The Methods and Statistics of 'Southern Europeans in Australia'* (Canberra: The Australian National University, 1963), p. 45.

15 E. Franklin Frazier, "The Negro Family in Chicago," *E. Franklin Frazier on Race Relations: Selected Writings*, edited by G. Franklin Edwards (Chicago: University of Chicago Press, 1968), pp. 122–126.

16 E. Franklin Frazier, "The Impact of Urban Civilization Upon Negro Family Life," *American Sociological Review*, Vol. 2, No. 5 (October 1937), p. 615.

17 David M. Katzman, *Before the Ghetto: Black Detroit in the Nineteenth Century* (Urbana: University of Illinois Press, 1973), p. 27.

18 Kenneth L. Kusmer, *A Ghetto Takes Shape: Black Cleveland, 1870–1930* (Urbana: University of Illinois Press, 1978), p. 209.

19 Jonathan Gill, *Harlem*, p. 284.

20 Andrew F. Brimmer, "The Labor Market and the Distribution of Income," *Reflections of America: Commemorating the Statistical Abstract Centennial*, edited by Norman Cousins (Washington: U.S. Department of Commerce, Bureau of the Census, 1980), pp. 102–103.

21 Rakesh Kochhar and Anthony Cilluffo, *Income Inequality in the U.S. Is Rising Most Rapidly Among Asians* (Washington: Pew Research Center, 2018), p. 4. See also William Julius Wilson, *When Work Disappears: The World of the New Urban Poor* (New York: Alfred A. Knopf, 1996), p. 195.

22 Horace Mann Bond, *A Study of Factors Involved in the Identification and Encouragement of Unusual Academic Talent among Underprivileged Populations* (U.S. Department of Health, Education, and Welfare, January 1967), p. 147. [Contract No. SAE 8028, Project No. 5–0859].

23 Ibid.

24 See, for example, Willard B. Gatewood, *Aristocrats of Color: The Black Elite, 1880–1920* (Bloomington: Indiana University Press, 1990), pp. 188–189, 247; David M. Katzman, *Before the Ghetto*, Chapter V; Theodore Hershberg and Henry Williams, "Mulattoes and Blacks: Intra-Group Differences and Social Stratification in Nineteenth-Century Philadelphia," *Philadelphia: Work, Space, Family, and Group Experience in the Nineteenth Century*, edited by Theodore Hershberg (Oxford: Oxford University Press, 1981), pp. 392–434.

25 Stephen Birmingham, *Certain People: America's Black Elite* (Boston: Little, Brown and Company, 1977), pp. 196–197. As a personal note, I delivered groceries to people in that building during my teenage years, entering through the service entrance in the basement, rather than through the canopied front entrance with its uniformed doorman and ornate lobby. My own home was in a tenement apartment some distance away.

26 St. Clair Drake and Horace R. Cayton, *Black Metropolis: A Study of Negro Life in a Northern City*, revised and enlarged edition (Chicago: University of Chicago Press, 1993), pp. 73–74; James R. Grossman, "African-American Migration to Chicago," *Ethnic Chicago*, fourth edition, edited by Melvin G. Holli and Peter d'A. Jones, pp. 323, 332, 333–334; Henri Florette, *Black Migration: Movement North, 1900–1920* (Garden City, New York: Anchor Press, 1975), pp. 96–97; Allan H. Spear, *Black Chicago: The Making of a Negro Ghetto, 1890–1920* (Chicago: University of Chicago Press, 1967), p. 168.

27 James R. Grossman, "African-American Migration to Chicago," *Ethnic Chicago*, fourth edition, edited by Melvin G. Holli and Peter d'A. Jones, pp. 323, 330, 332, 333–334; Willard B. Gatewood, *Aristocrats of Color*, pp. 186–187, 332; Allan H. Spear, *Black Chicago*, p. 168; E. Franklin Frazier, *The Negro in the United States*, revised edition (New York: Macmillan, 1957), p. 284; Henri Florette, *Black Migration*, pp. 96–97; Gilbert Osofsky, *Harlem: The Making of a Ghetto, Negro New York 1890–1930* (New York: Harper & Row, 1966), pp. 43–44; Ivan H. Light, *Ethnic Enterprise in America: Business and Welfare Among Chinese, Japanese, and Blacks* (Berkeley: University of California Press, 1972), Figure 1 (after p. 100); W.E.B. Du Bois, *The Black North in 1901: A Social Study* (New York: Arno Press, 1969), p. 25.

28 James R. Grossman, "African-American Migration to Chicago," *Ethnic Chicago*, fourth edition, edited by Melvin G. Holli and Peter d'A. Jones, p. 331. See also Ethan Michaeli, *The Defender: How the Legendary Black Newspaper Changed America* (Boston: Houghton Mifflin Harcourt, 2016), p. 84.

29 Willard B. Gatewood, *Aristocrats of Color*, pp. 186–187; James R. Grossman, "African-American Migration to Chicago," *Ethnic Chicago*, fourth edition, edited by Melvin G. Holli and Peter d'A. Jones, pp. 323, 330; St. Clair Drake and Horace R. Cayton, *Black Metropolis*, revised and enlarged edition, pp. 73–74.

30 E. Franklin Frazier, *The Negro in the United States*, revised edition, p. 643.

31 According to Professor Steven Pinker, "the North-South difference is not a by-product of the white-black difference. Southern whites are more violent than northern whites, and southern blacks are more violent than northern blacks." Steven Pinker, *The Better Angels of Our Nature: Why Violence Has Declined* (New York: Viking, 2011), p. 94.

32 Davison M. Douglas, *Jim Crow Moves North: The Battle over Northern School Segregation, 1865–1954* (Cambridge: Cambridge University Press, 2005), pp. 2–5, 61–62; Willard B. Gatewood, *Aristocrats of Color*, p. 250; E. Franklin Frazier, *The Negro in the United States*, revised edition, p. 441.

33 Willard B. Gatewood, *Aristocrats of Color*, pp. 64, 65, 300–301; E. Franklin Frazier, *The Negro in the United States*, revised edition, pp. 250–251.

34 Davison M. Douglas, *Jim Crow Moves North*, pp. 128, 129; Kenneth L. Kusmer, *A Ghetto Takes Shape*, pp. 57, 64–65, 75–76, 80, 178–179. In St. Louis and Chicago, the number of restrictive covenants skyrocketed during the great migrations at around the time of the First World War. Michael Jones-Correa, "The Origins and Diffusion of Racial Restrictive Covenants," *Political Science Quarterly*, Vol. 115, No. 4 (Winter 2000–2001), p. 558.

35 Davison M. Douglas, *Jim Crow Moves North*, pp. 130–131; Willard B. Gatewood, *Aristocrats of Color*, p. 147.

36 James N. Gregory, *The Southern Diaspora: How the Great Migrations of Black and White Southerners Transformed America* (Chapel Hill: University of North Carolina Press, 2005), p. 123; Isabel Wilkerson, *The Warmth of Other Suns: The Epic Story of America's Great Migration* (New York: Random House, 2010),

p. 291; Carl Wittke, ***The Irish in America*** (New York: Russell & Russell, 1970), pp. 101–102; Oscar Handlin, ***Boston's Immigrants*** (New York: Atheneum, 1970), pp. 169–170; Jay P. Dolan, ***The Irish Americans: A History*** (New York: Bloomsbury Press, 2008), pp. 118–119; Irving Howe, ***World of Our Fathers: The Journey of the East European Jews to America and the Life They Found and Made*** (New York: Harcourt Brace Jovanovich, 1976), pp. 229–230.

37 Daniel J. Elazar and Peter Medding, ***Jewish Communities in Frontier Societies***, pp. 282–283.

38 Marilynn S. Johnson, ***The Second Gold Rush: Oakland and the East Bay in World War II*** (Berkeley: University of California Press, 1993), p. 198.

39 Douglas Henry Daniels, ***Pioneer Urbanites: A Social and Cultural History of Black San Francisco*** (Philadelphia: Temple University Press, 1980), pp. 50, 75, 77, 97.

40 Marilynn S. Johnson, ***The Second Gold Rush***, p. 52.

41 Ibid., p. 55.

42 Douglas Henry Daniels, ***Pioneer Urbanites***, p. 165.

43 Marilynn S. Johnson, ***The Second Gold Rush***, pp. 95–96, 152, 170; E. Franklin Frazier, ***The Negro in the United States***, revised edition, p. 270; Douglas Henry Daniels, ***Pioneer Urbanites***, pp. 171–175.

44 E. Franklin Frazier, ***The Negro in the United States***, revised edition, p. 270.

45 Gunnar Myrdal, ***An American Dilemma: The Negro Problem and Modern Democracy*** (New York: Harper & Brothers, 1944), p. 965.

46 Arthur R. Jensen, ***Genetics and Education*** (New York: Harper & Row, 1972), pp. 106–107, 129–130.

47 Mya Frazier, "After the Walmart Is Gone," ***Bloomberg Businessweek***, October 16, 2017, p. 59.

48 William Julius Wilson, ***More Than Just Race: Being Black and Poor in the Inner City*** (New York: W.W. Norton & Company, 2009), pp. 1–2.

49 Walter E. Williams, ***Race & Economics: How Much Can Be Blamed on Discrimination*** (Stanford: Hoover Institution Press, 2011), p. 117.

50 So did Paul R. Williams in the early twentieth century, when he decided to become an architect, at a time when such a career seemed all but impossible for a black man. He said: "White Americans have a reasonable basis for their prejudice against the Negro race, and if that prejudice is ever to be overcome it must be through the efforts of individual Negroes to rise above the average cultural level of their kind. Therefore, I owe it to myself and to my people to accept this challenge." He went on to have a highly successful career as an architect, designing everything from banks and churches to mansions for Hollywood movie stars. See Karen E. Hudson, ***Paul R. Williams, Architect: A Legacy of Style*** (New York: Rizzoli International Publications, 1993), p. 12.

51 See, for example, Christopher Silver, "The Racial Origins of Zoning in American Cities," ***Urban Planning and the African American Community: In the Shadows***, edited by June Manning Thomas and Marsha Ritzdorf (Thousand Oaks: Sage Publications, 1997), pp. 23–42; Michael Jones-Correa, "The Origins and Diffusion of Racial Restrictive Covenants," ***Political Science Quarterly***, Vol. 115, No. 4 (Winter 2000–2001), pp. 541–568.

52 See Abbot Emerson Smith, ***Colonists in Bondage: White Servitude and Convict Labor in America 1607–1776*** (Gloucester, Massachusetts: Peter Smith, 1965), pp. 3–4.

53 E. Franklin Frazier, ***The Negro in the United States***, revised edition, pp. 22–26; John Hope Franklin, ***From Slavery to Freedom: A History of American Negroes***, second edition (New York: Alfred A. Knopf, 1947), pp. 70–72.

54 St. Clair Drake and Horace R. Cayton, ***Black Metropolis***, revised and enlarged edition, pp. 44–45.

55 David M. Katzman, ***Before the Ghetto***, pp. 35, 69, 102, 200.

56 Ibid., p. 160; Willard B. Gatewood, ***Aristocrats of Color***, p. 125.

57 W.E.B. Du Bois, ***The Philadelphia Negro: A Social Study*** (New York: Schocken Books, 1967), pp. 7, 41–42, 305–306.

58 Jacob Riis, ***How the Other Half Lives: Studies among the Tenements of New York*** (Cambridge, Massachusetts: Harvard University Press, 1970), p. 99; David M. Katzman, ***Before the Ghetto***, pp. 35, 37, 138, 139, 160; St. Clair Drake and Horace R. Cayton, ***Black Metropolis***, revised and enlarged edition, pp. 44–45; Willard B. Gatewood, ***Aristocrats of Color***, p. 125.

59 Davison M. Douglas, ***Jim Crow Moves North***, p. 3.

60 Jacob Riis, ***How the Other Half Lives***, p. 99.

61 Davison M. Douglas, ***Jim Crow Moves North***, p. 3.

62 Ibid., pp. 155–156.

63 Ibid., pp. 154.

64 For documentation, see Thomas C. Leonard, ***Illiberal Reformers: Race, Eugenics & American Economics in the Progressive Era*** (Princeton: Princeton University Press, 2016), pp. 119–124; Thomas Sowell, ***Intellectuals and Race*** (New York: Basic Books, 2013), pp. 24–43.

65 See, for example, Jacqueline A. Stefkovich and Terrence Leas, "A Legal History of Desegregation in Higher Education," ***Journal of Negro Education***, Vol. 63, No. 3 (Summer 1994), pp. 409–410.

66 ***Brown v. Board of Education of Topeka***, 347 U.S. 483 (1954), at 495.

67 Ibid., at 494.

68 T. Rees Shapiro, "Vanished Glory of an All-Black High School," ***Washington Post***, January 19, 2014, p. B6. "The year the Supreme Court decisions came down, Dunbar sent 80 percent of its graduates to college, the highest percentage of any Washington school, white or Negro. That same year it had the highest percentage attending college on scholarship: one in four." Alison Stewart, ***First Class: The Legacy of Dunbar, America's First Black Public High School*** (Chicago: Lawrence Hill Books, 2013), p. 173.

69 Henry S. Robinson, "The M Street High School, 1891–1916," ***Records of the Columbia Historical Society***, Washington, D.C., Vol. LI (1984), p. 122; ***Report of the Board of Trustees of Public Schools of the District of Columbia to the Commissioners of the District of Columbia: 1898–99*** (Washington: Government Printing Office, 1900), pp. 7, 11.

70 Mary Gibson Hundley, ***The Dunbar Story: 1870–1955*** (New York: Vantage Press, 1965), p. 75.

71 Ibid., p. 78. Mary Church Terrell, "History of the High School for Negroes in Washington," ***Journal of Negro History***, Vol. 2, No. 3 (July 1917), p. 262.

72 Louise Daniel Hutchison, ***Anna J. Cooper: A Voice from the South*** (Washington: The Smithsonian Institution Press, 1981), p. 62; Jervis Anderson, "A Very Special Monument," ***The New Yorker***, March 20, 1978, p. 100; Alison Stewart, ***First Class***, p. 99; "The Talented Black Scholars Whom No White University Would Hire," ***Journal of Blacks in Higher Education***, No. 58 (Winter 2007/2008), p. 81.

73 Tucker Carlson, "From Ivy League to NBA," ***Policy Review***, Spring 1993, p. 36.

74 See "Success Academy: #1 in New York," downloaded from the website of Success Academy Charter Schools: http://www.successacademies.org/app/uploads/2017/08/sa_1_in_new_york.pdf. See also "New York Attacks Success," ***Wall Street Journal***, August 23, 2017, p. A14; Katie Taylor, "Struggling City Schools Improve Their Test Scores, but Not All Are Safe," ***New York Times***, August 23, 2017, p. A16.

75 See, for example, Alex Kotlowitz, "Where Is Everyone Going?" ***Chicago Tribune***, March 10, 2002; Mary Mitchell, "Middle-Class Neighborhood Fighting to Keep Integrity," ***Chicago Sun-Times***, November 10, 2005, p. 14; Jessica Garrison and Ted Rohrlich, "A Not-So-Welcome Mat," ***Los Angeles Times***, June 17, 2007, p. A1; Paul Elias, "Influx of Black Renters Raises Tension in Bay Area," ***The Associated Press***, December 31, 2008; Mick Dumke, "Unease in Chatham, But Who's at Fault?" ***New York Times***, April 29, 2011, p. A23; James Bovard, "Raising Hell in Subsidized Housing," ***Wall Street Journal***, August 18, 2011, p. A15; Frank Main, "Crime Felt from CHA Relocations," ***Chicago Sun-Times***, April 5, 2012, p. 18.

76 Alex Kotlowitz, "Where Is Everyone Going?" ***Chicago Tribune***, March 10, 2002.

77 Mary Mitchell, "Middle-Class Neighborhood Fighting to Keep Integrity," ***Chicago Sun-Times***, November 10, 2005, p. 14.

78 Mick Dumke, "Unease in Chatham, But Who's at Fault?" ***New York Times***, April 29, 2011, p. A23.

79 Gary Gilbert, "People Must Get Involved in Section 8 Reform," ***Contra Costa Times***, November 18, 2006, p. F4.

80 Geetha Suresh and Gennaro F. Vito, "Homicide Patterns and Public Housing: The Case of Louisville, KY (1989–2007), ***Homicide Studies***, Vol. 13, No. 4 (November 2009), pp. 411–433.

81 Alex Kotlowitz, "Where Is Everyone Going?" ***Chicago Tribune***, March 10, 2002.

82 Ibid.

83 J.D. Vance, ***Hillbilly Elegy: A Memoir of a Family and Culture in Crisis*** (New York: HarperCollins, 2016), p. 140.

84 Ibid., p. 141.

85 Lisa Sanbonmatsu, Jeffrey R. Kling, Greg J. Duncan and Jeanne Brooks-Gunn, "Neighborhoods and Academic Achievement: Results from the Moving to Opportunity Experiment," ***The Journal of Human Resources***, Vol. 41, No. 4 (Fall, 2006), p. 682.

86 Jens Ludwig, et al., "What Can We Learn about Neighborhood Effects from the Moving to Opportunity Experiment?" ***American Journal of Sociology***, Vol. 114, No. 1 (July 2008), p. 148.

87 Jeffrey R. Kling, et al., "Experimental Analysis of Neighborhood Effects," ***Econometrica***, Vol. 75, No. 1 (January 2007), p. 99.

88 Jens Ludwig, et al., "Long-Term Neighborhood Effects on Low-Income Families: Evidence from Moving to Opportunity," ***American Economic Review***, Vol. 103, No. 3 (May 2013), p. 227.

89 Lawrence F. Katz, Jeffrey R. Kling, and Jeffrey B. Liebman, "Moving to Opportunity in Boston: Early Results of a Randomized Mobility Experiment," ***Quarterly Journal of Economics***, Vol. 116, No. 2 (May 2001), p. 648.

90 ***Moving To Opportunity for Fair Housing Demonstration Program: Final Impacts Evaluation, Summary*** (Washington: U.S. Department of Housing and Urban Development, November 2011), p. 3.

91 "HUD's Plan to Diversify Suburbs," ***Investor's Business Daily***, July 23, 2013, p. A12.

92 Ibid.

93 During the Great Depression of the 1930s, for example, the Secretary of the Treasury, Henry Morgenthau, was appalled by a program run by the Secretary of Agriculture, Henry Wallace, who was trying to get farmers to produce less, and to dispose of existing surpluses at a time when, in Morgenthau's words, "there's people going hungry in America, all over America." Morgenthau's plan to give more of the surplus to people who were hungry was vetoed by presidential advisor Harry Hopkins. According to Morgenthau's diary: "The minute I turned my back Harry went to Wallace and said they couldn't do it because that is admitting everything you have done is wrong. . . . If we feed the undernourished the surplus food stuffs, that was admitting the plan was a flop, and we'd better not do it." Wallace in turn told Morgenthau that giving more surplus food to the hungry would be "bad politics." Janet Poppendieck, ***Breadlines Knee-Deep in Wheat: Food Assistance in the Great Depression***, updated and expanded (Berkeley: University of California Press, 2014), pp. 238, 239–240.

94 See, for example, Raj Chetty, Nathaniel Hendren, and Lawrence F. Katz, "The Effects of Exposure to Better Neighborhoods on Children: New Evidence from the Moving to Opportunity Experiment," ***American Economic Review***, Vol. 106, No. 4 (April 2016), pp. 857, 899; Lawrence F. Katz, Jeffrey R. Kling, and Jeffrey B. Liebman, "Moving to Opportunity in Boston: Early Results of a Randomized Mobility Experiment," ***Quarterly Journal of Economics***, Vol. 116, No. 2 (May 2001), pp. 607, 611–612, 648.

95 ***Equal Employment Opportunity Commission v. Sears, Roebuck & Company***, 839 F.2d 302 at 311, 360; Peter Brimelow, "Spiral of Silence," ***Forbes***, May 25, 1992,

p. 77.

96 Paul Sperry, "Background Checks Are Racist?" ***Investor's Business Daily***, March 28, 2014, p. A1.

97 Harry J. Holzer, Steven Raphael, and Michael A. Stoll, "Perceived Criminality, Criminal Background Checks, and the Racial Hiring Practices of Employers," ***Journal of Law and Economics***, Vol. 49, No. 2 (October 2006), pp. 451–480.

98 Jason L. Riley, "Jobless Blacks Should Cheer Background Checks," ***Wall Street Journal***, August 23, 2013, p. A11; Paul Sperry, "Background Checks Are Racist?" ***Investor's Business Daily***, March 28, 2014, p. A1.

99 Douglas P. Woodward, "Locational Determinants of Japanese Manufacturing Start-ups in the United States," ***Southern Economic Journal***, Vol. 58, Issue 3 (January 1992), pp. 700, 706; Robert E. Cole and Donald R. Deskins, Jr., "Racial Factors in Site Location and Employment Patterns of Japanese Auto Firms in America," ***California Management Review***, Fall 1988, pp. 17–18.

100 Philip S. Foner, "The Rise of the Black Industrial Working Class, 1915–1918," ***African Americans in the U.S. Economy***, edited by Cecilia A. Conrad, et al (Lanham, Maryland: Rowman and Littlefield, 2005), pp. 38–43; Leo Alilunas, "Statutory Means of Impeding Emigration of the Negro," ***Journal of Negro History***, Vol. 22, No. 2 (April 1937), pp. 148–162; Carole Marks, "Lines of Communication, Recruitment Mechanisms, and the Great Migration of 1916–1918," ***Social Problems***, Vol. 31, No. 1 (October 1983), pp. 73–83; Theodore Kornweibel, Jr., ***Railroads in the African American Experience: A Photographic Journey*** (Baltimore: Johns Hopkins University Press, 2010), pp. 174–180; Peter Gottlieb, ***Making Their Own Way: Southern Blacks' Migration to Pittsburgh, 1916–1930*** (Urbana: University of Illinois Press, 1987), pp. 55–59; Sean Dennis Cashman, ***America in the Twenties and Thirties: The Olympian Age of Franklin Delano Roosevelt*** (New York: New York University Press, 1989), p. 267.

101 August Meier and Elliott Rudwick, ***Black Detroit and the Rise of the UAW*** (New York: Oxford University Press, 1979), pp. 9–11; Milton C. Sernett, ***Bound for the Promised Land: African American Religion and the Great Migration*** (Durham: Duke University Press, 1997), pp. 148–149.

## 第 4 章　数字的世界

### *Epigraph*

Mark Twain, ***Mark Twain's Autobiography*** (New York: Harper & Brothers, 1924), Volume I, p. 246.

1 United States Commission on Civil Rights, ***Civil Rights and the Mortgage Crisis*** (Washington: U.S. Commission on Civil Rights, 2009), p. 53.

2 Ibid. See also page 61; Robert B. Avery and Glenn B. Canner, "New Information Reported under HMDA and Its Application in Fair Lending Enforcement," ***Federal Reserve Bulletin, Summer 2005***, p. 379; Wilhelmina A. Leigh and Danielle Huff, "African Americans and Homeownership: The Subprime Lending Experience, 1995 to 2007," ***Joint Center for Political and Economic Studies***, November 2007, p. 5.

3 Jim Wooten, "Answers to Credit Woes are Not in Black and White," ***Atlanta Journal-Constitution***, November 6, 2007, p. 12A.

4 Harold A. Black, M. Cary Collins and Ken B. Cyree, "Do Black-Owned Banks Discriminate Against Black Borrowers?" ***Journal of Financial Services Research***, Vol. 11, Issue 1–2 (February 1997), pp. 189–204. Here, as elsewhere, it should not be assumed that two unexamined samples are equal in the relevant variables. In this case, there is no reason to assume that those blacks who applied to black banks were the same as those blacks who applied to white banks.

5 Robert Rector and Rea S. Hederman, "Two Americas: One Rich, One Poor? Understanding Income Inequality in the United States," Heritage Foundation ***Backgrounder***, No. 1791 (August 24, 2004), pp. 7, 8.

6 The number of people in the various quintiles in 2015 was computed by multiplying the number of "consumer units" in each quintile by the average number of people per consumer unit. See Table 1 in Veri Crain and Taylor J. Wilson, "Use with Caution: Interpreting Consumer Expenditure Income Group Data," ***Beyond the Numbers*** (Washington: U.S. Bureau of Labor Statistics, May 2017), p. 3.

7 Ibid.

8 U.S. Census Bureau, "Table HINC–05. Percent Distribution of Households, by Selected Characteristics within Income Quintile and Top 5 Percent in 2016," from the Current Population Survey, downloaded on July 11, 2018: https://www.census.gov/data/tables/time-series/demo/income-poverty/cps-hinc/hinc-05.html

9 Herman P. Miller, ***Income Distribution in the United States*** (Washington: U.S. Department of Commerce, Bureau of the Census, 1966), p. 7.

10 Rose M. Kreider and Diana B. Elliott, "America's Family and Living Arrangements: 2007," ***Current Population Reports***, P20–561 (Washington: U.S. Bureau of the Census, 2009), p. 5.

11 W. Michael Cox and Richard Alm, "By Our Own Bootstraps: Economic Opportunity & the Dynamics of Income Distribution," ***Annual Report, 1995***, Federal Reserve Bank of Dallas, p. 8.

12 Richard V. Reeves, "Stop Pretending You're Not Rich," ***New York Times***, June 11, 2017, Sunday Review section, p. 5.

13 Mark Robert Rank, Thomas A. Hirschl and Kirk A. Foster, ***Chasing the American Dream: Understanding What Shapes Our Fortunes*** (Oxford: Oxford University Press, 2014), p. 105.

14 U.S. Department of the Treasury, "Income Mobility in the U.S. from 1996 to 2005," November 13, 2007, pp. 2, 4, 7.

15 Peter Saunders, ***Poor Statistics: Getting the Facts Right About Poverty in Australia*** (St. Leonards, Australia: Centre for Independent Studies, 2002), pp. 1–12; David Green, ***Poverty and Benefit Dependency*** (Wellington: New Zealand Business Roundtable, 2001), pp. 32, 33; Jason Clemens and Joel Emes, "Time Reveals the Truth about Low Income," ***Fraser Forum***, September 2001, The Fraser Institute in Vancouver, Canada, pp. 24–26; Niels Veldhuis, et al., "The 'Poor' Are Getting Richer," ***Fraser Forum***, January/February 2013, p. 25.

16 U.S. Department of the Treasury, "Income Mobility in the U.S. from 1996 to 2005," November 13, 2007, p. 4.

17 Danny Dorling, "Inequality in Advanced Economies," ***The New Oxford Handbook of Economic Geography***, edited by Gordon L. Clark, et al (Oxford: Oxford University Press, 2018), p. 41.

18 Thomas A. Hirschl and Mark R. Rank, "The Life Course Dynamics of Affluence," ***PLoS ONE***, January 28, 2015, p. 1.

19 U.S. Department of the Treasury, "Income Mobility in the U.S. from 1996 to 2005," November 13, 2007, pp. 2, 4; Internal Revenue Service, "The 400 Individual Income Tax Returns Reporting the Highest Adjusted Gross Incomes Each Year, 1992–2000," ***Statistics of Income Bulletin***, Spring 2003, Publication 1136 (Revised 6–03), p. 7.

20 Heather Mac Donald, ***Are Cops Racist? How the War Against the Police Harms Black Americans*** (Chicago: Ivan R. Dee, 2003), pp. 28, 31, 32. The original report was: James E. Lange, Ph.D., et al., ***Speed Violation Survey of the New Jersey Turnpike: Final Report*** (Calverton, Maryland: Public Services Research Institute, 2001). It was submitted to the Office of the State Attorney General in Trenton, New Jersey.

21 Heather Mac Donald, ***Are Cops Racist?***, pp. 28–34.

22

| GROUPS | MEDIAN AGE |
|---|---|
| Black | 33.9 |
| Cambodian | 32.9 |
| Chinese | 38.1 |
| Cuban | 40.7 |
| Japanese | 50.6 |
| Mexican | 27.0 |
| Puerto Rican | 29.9 |
| White | 40.6 |
| TOTAL POPULATION | 37.9 |

SOURCE: U.S. Census Bureau, S0201, Selected Population Profile in the United States, 2016 American Community Survey 1-Year Estimates.

23 Heather Mac Donald, ***Are Cops Racist?***, p. 29.

24 Heather Mac Donald, ***The War on Cops: How the New Attack on Law and Order Makes Everyone Less Safe*** (New York: Encounter Books, 2016), pp. 56–57, 69–71.

25 Sterling A. Brown, ***A Son's Return: Selected Essays of Sterling A. Brown***, edited by Mark A. Sanders (Boston: Northeastern University Press, 1996), p. 73.

26 Mark Robert Rank, Thomas A. Hirschl and Kirk A. Foster, ***Chasing the American Dream***, p. 97.

27 Internal Revenue Service, "The 400 Individual Income Tax Returns Reporting the Highest Adjusted Gross Incomes Each Year, 1992–2000," ***Statistics of Income Bulletin***, Spring 2003, Publication 1136 (Revised 6–03), p. 7.

28 Internal Revenue Service, Statistics of Income Division, "The 400 Individual Income Tax Returns Reporting the Largest Adjusted Gross Incomes Each Year, 1992-2014," December 2016, p. 17.

29 Devon Pendleton and Jack Witzig, "The World's Richest People Got Poorer This Year," ***Bloomberg.com***, December 28, 2015; Devon Pendleton and Jack Witzig, "World's Wealthiest Saw Red Ink," ***Montreal Gazette***, January 2, 2016, p. B8.

30 "Billionaires," ***Forbes***, March 21, 2016, p. 10.

31 With nine people who are transients in the higher bracket for just one year out of a decade, that means that 90 transients will be in that bracket during that decade. The one person who is in that higher income bracket in every year of the decade brings the total number of people in the income bracket at some point during the decade to 91. The transients' total income for that decade, which was $12.6 million for the initial 9 transients, adds up to $126 million for all 90 transients who spent a year each in the higher bracket. When the $5 million earned by the one person who was in the higher bracket for all ten years of the decade is added, that makes $131 million for all 91 people who were in the higher bracket at some point during the course of the decade. These 91 people thus have an average annual income of $143,956.04— which is less than three times the average annual income of the 10 people who earned $50,000 a year.

32 See data and documentation in Thomas Sowell, ***Wealth, Poverty and Politics***, revised and enlarged edition (New York: Basic Books, 2016), pp. 321–322.

33 William Julius Wilson, ***When Work Disappears: The World of the New Urban Poor*** (New York: Alfred A. Knopf, 1996), p. xix.

34 Ibid., p. 67.

35 Ibid., p. 140.

36 Ibid., pp. 178, 179.

37 David Caplovitz, ***The Poor Pay More: Consumer Practices of Low-Income Families*** (New York: The Free Press, 1967), pp. 94–95.

38 John U. Ogbu, ***Black American Students in an Affluent Suburb: A Study of Academic Disengagement*** (Mahwah, New Jersey: Lawrence Erlbaum Associates, 2003), pp. 15, 17, 21, 28, 240.

39 Thomas D. Snyder, Cristobal de Brey and Sally A. Dillow, ***Digest of Education Statistics: 2015***, 51st edition (Washington: U.S. Department of Education,

National Center for Education Statistics, 2016), pp. 328, 329. See also Valerie A. Ramey, "Is There a Tiger Mother Effect? Time Use Across Ethnic Groups," *Economics in Action*, Issue 4 (May 3, 2011).

40 Richard Lynn, *The Global Bell Curve: Race, IQ, and Inequality Worldwide* (Augusta, Georgia: Washington Summit Publishers, 2008), p. 51.

41 James Bartholomew, *The Welfare of Nations* (Washington: The Cato Institute, 2016), pp. 104–106; *PISA 2015: Results in Focus* (Paris: OECD, 2018), p. 5.

42 Robert A. Margo, "Race, Educational Attainment, and the 1940 Census," *Journal of Economic History*, Vol. 46, No. 1 (March 1986), pp. 196–197.

43 Ibid., p. 197.

44 Abigail Thernstrom and Stephen Thernstrom, *No Excuses: Closing the Racial Gap in Learning* (New York: Simon & Schuster, 2004), p. 13.

45 Stephan Thernstrom and Abigail Thernstrom, *America in Black and White: One Nation, Indivisible* (New York: Simon & Schuster, 1997), p. 446; Richard J. Herrnstein and Charles Murray, *The Bell Curve: Intelligence and Class Structure in American Life* (New York: The Free Press, 1994), pp. 321–323; William R. Johnson and Derek Neal, "Basic Skills and the Black-White Earnings Gap," *The Black-White Test Score Gap*, edited by Christopher Jencks and Meredith Phillips (Washington: Brookings Institution Press, 1998), pp. 480–497. Similar results have been found where the data permit qualitative comparisons of other factors. See, for example, Richard B. Freeman, *Black Elite: The New Market for Highly Educated Black Americans* (New York: McGraw-Hill, 1976), pp. 207, 209.

46 See, for example, Richard B. Freeman, *Black Elite*, pp. 206–207; Thomas Sowell, *Education: Assumptions Versus History* (Stanford: Hoover Institution Press, 1986), pp. 82–89.

47 See data in Thomas Sowell, *Education*, pp. 83–88. See also Richard B. Freeman, *Black Elite*, pp. 208–209.

48 Thomas Sowell, *Education*, p. 96.

49 U.S. Department of Labor, Bureau of Labor Statistics, *Characteristics of Minimum Wage Workers: 2017* (Washington: Department of Labor, Bureau of Labor Statistics, 2018), p. 1 and tables 1 and 7.

50 Michael A. Fletcher and Jonathan Weisman, "Bush Supports Democrats' Minimum Wage Hike Plan," *Washington Post*, December 21, 2006, p. A14.

51 "Labours Lost," *The Economist*, July 15, 2000, pp. 64–65; Robert W. Van Giezen, "Occupational Wages in the Fast-Food Restaurant Industry," *Monthly Labor Review*, August 1994, pp. 24–30.

52 Professor William Julius Wilson is one of those who have done this, in various books of his: *The Declining Significance of Race: Blacks and Changing American Institutions*, third edition (Chicago: University of Chicago Press, 2012), pp. 16, 95, 165; *The Truly Disadvantaged: The Inner City, the Underclass, and Public Policy*, second edition (Chicago: University of Chicago Press, 2012), p. 177; *When Work Disappears*, p. 25.

53 "Labours Lost," *The Economist*, July 15, 2000, pp. 64–65.

54 Richard A. Lester, "Shortcomings of Marginal Analysis for Wage-Employment Problems," *American Economic Review*, Vol. 36, No. 1 (March 1946), pp. 63–82.

55 David Card and Alan B. Krueger, "Minimum Wages and Employment: A Case Study of the Fast-Food Industry in New Jersey and Pennsylvania," *American Economic Review*, Vol. 84, No. 4 (September 1994), pp. 772–793; David Card and Alan B. Krueger, *Myth and Measurement: The New Economics of the Minimum Wage* (Princeton: Princeton University Press, 1995); Douglas K. Adie, Book Review, "Myth and Measurement: The New Economics of the Minimum Wage," *Cato Journal*, Vol. 15, No. 1 (Spring/Summer 1995), pp. 137–140; Bill Resnick, "Studies Refute Argument Wage Increase Costs Jobs," *The Oregonian* (Portland), August 25, 1995, p. B7.

56 Richard B. Berman, "Dog Bites Man: Minimum Wage Hikes Still Hurt," *Wall Street Journal*, March 29, 1995, p. A12; "Testimony of Richard B. Berman," *Evidence Against a Higher Minimum Wage*, Hearing Before the Joint Economic Committee, Congress of the United States, One Hundred Fourth Congress, first session, April 5, 1995, Part II, pp. 12–13; Gary S. Becker, "It's Simple: Hike the Minimum Wage, and You Put People Out of Work," *BusinessWeek*, March 6, 1995, p. 22; Paul Craig Roberts, "A Minimum-Wage Study with Minimum Credibility," *BusinessWeek*, April 24, 1995, p. 22; David Neumark and William L. Wascher, *Minimum Wages* (Cambridge, Massachusetts: MIT Press, 2008), pp. 63–65, 71–78.

57 Professor George J. Stigler, in a critique of Professor Lester's survey research, not long after World War II, pointed out that "by parallel logic it can be shown by a current inquiry of health of veterans in 1940 and 1946 that no soldier was fatally wounded." George J. Stigler, "Professor Lester and the Marginalists," *American Economic Review*, Vol. 37, No. 1 (March 1947), p. 157.

58 Dara Lee Luca and Michael Luca, "Survival of the Fittest: The Impact of the Minimum Wage on Firm Exit," Harvard Business School, Working Paper 17–088, April 2017, pp. 1, 2, 3, 10.

59 Don Watkins and Yaron Brook, *Equal Is Unfair: America's Misguided Fig Against Income Inequality* (New York: St. Martin's Press, 2016), p. 125.

60 Ekaterina Jardim, et al., "Minimum Wage Increases, Wages, and Low-Wage Employment: Evidence from Seattle," Working Paper Number 23532, "Abstract" (Cambridge, Massachusetts: National Bureau of Economic Research, June 2017).

61 "Economic and Financial Indicators," *The Economist*, March 15, 2003, p. 100.

62 "Economic and Financial Indicators," *The Economist*, March 2, 2013, p. 88.

63 "Economic and Financial Indicators," *The Economist*, September 7, 2013, p. 92.

64 "Hong Kong's Jobless Rate Falls," *Wall Street Journal*, January 16, 1991, p. C16.

65 U. S. Bureau of the Census, *Historical Statistics of the United States: Colonial Times to 1970* (Washington: Government Printing Office, 1975), Part 1, p. 126.

66 Steven Pinker, *Enlightenment Now: The Case for Reason, Science, Humanism, and Progress* (New York: Viking, 2018), p. 99.

67 Thomas Piketty, *Capital in the Twenty-First Century* (Cambridge, Massachusetts: Harvard University Press, 2014), p. 252.

68 Thomas A. Hirschl and Mark R. Rank, "The Life Course Dynamics of Affluence," *PLoS ONE*, January 28, 2015, p. 5.

69 Thomas Piketty, *Capital in the Twenty-First Century*, p. 278.

70 Robert Arnott, William Bernstein, and Lillian Wu, "The Myth of Dynastic Wealth: The Rich Get Poorer," *Cato Journal*, Fall 2015, p. 461.

71 "Spare a Dime," a special report on the rich, *The Economist*, April 4, 2009, p. 4.

72 See, for example, Phil Gramm and John F. Early, "The Myth of American Inequality," *Wall Street Journal*, August 10, 2018, p. A15. See also Thomas Sowell, *Basic Economics: A Common Sense Guide to the Economy*, fifth edition (New York: Basic Books, 2015), pp. 426–427, 428.

73 Gene Smiley and Richard Keehn, "Federal Personal Income Tax Policy in the 1920s," *Journal of Economic History*, Vol. 55, No. 2 (June 1995), p. 286; Benjamin G. Rader, "Federal Taxation in the 1920s," *The Historian*, Vol. 33, No. 3 (May 1971), p. 432; Burton W. Fulsom, Jr., *The Myth of the Robber Barons: A New Look at the Rise of Big Business in America*, sixth edition (Herndon, Virginia: Young America's Foundation, 2010), pp. 108, 115, 116.

74 Burton W. Fulsom, Jr., *The Myth of the Robber Barons*, sixth edition, p. 109.

75 Andrew W. Mellon, *Taxation: The People's Business* (New York: The Macmillan Company, 1924), p. 170.

76 Gene Smiley and Richard Keehn, "Federal Personal Income Tax Policy in the 1920s," *Journal of Economic History*, Vol. 55, No. 2 (June 1995), p. 289.

77 Burton W. Fulsom, Jr., *The Myth of the Robber Barons*, sixth edition, p. 116. The share of income tax *revenues* paid by people with incomes up to $50,000 a year *fell*, and the share of income tax revenues paid by people with incomes of $100,000 and up *increased*. At the extremes, taxpayers in the lowest income bracket paid 13 percent of all income tax revenues in 1921, but less than half of one percent of all income taxes in 1929, while taxpayers with incomes of a million dollars a year and up saw their share of income taxes paid rise from less than 5 percent to just over 19 percent. Gene Smiley and Richard Keehn, "Federal Personal Income Tax Policy in the 1920s," *Journal of Economic History*, Vol. 55, No. 2 (June 1995), p. 295; Benjamin G. Rader, "Federal Taxation in the 1920s," *The Historian*, Vol. 33, No. 3 (May 1971), pp. 432–434.

78 Alan Reynolds, "Why 70% Tax Rates Won't Work," *Wall Street Journal*, June 16, 2011, p. A19; Stephen Moore, "Real Tax Cuts Have Curves," *Wall Street Journal*, June 13, 2005, p. A13. Professor Joseph E. Stiglitz argued that the tax rate cuts during the Reagan administration failed: "In fact, Reagan had promised that the incentive effects of his tax cuts would be so powerful that tax revenues would *increase*. And yet, the only thing that increased was the deficit." Joseph E. Stiglitz, *The Price of Inequality* (New York: W.W. Norton, 2012), p. 89. However, the tax revenues collected by the federal government during every year of the Reagan administration exceeded the tax revenues collected in any previous administration in the history of the country. *Economic Report of the President: 2018* (Washington: Government Printing Office, 2018), p. 552; U. S. Bureau of the Census, *Historical Statistics of the United States*, Part 2, pp. 1104–1105. The deficit reflected the fact that there is no amount of money that Congress cannot outspend.

79 Edmund L. Andrews, "Surprising Jump in Tax Revenues Curbs U.S. Deficit," *New York Times*, July 9, 2006, p. A1.

80 James Gwartney and Richard Stroup, "Tax Cuts: Who Shoulders the Burden?" *Federal Reserve Bank of Atlanta Economic Review*, March 1982, pp. 19–27; Benjamin G. Rader, "Federal Taxation in the 1920s: A Re-examination," *Historian*, Vol. 33, No. 3, p. 432; Burton W. Folsom, Jr., *The Myth of the Robber Barons*, sixth edition, p. 116; Robert L. Bartley, *The Seven Fat Years: And How to Do It Again* (New York: The Free Press, 1992), pp. 71–74; Alan Reynolds, "Why 70% Tax Rates Won't Work," *Wall Street Journal*, June 16, 2011, p. A19; Stephen Moore, "Real Tax Cuts Have Curves," *Wall Street Journal*, June 13, 2005, p. A13; *Economic Report of the President: 2017* (Washington: Government Printing Office, 2017), p. 586. See also United States Internal Revenue Service, *Statistics of Income 1920–1929* (Washington: Government Printing Office, 1922–1932).

81 Alan S. Blinder, "Why Now Is the Wrong Time to Increase the Deficit," *Wall Street Journal*, January 31, 2018, p. A15.

82 The national debt, which was a little over $24 billion in 1920— the last year of President Woodrow Wilson's administration— was reduced to less than $18 billion in 1928, the last year of President Calvin Coolidge's administration. U. S. Bureau of the Census, *Historical Statistics of the United States*, Part 2, p. 1104. See also David Greenberg, *Calvin Coolidge* (New York: Times Books, 2006), p. 67.

83 David Greenberg, *Calvin Coolidge*, p. 72.

## 第 5 章　文字的世界

### *Epigraph*

Thomas Hobbes, *Leviathan* (London: J.M. Dent, 1928), p. 16.

1 William Julius Wilson, *More Than Just Race: Being Poor and Black in the Inner City* (New York: W.W. Norton, 2009), pp. 152–153.

2 U.S. Census Bureau, "Table 4. Poverty Status of Families, by Type of Family, Presence of Related Children, Race, and Hispanic Origin: 1959 to 2016," Downloaded from the website of the Census Bureau: https://www.census.gov/data/tables/time-series/demo/income-poverty/historical-poverty-people.html.

3 Ibid.; Jessica L. Semega, Kayla R. Fontenot, and Melissa A. Kollar, "Income and Poverty in the United States: 2016," *Current Population Reports*, P60–259 (Washington: U.S. Census Bureau, 2017), pp. 45, 47.

4 U.S. Census Bureau, "Table 4. Poverty Status of Families, by Type of Family,

Presence of Related Children, Race, and Hispanic Origin: 1959 to 2016," Downloaded from the website of the Census Bureau: https://www.census.gov/data/tables/time-series/demo/income-poverty/historical-poverty-people.html; Jessica L. Semega, Kayla R. Fontenot, and Melissa A. Kollar, "Income and Poverty in the United States: 2016," ***Current Population Reports***, P60–259 (Washington: U.S. Census Bureau, 2017), pp. 45, 47.

5 Richard B. Freeman, ***Black Elite: The New Market for Highly Educated Black Americans*** (New York: McGraw-Hill, 1976), pp. 97–98, 102.

6 Daniel Bergner, "Class Warfare," ***New York Times Magazine***, September 7, 2014, p. 62. See also "Success Academy: #1 in New York," downloaded from the website of Success Academy Charter Schools: http://www.successacademies.org/app/uploads/2017/08/sa_1_in_new_york.pdf; "New York Attacks Success," ***Wall Street Journal***, August 23, 2017, p. A14; Molly Peterson, "Good to Great Hits Grade School," ***Bloomberg BusinessWeek***, February 15, 2010, p. 56; ***KIPP: 2014 Report Card*** (San Francisco: KIPP Foundation, 2014), pp. 10, 19; Jay Mathews, "KIPP Continues to Break the Mold and Garner Excellent Results," ***Washington Post***, February 3, 2014, p. B2.

7 William Julius Wilson, ***The Truly Disadvantaged: The Inner City, the Underclass, and Public Policy*** (Chicago: University of Chicago Press, 1987), p. 3.

8 Ibid.

9 See, for example, David Levering Lewis, ***When Harlem Was in Vogue*** (New York: Penguin Books, 1997), pp. 182–183; Jervis Anderson, ***This Was Harlem: A Cultural Portrait, 1900–1950*** (New York: Farrar Straus Giroux, 1982), pp. 138–139; Milton & Rose D. Friedman, ***Two Lucky People: Memoirs*** (Chicago: University of Chicago Press, 1998), p. 48. A Lithuanian child who ended up in a refugee camp run by the U.S. Army at the end of World War II, later wrote a memoir that gave a glimpse of how he and other children in that camp—and in other camps—found black soldiers more sympathetic to them than white soldiers. Leo L. Algminas, ***Samogitia Mea Patria: Autobiographical Remembrances*** (2015), pp. 124–125.

10 Nicholas Eberstadt, ***Men Without Work: America's Invisible Crisis*** (West Conshohocken, Pennsylvania: Templeton Press, 2016) p. 72.

11 Andrea Flynn, Susan Holmberg, Dorian T. Warren and Felicia J. Wong, ***The Hidden Rules of Race: Barriers to an Inclusive Economy*** (New York: Cambridge University Press, 2017), pp. 1–3.

12 "Devils and Enemies," ***Far Eastern Economic Review***, July 7, 1994, p. 53.

13 Paul Mojzes, ***Balkan Genocides: Holocaust and Ethnic Cleansing in the Twentieth Century*** (Lanham, Maryland: Rowman & Littlefield, 2011), p. 2.

14 As a Sri Lankan scholar described the situation: "In striking contrast to other parts of South Asia (including Burma), Sri Lanka in 1948 was an oasis of stability, peace and order. The transfer of power was smooth and peaceful, a reflection of the moderate tone of the dominant strand in the country's nationalist movement. More important, one saw very little of the divisions and bitterness which were tearing at the recent independence of the South Asian countries. In general, the situation in the country seemed to provide an impressive basis for a solid start in nation-building and national regeneration." K.M. de Silva, "Historical Survey," ***Sri Lanka: A Survey***, edited by K.M. de Silva (Honolulu: The University Press of Hawaii, 1977), p. 84. "Sri Lanka had better prospects than most new states when independence came in 1948." Donald L. Horowitz, "A Splitting Headache," ***The New Republic***, February 23, 1987, p. 33. See also Robert N. Kearney, ***Communalism and Language in the Politics of Ceylon*** (Durham: Duke University Press, 1967), p. 27.

15 See, for example, Steven R. Weisman, "Sri Lanka: A Nation Disintegrates," ***New York Times***, December 13, 1987, pp. SM 34ff; A.R.M. Imtiyaz and Ben Stavis, "Ethno-Political Conflict in Sri Lanka," ***Journal of Third World Studies***, Vol. XXV, No. 2 (Fall 2008), pp. 135–152; Robert Draper, "Fragile Peace," ***National Geographic***, November 2016, pp. 108–129.

16 Amy L. Freedman, "The Effect of Government Policy and Institutions on Chinese Overseas Acculturation: The Case of Malaysia," ***Modern Asian Studies***, Vol. 35, No. 2 (May 2001), p. 416.

17 Donald R. Snodgrass, ***Inequality and Economic Development in Malaysia*** (Kuala Lumpur: Oxford University Press, 1980), p. 4.

18 According to former prime minister Mahathir bin Mohamad, Malay students given preferential admissions and scholarships "don't seem to appreciate the opportunities that they get. They become more interested in other things, politics in particular, to the detriment of their studies." Mahathir bin Mohamad, "Not One But Two New Malay Dilemmas," ***Straits Times*** (Singapore), August 1, 2002. Dr. Mahathir declared: "I feel disappointed because I achieved too little of my principal task of making my race a successful race, a race that is respected." Michael Shari, "Mahathir's Change of Heart?" ***BusinessWeek***, International-Asia edition, July 29, 2002, p. 20.

19 Donald Harman Akenson, "Diaspora, the Irish and Irish Nationalism," ***The Call of the Homeland: Diaspora Nationalisms, Past and Present***, edited by Allon Gal, et al (Leiden: Brill, 2010), pp. 190–191; Mei Luo, "Asian Pacific Americans," ***Encyclopedia of Educational Leadership and Administration***, edited by Fenwick W. English (Thousand Oaks, California: SAGE Publications, 2006), Volume 1, pp. 53–56; Nana Oishi, "Pacific: Japan, Australia, New Zealand," ***The New Americans: A Guide to Immigration Since 1965***, edited by Mary C. Waters and Reed Ueda (Cambridge, Massachusetts: Harvard University Press, 2007), p. 546; "Affirmative Non-Action," ***Boston Globe***, January 14, 1985, p. 10.

20 Karyn R. Lacy, ***Blue-Chip Black: Race, Class, and Status in the New Black Middle Class*** (Berkeley: University of California Press, 2007), pp. 66–68, 77; Mary Pattillo-McCoy, ***Black Picket Fences: Privilege and Peril Among the Black Middle Class*** (Chicago: University of Chicago Press, 1999), p. 12.

21 Joseph E. Stiglitz, ***The Great Divide: Unequal Societies and What We Can Do About Them*** (New York: W.W. Norton & Company, 2015), p. 74.

22 Angus Deaton, ***The Great Escape: Health, Wealth, and the Origins of Inequality*** (New York: Penguin Books, 2013), p. 207.

23 Kay S. Hymowitz, "Brooklyn's Chinese Pioneers," ***City Journal***, Spring 2014, pp. 21–29.

24 "A New Kind of Ghetto," ***The Economist***, November 9, 2013, Special Report on Britain, p. 10.

25 Theodore Dalrymple, ***Life at the Bottom: The Worldview That Makes the Underclass*** (Chicago: Ivan R. Dee, 2001), p. 114.

26 See, for example, Joseph Stiglitz, "Equal Opportunity, Our National Myth," ***New York Times***, February 17, 2013, Sunday Review, p. 4; Bob Herbert, "The Mobility Myth," ***New York Times***, June 6, 2005, p. A19; Michael W. Weinstein, "America's Rags-to-Riches Myth," ***New York Times***, February 18, 2000, p. A28.

27 Isabel V. Sawhill, "Overview," Julia B. Isaacs, Isabel V. Sawhill and Ron Haskins, ***Getting Ahead or Losing Ground: Economic Mobility in America*** (Washington: Economic Mobility Project, an initiative of The Pew Charitable Trusts, 2008), p. 6.

28 Joseph E. Stiglitz, ***The Great Divide***, p. 159.

29 Theodore Dalrymple, ***Life at the Bottom***, p. 70.

30 "A New Kind of Ghetto," ***The Economist***, November 9, 2013, Special Report on Britain, p. 10.

31 Theodore Dalrymple, ***Life at the Bottom***, p. 69.

32 Ibid., p. 68.

33 Theodore Dalrymple, "The Barbarians Inside Britain's Gates," ***Wall Street Journal***, August 15, 2011, p. A13.

34 Natalie Perera and Mike Treadway, ***Education in England: Annual Report 2016*** (London: Centre Forum, 2016), p. 7.

35 Jason L. Riley, ***Please Stop Helping Us: How Liberals Make It Harder for Blacks to Succeed*** (New York: Encounter Books, 2014), p. 49.

36 Maria Newman, "Cortines Has Plan to Coach Minorities into Top Schools," ***New York Times***, March 18, 1995, p. 1; Fernanda Santos, "Black at Stuy," ***New York Times***, February 26, 2012, Metropolitan Desk, p. 6.

37 Sharon Otterman, "Diversity Debate Convulses Elite High School," ***New York Times***, August 5, 2010, p. A1.

38 Valerie A. Ramey, "Is There a Tiger Mother Effect? Time Use Across Ethnic Groups," ***Economics in Action***, Issue 4 (May 3, 2011).

39 Kenneth Clark, "Behind the Harlem Riots— Two Views," ***New York Herald-Tribune***, July 20, 1964, p. 7.

40 Newton Garver, "What Violence Is," ***The Nation***, June 24, 1968, p. 822.

41 National Committee of Negro Churchmen, "'Black Power,'" ***New York Times***, July 31, 1966, p. E5.

42 Joseph A. Hill, "Some Results of the 1920 Population Census," ***Journal of the American Statistical Association***, Vol. 18, No. 139 (September 1922), p. 353.

43 Stanley Lebergott, ***Pursuing Happiness: American Consumers in the Twentieth Century*** (Princeton: Princeton University Press, 1993), pp. 40, 120.

44 Allan Nevins and Henry Steele Commager, ***A Short History of the United States***, fifth edition (New York: Alfred A. Knopf, 1966), p. 469. Frederick Lewis Allen, ***Only Yesterday: An Informal History of the 1920s*** (New York: Harper Perennial Classics, 2010), p. 142.

45 Stanley Lebergott, ***The American Economy: Income, Wealth, and Want*** (Princeton: Princeton University Press, 1976), p. 287.

46 Stanley Lebergott, ***Pursuing Happiness***, p. 130.

47 David A. Shannon, ***Between the Wars: America, 1919–1941*** (Boston: Houghton Mifflin Company, 1965), p. 95.

48 Roger E. Bilstein, ***Flight in America: From the Wrights to the Astronauts***, revised edition (Baltimore: Johns Hopkins Press, 1994), p. 57.

49 U.S. Bureau of the Census, ***Historical Statistics of the United States: Colonial Times to 1970*** (Washington: Government Printing Office, 1975), Part 1, p. 400.

50 Ibid.

51 Chris Willis, ***The Man Who Built the National Football League: Joe F. Carr*** (Lanham, Maryland: Scarecrow Press, 2010), p. 268.

52 The number of Sears department stores rose from 8 in 1925 to 319 by 1929. The three largest chains of grocery retailers all had the number of their stores increase severalfold from 1920 to 1929, with the largest of the grocery retailers— A&P— having the number of its stores rising from 4,600 in 1920 to 15,400 in 1929. Richard S. Tedlow, ***New and Improved: The Story of Mass Marketing in America*** (New York: Basic Books, 1990), pp. 195, 290.

53 Ibid., pp. 198–199, 200, 202, 203, 204, 213. See also David Delbert Kruger, "'It Pays to Shop at Penny's': A National Department Store on the Main Streets of Arkansas," ***Arkansas Historical Quarterly***, Vol. 71, No. 4 (Winter 2012), pp. 348, 353, 354.

54 Henry Steele Commager and Richard Brandon Morris, "Editors' Introduction," John D. Hicks, ***Republican Ascendancy: 1921–1933*** (New York: Harper & Brothers, 1960), p. xi.

55 Edward Alsworth Ross, ***Seventy Years of It: An Autobiography*** (New York: D. Appleton-Century Company, 1936), p. 98.

56 Arthur M. Schlesinger, Jr., ***The Age of Roosevelt***, Vol. I: ***The Crisis of the Old Order 1919–1933*** (Boston: Houghton-Mifflin, 1957), p. 68. See also James Truslow Adams, ***The Epic of America*** (Boston: Little, Brown and Company, 1934), p. 400.

57 Arthur M. Schlesinger, Jr., ***The Age of Roosevelt***, Vol. I: ***The Crisis of the Old Order***, p. 68.

58 David A. Shannon, ***Between the Wars: America, 1919–1941***, p. 86.

59 "Text of President's Speech Elaborating His Views," ***Washington Post***, February 13, 1924, p. 4. See also Burton W. Fulsom, Jr., ***The Myth of the Robber Barons: A New Look at the Rise of Big Business in America***, sixth edition (Herndon, Virginia: Young America's Foundation, 2010), p. 116; James Gwartney and Richard Stroup, "Tax Cuts: Who Shoulders the Burden?" ***Federal Reserve Bank of Atlanta Economic Review***, March 1982, p. 25; Benjamin G. Rader, "Federal Taxation in

the 1920s: A Re-examination," *Historian*, Vol. 33, No. 3, pp. 432–433.
60 U. S. Bureau of the Census, *Historical Statistics of the United States: Colonial Times to 1970*, Part 1, p. 126.
61 Allan Nevins and Henry Steele Commager, *A Short History of the United States*, fifth edition, p. 463.
62 See, for example, Thomas E. Woods, Jr., "Warren Harding and the Forgotten Depression of 1920," *Intercollegiate Review*, Fall 2009, p. 23; Herbert Hoover, *The Memoirs of Herbert Hoover: The Great Depression 1929–1941* (New York: The Macmillan Company, 1952), Chapters 5–18.
63 James A. Smith, *The Idea Brokers: Think Tanks and the Rise of the New Policy Elite* (New York: The Free Press, 1991), p. 76.
64 Richard Vedder and Lowell Gallaway, *Out of Work: Unemployment and Government in Twentieth-Century America* (New York: Holmes & Meier, 1993), p. 77.
65 Ibid.
66 U. S. Bureau of the Census, *Historical Statistics of the United States: Colonial Times to 1970*, Part 1, p. 126; Richard Vedder and Lowell Gallaway, *Out of Work*, p. 77.
67 Richard Vedder and Lowell Gallaway, *Out of Work*, p. 77.
68 See, for example, Janet Poppendieck, *Breadlines Knee-Deep in Wheat: Food Assistance in the Great Depression*, updated and expanded (Berkeley: University of California Press, 2014), pp. 26–27; "The Misery of Garbage," *Social Service Review*, Vol. 6, No. 4 (December 1932), pp. 637–642; Edmund Wilson, *The American Earthquake: A Documentary of the Twenties and Thirties* (New York: Octagon Books, 1975), pp. 462–463; William E. Leuchtenburg, *Franklin D. Roosevelt and the New Deal, 1932–1940* (New York: Harper & Row, 1963), p. 249; Harvey Levenstein, *Paradox of Plenty: A Social History of Eating in Modern America*, revised edition (Berkeley: University of California Press, 2003), pp. 3, 4; "Ravages of Crisis in Cleveland Told," *New York Times*, December 27, 1939, p. 14; Samuel Lubell and Walter Everett, "The Breakdown of Relief," *The Nation*, August 20, 1938, p. 171; "Capone Feeds 3,000 a Day in Soup Kitchen," *New York Times*, November 15, 1930, p. 4; "First Bread Line Starts in Boston," *Daily Boston Globe*, October 12, 1931, p. 1.
69 Harold L. Cole and Lee E. Ohanian, "New Deal Policies and the Persistence of the Great Depression: A General Equilibrium Analysis," *Journal of Political Economy*, Vol. 112, No. 4 (August 2004), pp. 779–816. Back in 1935, a Brookings Institution study concluded that FDR's National Industrial Recovery Act "on the whole retarded recovery." Leverett S. Lyon, et al., *The National Recovery Administration: An Analysis and Appraisal* (Washington: Brookings Institution, 1935), pp. 873, 874. In a 1933 open letter to President Roosevelt, published in the *New York Times*, John Maynard Keynes said, "I cannot detect any material aid to recovery" in the National Industrial Recovery Act. John Maynard Keynes, "From Keynes to Roosevelt: Our Recovery Plan Assayed," *New York Times*, December 31, 1933, p. XX2. In 1939, FDR's own Secretary of the Treasury said to some Congressional Democrats: "We have tried spending money. We are spending more than we have ever spent before and it does not work. And I have just one interest, and if I am wrong. . . somebody else can have my job. I want to see this country prosperous. I want to see people get a job. I want to see people get enough to eat. We have never made good on our promises. . ." Burton Folsom, Jr., *New Deal or Raw Deal? How FDR's Economic Legacy Has Damaged America* (New York: Threshold Editions, 2008), p. 2.
70 J.A. Schumpeter, *History of Economic Analysis* (New York: Oxford University Press, 1954), p. 90.
71 See, for example, Paul Krugman, "Inequality Is a Drag," *New York Times*, August 8, 2014, p. A23; Paul Krugman, "Obama's Trickle-Up Economics," *New York Times*, September 16, 2016, p. A27; Joseph E. Stiglitz, *The Great Divide*, pp. 136, 145, 147; Alan Blinder, "Almost Everything Is Wrong With the New Tax Law," *Wall Street Journal*, December 28, 2017, p. A15. Like many others who denounce what they call "trickle-down" economics, Professor Stiglitz, refers to "giving" high-income people something when, in fact, the reduction of the top tax rate from 73 percent to 24 percent led to *taking* more tax revenue from them as this lower tax rate drew investments out of tax shelters— which was the whole point, as Secretary of the Treasury Andrew Mellon spelled out beforehand. Compare Joseph E. Stiglitz, *The Price of Inequality: How Today's Divided Society Endangers Our Future* (New York: W.W. Norton and Company, 2012), p. 6 and Andrew W. Mellon, *Taxation: The People's Business* (New York: The Macmillan Company, 1924), pp. 72, 79, 152, 158, 160, 170.
72 See, for example, B.L. Mungekar, "State, Market and the Dalits: Analytics of the New Economic Policy," *Dalits in Modern India*, edited by S.M. Michael (New Delhi: Vistaar, 1999), p. 288.
73 *Public Papers of the Presidents of the United States: John F. Kennedy, 1962* (Washington: U.S. Government Printing Office, 1963), p. 626; *Public Papers of the Presidents of the United States: John F. Kennedy, 1963* (Washington: U.S. Government Printing Office, 1964), p. 762.
74 John Maynard Keynes, *The Means to Prosperity* (New York: Harcourt, Brace and Company, 1933), p. 5.
75 Woodrow Wilson, *The Hope of the World* (New York: Harper & Brothers, 1920), pp. 185–186. See also *Annual Report of the Secretary of the Treasury on the State of the Finances for the Fiscal Year Ended June 30, 1919* (Washington: Government Printing Office, 1920), p. 24; *Annual Report of the Secretary of the Treasury on the State of the Finances for the Fiscal Year Ended June 30, 1920* (Washington: Government Printing Office, 1921), pp. 36–37.
76 United States Internal Revenue, Treasury Department, *Statistics of Income from Returns of Net Income For 1920* (Washington: Government Printing Office, 1922), p. 5; Bureau of Internal Revenue, U.S. Treasury Department, *Statistics of Income For 1929* (Washington: Government Printing Office, 1931), p. 5. At the extremes, people with incomes of a million dollars a year or more paid less than 5 percent of all income taxes in 1920, when the highest income tax rate was 73 percent, while people with incomes of $5,000 or less paid 15 percent. After the tax rate cuts of the 1920s brought the highest income tax rate down to 24 percent, people with an income of a million dollars or more paid 19 percent of all income taxes, while people with incomes of $5,000 or less paid less than half of one percent of all income taxes.
77 Robert L. Bartley, *The Seven Fat Years: And How to Do It Again* (New York: The Free Press, 1992), pp. 71–74; James Gwartney and Richard L. Stroup, "As Reagan Promised, the Rich Pay More," *New York Times*, March 31, 1985, p. F2; "How to Raise Revenue," *Wall Street Journal*, August 24, 2007, p. A14.
78 Oliver Wendell Holmes, *Collected Legal Papers* (New York: Peter Smith, 1952), pp. 230–231.
79 John M. Blum, et al., *The National Experience: A History of the United States*, eighth edition (New York: Harcourt, Brace and Jovanovich, 1991), p. 640.
80 Andrew W. Mellon, *Taxation*, pp. 9, 54–57, 61–62, 94.
81 Ibid., pp. 13, 79–80, 94, 127–128. Secretary Mellon also quoted President Calvin Coolidge as making essentially the same argument. Ibid., pp. 132–133, 220–221.
82 Ibid., pp. 106–107.
83 Ibid., Chapter VIII.
84 Ibid., p. 13.
85 Ibid., p. 167. See also Ibid., pp. 79–80, 141–142, 171–172.
86 Ibid., p. 170.
87 Ibid., p. 94.
88 Ibid., p. 79.
89 Ibid., p. 160.
90 Thomas A. Bailey, David M. Kennedy and Lizabeth Cohen, *The American Pageant: A History of the Republic*, eleventh edition (Boston: Houghton-Mifflin, 1998), p. 768. Later editions expressed similar conclusions, saying that Andrew Mellon sought to "succor the 'poor' rich people." David M. Kenney and Lizabeth Cohen, *The American Pageant: A History of the American People*, sixteenth edition (Boston: Engage Learning, 2016), p. 717.
91 United States Internal Revenue, Treasury Department, *Statistics of Income from Returns of Net Income For 1920*, p. 5; Bureau of Internal Revenue, U.S. Treasury Department, *Statistics of Income For 1929*, p. 5.
92 [Daniel Patrick Moynihan], *The Negro Family: The Case for National Action* (Washington: Government Printing Office, 1965), p. 18. The statistics cited were for "nonwhite" children, but before the immigration laws were changed in 1965, "nonwhite" Americans were overwhelmingly black before the immigration laws were changed that year, leading to great increases in the immigration of people from Asia and Latin America.
93 For example, the *New York Amsterdam News*, a Harlem newspaper, carried a column calling the Moynihan Report "the most serious threat to the ultimate freedom of American Negroes to appear in print in recent memory." James Farmer, "The Controversial Moynihan Report," *New York Amsterdam News*, December 18, 1965, p. 36.
94 "The Negro Family: Visceral Reaction," *Newsweek*, December 6, 1965, p. 39.
95 [Daniel Patrick Moynihan], *The Negro Family*, p. 17.
96 Godfrey Hodgson, *The Gentleman from New York: Daniel Patrick Moynihan* (Boston: Houghton Mifflin, 2000), pp. 31, 32; Steven R. Weisman, "Introduction," *Daniel Patrick Moynihan: A Portrait in Letters of an American Visionary*, edited by Steven R. Weisman (New York: Public Affairs, 2010), p. 1.
97 Godfrey Hodgson, *The Gentleman from New York*, p. 31.
98 Steven R. Weisman, "Introduction," *Daniel Patrick Moynihan*, p. 1; Douglas Schoen, *Pat: A Biography of Daniel Patrick Moynihan* (New York: Harper & Row, 1979), pp. 17–18.
99 Stephan Thernstrom and Abigail Thernstrom, *America in Black and White: One Nation, Indivisible* (New York: Simon & Schuster, 1997), pp. 237, 238; U.S. Census Bureau, *Statistical Abstract of the United States: 2010* (Washington: Government Printing Office, 2009), p. 59; Proquest, *Statistical Abstract of the United States: 2017* (Lanham, Maryland: Bernam Press, 2016), p. 53.
100 For example, in the most controversial of his books, *The Bell Curve*, co-authored with the late Richard Herrnstein, the following statement appears, with all the words italicized: ***That a trait is genetically transmitted in individuals does not mean that group differences in that trait are also genetic in origin.*** Richard J. Herrnstein and Charles Murray, *The Bell Curve: Intelligence and Class Structure in American Life* (New York: The Free Press, 1994), p. 298.
101 Associated Press, "Scholar of Race, Class Looks Ahead," *Telegram & Gazette* (Massachusetts), December 29, 2015, p. 14.
102 Timothy M. Phelps and Helen Winternitz, *Capitol Games: The Inside Story of Clarence Thomas, Anita Hill, and a Supreme Court Nomination* (New York: HarperPerennial, 1993), p. xii.
103 Lanny Ebenstein, *Chicagonomics: The Evolution of Chicago Free Market Economics* (New York: St. Martins's Press, 2015), p. 200.
104 See, for example, Thomas Sowell, *A Man of Letters* (New York: Encounter Books, 2007), pp. 118–119, 305–306.
105 Joseph E. Stiglitz, *The Great Divide*, p. 153; "The Tax Bill That Inequality Created," *New York Times*, December 17, 2017, Sunday Review section, p. 10.
106 "Remarks by the President on Economic Mobility," December 4, 2013, downloaded from the Obama White House archives: https://obamawhitehouse. archives. gov/the-press-office/2013/12/04/ remarks-president-economic-mobility.
107 Danny Dorling, "Inequality in Advanced Economies," *The New Oxford Handbook of Economic Geography*, edited by Gordon L. Clark, et al (Oxford: Oxford University Press, 2018), pp. 40, 42, 43, 52.
108 [Anonymous], *An Inquiry Into Those Principles Respecting the Nature of Demand and the Necessity of Consumption Lately Advocated by Mr. Malthus* (London: R.

Hunter, 1821), p. 110.

109 John Rawls, ***A Theory of Justice*** (Cambridge, Massachusetts: Harvard University Press, 1971), pp. 43, 60, 61, 265, 302.

110 Woodrow Wilson, ***The New Freedom: A Call for the Emancipation of the Energies of a People*** (New York: Doubleday, Page & Company, 1913).

111 Robert A. Dahl and Charles E. Lindblom, ***Politics, Economics, and Welfare: Planning and Politico-Economic Systems Resolved into Basic Social Processes*** (Chicago: University of Chicago Press, 1976), p. 49.

112 Ibid., p. 425.

113 Angus Deaton, ***The Great Escape***, p. 2.

114 Thomas Hobbes, ***Leviathan***, p. 16. Writing about one of the doctrines of his own time, Adam Smith said, "they who first taught it were by no means such fools as they who believed it." Adam Smith, ***An Inquiry into the Nature and Causes of the Wealth of Nations*** (New York: Modern Library, 1937), p. 461.

## 第 6 章 社会愿景与人类后果

***Epigraph***

Joseph A. Schumpeter, Review of Keynes' General Theory, ***Journal of the American Statistical Association***, Vol. 31, No. 196 (December 1936), p. 795.

1 See Thomas Sowell, ***The Einstein Syndrome: Bright Children Who Talk Late*** (New York: Basic Books, 2001); Stephen M. Camarata, ***Late-Talking Children: A Symptom or a Stage?*** (Cambridge, Massachusetts: MIT Press, 2014).

2 See, for example, Thomas Sowell, ***Intellectuals and Race*** (New York: Basic Books, 2013), pp. 24–43; Thomas C. Leonard, ***Illiberal Reformers: Race, Eugenics & American Economics in the Progressive Era*** (Princeton: Princeton University Press, 2016), pp. 119–124.

3 Oliver Wendell Holmes, ***Collected Legal Papers*** (New York: Peter Smith, 1952), p. 293.

4 Jean-Jacques Rousseau, ***A Discourse on Inequality***, translated by Maurice Cranston (New York: Penguin Books, 1984), p. 57.

5 William S. Maltby, ***The Rise and Fall of the Spanish Empire*** (New York: Palgrave Macmillan, 2009), p. 18; Peter Pierson, ***The History of Spain*** (Westport, Connecticut: Greenwood Press, 1999), pp. 7–8. Geographer Ellen Churchill Semple described the Canary Islanders as offshoots of "their parent stock of northern Africa." Ellen Churchill Semple, ***Influences of Geographic Environment*** (New York: Henry Holt and Company, 1911), p. 411. However, she pointed out that the white race existed in Europe, Asia and Africa (Ibid., pp. 390–391.) In any case, contemporary continental peoples in both Europe and North Africa were thousands of years more advanced than the peoples of the Canary Islands.

6 Ellen Churchill Semple, ***Influences of Geographic Environment***, p. 411.

7 Ibid., p. 434; Bruce G. Trigger, ***Understanding Early Civilizations: A Comparative Study*** (Cambridge: Cambridge University Press, 2003), p. 338.

8 Judith A. Bazler, ***Biology Resources in the Electronic Age*** (Westport, Connecticut: Greenwood Press, 2003), p. 105; Alfred W. Crosby, "An Ecohistory of the Canary Islands: A Precursor of European Colonialization in the New World and Australasia," ***Environmental Review***, Vol. 8, No. 3 (Autumn 1984), p. 217.

9 Ellen Churchill Semple, ***Influences of Geographic Environment***, pp. 19–20, 45, 69, 118, 144–145, 193, 397, 434, 435, 436, 598, 600; J.R. McNeill, ***The Mountains of the Mediterranean World: An Environmental History*** (New York: Cambridge University Press, 1992), pp. 142–143; Rupert B. Vance, ***Human Geography of the South: A Study in Regional Resources and Human Adequacy*** (Chapel Hill: University of North Carolina Press, 1932), pp. 242, 246; Thomas Sowell, ***Wealth, Poverty and Politics***, revised and enlarged edition (New York: Basic Books, 2016), pp. 4–5, 20–21, 24, 45, 46, 49, 52, 70, 72–76, 80, 125–126, 209, 211, 228–230, 242–243, 392–393.

10 For documented examples, see Thomas Sowell, ***Wealth, Poverty and Politics***, revised and enlarged edition, Part I.

11 Documented examples can be found in Thomas Sowell, ***Wealth, Poverty and Politics***, revised and enlarged edition, pp. 4–5, 20–22, 42, 48–54, 59–60, 64–67, 70, 75. See also Ellen Churchill Semple, ***Influences of Geographic Environment***, pp. 393, 397, 434, 435.

12 Irving Howe, ***World of Our Fathers: The Journey of the East European Jews to America and the Life They Found and Made*** (New York: Harcourt Brace Jovanovich, 1976), pp. 369–370; James R. Barrett, ***The Irish Way: Becoming American in the Multiethnic City*** (New York: Penguin, 2012), pp. 197–198.

13 For documented examples, see Thomas Sowell, ***Wealth, Poverty and Politics***, revised and enlarged edition, pp. 396–401.

14 James S. Gardner, et al., "People in the Mountains," ***Mountain Geography: Physical and Human Dimensions***, edited by Martin F. Price, et al (Berkeley: University of California Press, 2013), pp. 288–289; J.R. McNeill, ***The Mountains of the Mediterranean World***, pp. 223, 225–227; Ellen Churchill Semple, ***Influences of Geographic Environment***, pp. 578–579.

15 "Choose Your Parents Wisely," ***The Economist***, July 26, 2014, p. 22.

16 See Betty Hart and Todd R. Risley, ***Meaningful Differences in the Everyday Experience of Young American Children*** (Baltimore: Paul H. Brookes Publishing Co., 1995), pp. 123–124.

17 Ibid., pp. 125–126, 128, 198–199.

18 Ibid., p. 247. Similar social class differences in parent-child interactions were discussed in Edward C. Banfield, ***The Unheavenly City: The Nature and Future of Our Urban Crisis*** (Boston: Little, Brown, 1970), pp. 224–229.

19 Laurence C. Baker, "Differences in Earnings Between Male and Female Physicians," ***The New England Journal of Medicine***, April 11, 1996, p. 962.

20 Hugh Morris, "Why Do Airlines Have Such Large Gender Pay Gaps?" ***Daily Telegraph*** (London), April 5, 2018 (online).

21 Mandel Sherman and Cora B. Key, "The Intelligence of Isolated Mountain Children," ***Child Development***, Vol. 3, No. 4 (December 1932), p. 283; Lester R. Wheeler, "A Comparative Study of the Intelligence of East Tennessee Mountain Children," ***Journal of Educational Psychology***, Vol. XXXIII, No. 5 (May 1942), p. 322.

22 Philip E. Vernon, ***Intelligence and Cultural Environment*** (London: Methuen & Co., Ltd., 1970), p. 155.

23 Hugh Gordon, ***Mental and Scholastic Tests Among Retarded Children*** (London: His Majesty's Stationery Office, 1923), p. 38.

24 Clifford Kirkpatrick, ***Intelligence and Immigration*** (Baltimore: The Williams & Wilkins Company, 1926), pp. 24, 31, 34.

25 "In Norfolk, Virginia, women of low socioeconomic status were given vitamin and mineral supplements during pregnancy. These women gave birth to children who, at 4 years of age, averaged 8 points higher in IQ than a control group of children whose mothers had been given placebos during pregnancy." Arthur R. Jensen, ***Genetics and Education*** (New York: Harper & Row, 1972), p. 152. See Ruth F. Harrell, Ella Woodyard, and Arthur I. Gates, ***The Effect of Mothers' Diets on the Intelligence of Offspring*** (New York: Teachers College, Columbia University, 1955), pp. 32–33, 60; Ana Amélia Freitas-Vilela, et al., "Maternal Dietary Patterns During Pregnancy and Intelligence Quotients in the Offspring at 8 Years of Age: Findings from the ALSPAC Cohort," ***Maternal & Child Nutrition***, Vol. 14, Issue 1 (January 2018), pp. 1–11; Ann P. Streissguth, Helen M. Barr, and Paul D. Sampson, "Moderate Prenatal Alcohol Exposure: Effects on Child IQ and Learning Problems at Age 7 ½ Years," ***Alcoholism: Clinical and Experimental Research***, Vol. 14, No. 5 (September/October 1990), pp. 662–669.

26 Thomas Sowell, ***Intellectuals and Race***, pp. 23, 31, 32, 33, 38–39, 59, 63–64.

27 See Mitchell Lerner, "Howard Arthur Tibbs 1919–1986: A Tuskegee Airman's Story in Pictures," ***Callaloo***, Vol. 26, No. 3 (Summer 2003), pp. 670–690. See also J. Todd Moye, ***Freedom Flyers: The Tuskegee Airmen of World War II*** (New York: Oxford University Press, 2010); Lawrence P. Scott and William M. Womack, Sr., ***Double V: The Civil Rights Struggle of the Tuskegee Airmen*** (East Lansing: Michigan State University Press, 1994).

28 "Medical Leaders at Dr. Drew Rites," ***New York Times***, April 6, 1950, p. 28.

29 Robin Marantz Henig, "Scientist at Work," ***New York Times***, June 8, 1993, p. C1.

30 Arthur R. Jensen, ***Genetics and Education***, pp. 196–197. See also Arthur R. Jensen, "Social Class, Race and Genetics: Implications for Education," ***American Educational Research Journal***, Vol. 5, No. 1 (January 1968), p. 34; Arthur R. Jensen, "Patterns of Mental Ability and Socioeconomic Status," ***Proceedings of the National Academy of Sciences of the United States of America***, Vol. 60, No. 4 (August 15, 1968), pp. 1331–1332; Arthur R. Jensen, "Intelligence, Learning Ability and Socioeconomic Status," ***The Journal of Special Education***, Vol. 3, No. 1 (January 1969), p. 33.

31 Arthur R. Jensen, ***Genetics and Education***, pp. 43–44.

32 See Chapter 3 of Thomas Sowell, ***Economic Facts and Fallacies*** (New York: Basic Books, 2008). See also Diana Furchtgott-Roth, ***Women's Figures: An Illustrated Guide to the Economic Progress of Women In America*** (Washington: AEI Press, 2012).

33 Yuan-li Wu and Chun-hsi Wu, ***Economic Development in Southeast Asia: The Chinese Dimension*** (Stanford: Hoover Institution Press, 1980), p. 51; Victor Purcell, ***The Chinese in Southeast Asia***, second edition (Kuala Lumpur: Oxford University Press, 1965), pp. 7, 68, 83, 180, 245, 248, 540.

34 Ezra Mendelsohn, ***The Jews of East Central Europe between the World Wars*** (Bloomington: Indiana University Press, 1983), pp. 25–27.

35 Haraprasad Chattopadhyaya, ***Indians in Africa: A Socio-Economic Study*** (Calcutta: Bookland Private Limited, 1970), p. 394.

36 R. Bayly Winder, "The Lebanese in West Africa," ***Comparative Studies in Society and History***, Vol. IV (1961–62), p. 309; H.L. van der Laan, ***The Lebanese Traders in Sierra Leone*** (The Hague: Mouton & Co., 1975), p. 65.

37 Uğur Ümit Üngör and Mehmet Polatel, ***Confiscation and Destruction: The Young Turk Seizure of Armenian Property*** (New York: Continuum, 2011), pp. 17–19.

38 Warren C. Scoville, ***The Persecution of Huguenots and French Economic Development: 1680–1720*** (Berkeley: University of California Press, 1960), pp. 228–229, 242–243, 248.

39 Jean Roche, ***La Colonisation Allemande et le Rio Grande do Sul*** (Paris: Institut Des Hautes Études de L'Amérique Latine, 1959), pp. 388–389.

40 C. Harvey Gardiner, ***The Japanese and Peru: 1873–1973*** (Albuquerque: University of New Mexico Press, 1975), p. 64.

41 Medha Kudaisya, "Marwari and Chettiar Merchant's, c. 1850s–1950s: Competitive Trajectories," ***Chinese and Indian Business: Historical Antecedents***, edited by Medha Kudaisya and Ng Chin-keong (Boston: Brill, 2009), pp. 97–98.

42 Robert F. Foerster, ***The Italian Emigration of Our Times*** (New York: Arno Press, 1969), pp. 254–259, 261.

43 Dan Bilefsky, "A New Facet of Diamond Industry: Indians," ***Wall Street Journal***, May 27, 2003, p. B1.

44 Steven Pinker, ***The Better Angels of Our Nature: Why Violence Has Declined*** (New York: Viking, 2011), pp. 85–87, 93–104.

45 The Economist, ***Pocket World in Figures: 2017 edition*** (London: Profile Books, 2016), p. 18.

46 Bureau of Justice Statistics, ***Survey of State Prison Inmates, 1991*** (Washington: U.S. Department of Justice, 1993), p. 9.

47 Oliver MacDonagh, "The Irish Famine Emigration to the United States," ***Perspectives in American History***, Vol. X (1976), p. 405; Thomas Bartlett, ***Ireland: A History*** (New York: Cambridge University Press, 2010), p. 284.

48 W.E. Vaughan and A.J. Fitzpatrick, editors, ***Irish Historical Statistics: Population, 1821–1971*** (Dublin: Royal Irish Academy, 1978), pp. 260–261.

49 Tyler Anbinder, ***City of Dreams: The 400-Year Epic History of Immigrant New York*** (Boston: Houghton Mifflin Harcourt, 2016), p. 127. See also Catherina Japikse, "The Irish Potato Famine," ***EPA Journal***, Vol. 20, Nos. 3–4 (Fall

1994), p. 44; Evan D.G. Fraser and Andrew Rimas, ***Empires of Food: Feast, Famine and the Rise and Fall of Civilizations*** (New York: Free Press, 2010), pp. 212–214; Evan D.G. Fraser, "Social Vulnerability and Ecological Fragility: Building Bridges Between Social and Natural Sciences Using the Irish Potato Famine as a Case Study," ***Conservation Ecology***, Vol. 7, No. 2 (December 2003).

50 Jim Dwyer, "Specialized Schools, Surrounded for Decades by an Admissions Moat," ***New York Times***, June 9, 2018, p. A17.

51 Adam Smith, ***An Inquiry into the Nature and Causes of the Wealth of Nations*** (New York: Modern Library, 1937), p. 729.

52 Thomas D. Snyder, Cristobal de Brey and Sally A. Dillow, ***Digest of Education Statistics: 2015***, 51st edition (Washington: U.S. Department of Education, National Center for Education Statistics, 2016), pp. 328, 329. See also Valerie A. Ramey, "Is There a Tiger Mother Effect? Time Use Across Ethnic Groups," ***Economics in Action***, Issue 4 (May 3, 2011).

53 Roland G. Fryer and Paul Torelli, "An Empirical Analysis of 'Acting White'," ***Journal of Public Economics***, Vol. 94, No. 5–6 (June 2010), p. 381.

54 Eric A. Hanushek, et al., "New Evidence About ***Brown v. Board of Education:*** The Complex Effects of School Racial Composition on Achievement," National Bureau of Economic Research, Working Paper 8741 (Cambridge, Massachusetts: National Bureau of Economic Research, 2002), Abstract.

55 Ellis B. Page and Timothy Z. Keith, "The Elephant in the Classroom: Ability Grouping and the Gifted," ***Intellectual Talent: Psychometric and Social Issues***, edited by Camilla Persson Benbow and David Lubinski (Baltimore: Johns Hopkins University Press, 1996), pp. 203, 204, 208.

56 Roland G. Fryer and Paul Torelli, "An Empirical Analysis of 'Acting White'," ***Journal of Public Economics***, Vol. 94, No. 5–6 (June 2010), p. 381.

57 Ibid., p. 380n.

58 Theodore Dalrymple, ***Life at the Bottom: The Worldview That Makes the Underclass*** (Chicago: Ivan R. Dee, 2001), p. 69. See also pp. 158, 188.

59 Ibid., p. 158.

60 Ibid.

61 Jason L. Riley, ***Please Stop Helping Us: How Liberals Make It Harder for Blacks to Succeed*** (New York: Encounter Books, 2014), p. 43; John U. Ogbu, ***Black American Students in an Affluent Suburb: A Study of Academic Disengagement*** (Mahwah, New Jersey: Lawrence Erlbaum Associates, 2003), p. 179; John U. Ogbu and Signithia Fordham, "Black Students' School Success: Coping with the 'Burden of 'Acting White',"' ***Urban Review***, Vol. 18, No. 3 (September 1986), pp. 176–206.

62 James Bartholomew, ***The Welfare of Nations*** (Washington: The Cato Institute, 2016), p. 103.

63 See, for example, Katherine Kersten, "No Thug Left Behind," ***City Journal***, Winter 2017, pp. 54–61; Teresa Watanabe and Howard Blume, "Disorder in the Classroom," ***Los Angeles Times***, November 8, 2015, p. A1; "Classrooms Run by the Unsuspended," ***Investor's Business Daily***, July 3, 2014, p. A14; Jason L. Riley, "Upward Mobility: An Obama Decree Continues to Make Public Schools Lawless," ***Wall Street Journal***, March 22, 2017, p. A19; Aaron Anthony Benner, "St. Paul Schools: Close the Gap? Yes. But Not Like This," ***Saint Paul Pioneer Press***, October 2, 2015; Katherine Kersten, "Mollycoddle No More," ***Star Tribune*** (Minneapolis), March 20, 2016, p. OP 1; Paul Sperry, "Obama's Lax Discipline Policies Made Schools Dangerous," ***New York Post***, December 23, 2017; Ryan Mackenzie, "Schools Rethink Discipline," ***Des Moines Register***, November 27, 2016, p. A9; Mackenzie Mays, "Restorative Justice?" ***The Fresno Bee***, December 11, 2016, p. 1B; Claudia Rowe, "Trouble Erupts After Highline Limits School Suspensions," ***Seattle Times***, September 11, 2016, p. A1.

64 James Bartholomew, ***The Welfare of Nations***, p. 92.

65 See, for example, Katherine Kersten, "No Thug Left Behind," ***City Journal***, Winter 2017, pp. 54–61. This article was based on what happened in public schools in St. Paul, Minnesota. However, similar things happened elsewhere across the country—in a Houston public school, for example: "One of the older children walked across the room during class, zipped down his fly, pulled out his penis, and asked a girl for oral sex. Levin sent him to the principal. He was sent back in thirty minutes." Jay Mathews, ***Work Hard. Be Nice: How Two Inspired Teachers Created the Most Promising Schools in America*** (Chapel Hill: Algonquin Books of Chapel Hill, 2009), pp. 22–23.

66 "The World's Billionaires," ***Forbes***, March 28, 2017, pp. 84–85. V.I. Lenin tried to rescue Marxist theory by claiming that rich countries exploited poor countries, and shared some of their "super-profits" with their own working classes, in order to stave off revolution. But in fact most rich countries' international investments are concentrated in other rich countries, with their investments in poor countries being a very small fraction of their foreign investments and their incomes from these investments in poor countries being a very small fraction of their total income from foreign investments. See my ***Wealth, Poverty and Politics***, revised and enlarged edition (New York: Basic Books, 2016) pp. 245–247.

67 For documented specifics, see my ***Wealth, Poverty and Politics***, revised and enlarged edition, p. 136.

68 See, for example, hostile responses to empirical data from Daniel Patrick Moynihan, James S. Coleman, Jay Belsky and Heather Mac Donald in Jean M. White, "Moynihan Report Criticized as 'Racist,'" ***Washington Post***, November 22, 1965, p. A3; William Ryan, "Savage Discovery: The Moynihan Report," ***The Nation***, November 22, 1965, pp. 380–384; Diane Ravitch, "The Coleman Reports and American Education," ***Social Theory and Social Policy: Essays in Honor of James S. Coleman***, edited by Aage B. Sorenson and Seymour Spilerman (Westport, Connecticut: Praeger, 1993), pp. 129–141; James Bartholomew, ***The Welfare of Nations***, pp. 174–175; Tim Lynch, "There Is No War on Cops," ***Reason***, August/September 2016, pp. 58–61; William McGurn, "The Silencing of Heather Mac Donald," ***Wall Street Journal***, April 11, 2017, p. A15.

69 "Bicker Warning," ***The Economist***, April 1, 2017, p. 23.

70 Theodore Dalrymple, ***Life at the Bottom***, p. 6.

71 Barry Latzer, ***The Rise and Fall of Violent Crime in America*** (New York: Encounter Books, 2016), p. 19; ***Today's VD Control Problem: Joint Statement by The American Public Health Association, The American Social Health Association, The American Venereal Disease Association, The Association of State and Territorial Health Officers in co-operation with The American Medical Association***, February 1966, p. 20; Hearings Before the Select Committee on Population, Ninety-Fifth Congress, Second Session, ***Fertility and Contraception in America: Adolescent and Pre-Adolescent Pregnancy*** (Washington: U.S. Government Printing Office, 1978), Volume II, p. 625; Jacqueline R. Kasun, ***The War Against Population: The Economics and Ideology of World Population Control*** (San Francisco: Ignatius Press, 1988), pp. 142, 143, 144; Sally Curtin, et al., "2010 Pregnancy Rates Among U.S. Women," ***National Center for Health Statistics***, December 2015, p. 6.

72 U.S. Bureau of the Census, ***Historical Statistics of the United States: Colonial Times to 1970*** (Washington: Government Printing Office, 1975), Part I, p. 414.

73 Stephan Thernstrom and Abigail Thernstrom, ***America in Black and White: One Nation, Indivisible*** (New York: Simon & Schuster, 1997), p. 262.

74 Steven Pinker, ***The Better Angels of Our Nature***, pp. 106–107.

75 John Kenneth Galbraith, ***The Selected Letters of John Kenneth Galbraith***, edited by Richard P.F. Holt (Cambridge: Cambridge University Press, 2017), p. 47. "The English urban crowd, in particular, may justly be said to have developed, from its own experience and its own good sense, a species of self-discipline and a tactic of 'fitting in' neatly on a little space. You seldom feel unsafe in a London crowd: you know in your heart that it is experienced— experienced in situations." Earnest Barker, "An Attempt at Perspective," ***The Character of England***, edited by Ernest Barker (Oxford: Clarendon Press, 1947), p. 562.

76 George Orwell, ***The Complete Works of George Orwell***, Vol. 16: ***I Have Tried to Tell the Truth, 1943–1944***, edited by Peter Davison, et al (London: Secker & Warburg, 1998), p. 201.

77 David Fraser, ***A Land Fit for Criminals: An Insider's View of Crime, Punishment and Justice in England and Wales*** (Sussex: Book Guild Publishing, 2006), p. 13.

78 Lee Kuan Yew, ***The Singapore Story*** (Singapore: Times Editions, 1998), p. 126.

79 James Bartholomew, ***The Welfare of Nations***, pp. 187–189.

80 "Britain: Fight Club," ***The Economist***, June 10, 2000, p. 61. See also James Bartholomew, ***The Welfare State We're In*** (London: Politico's, 2006), p. 19.

81 Fay Wiley, et al., "Traveling Hooligans," ***Newsweek***, June 27, 1988, p. 37.

82 Steve Lohr, "The British (Fans) are Coming!" ***New York Times***, June 10, 1988, p. D22.

83 George Orwell, ***The Complete Works of George Orwell***, Vol. 16: ***I Have Tried to Tell the Truth, 1943–1944***, edited by Peter Davison, et al., p. 201.

84 Joyce Lee Malcolm, ***Guns and Violence: The English Experience*** (Cambridge, Massachusetts: Harvard University Press, 2002), p. 168.

85 Peter Hitchens, ***The Abolition of Britain: From Winston Churchill to Princess Diana*** (San Francisco: Encounter Books, 2000), p. 32.

86 James Bartholomew, ***The Welfare State We're In***, Politico's edition published in 2006, pp. 15–19.

87 George Orwell, ***The Complete Works of George Orwell***, Vol. 16: ***I Have Tried to Tell the Truth, 1943–1944***, edited by Peter Davison, et al., p. 201.

88 See, for example, Sean O'Neill and Fiona Hamilton, "Mobs Rule as Police Surrender Streets," ***The Times*** (London), August 9, 2011, pp. 1, 5; Martin Beckford, et al., "Carry On Looting," ***The Daily Telegraph*** (London), August 8, 2011, pp. 1, 2; Philip Johnston, "The Long Retreat of Order," ***The Daily Telegraph*** (London), August 10, 2011, p. 19; Alistair MacDonald and Guy Chazan, "World News: Britain Tallies Damage and Sets Out Anti-Riot Steps," ***Wall Street Journal***, August 12, 2011, p. A6.

89 Theodore Dalrymple, ***Life at the Bottom***, p. 136.

90 Ibid.; James Bartholomew, ***The Welfare of Nations***, p. 203.

91 Andrew F. Smith, "Cafeterias," ***Savoring Gotham: A Food Lover's Companion to New York City*** (New York: Oxford Press, 2015), p. 92.

92 John P. Shanley, "Cafeterias Built on Honesty Fail," ***New York Times***, November 9, 1963, p. 22.

93 Theodore Dalrymple, ***Life at the Bottom***, pp. 149, 150; James Bartholomew, ***The Welfare of Nations***, pp. 125–136; Robyn Minter Smyers, "High Noon in Public Housing: The Showdown Between Due Process Rights and Good Management Practices in the War on Drugs and Crime," ***The Urban Lawyer***, Summer 1998, pp. 573–574; William Julius Wilson, "The Urban Underclass in Advanced Industrial Society," ***The New Urban Reality***, edited by Paul E. Peterson (Washington: The Brookings Institution, 1985), p. 137.

94 Lizette Alvarez, "Out, and Up," ***New York Times***, Metropolitan section, May 31, 2009, p. 1.

95 Ibid., p. 6.

96 Walter E. Williams, ***Up from The Projects: An Autobiography*** (Stanford: Hoover Institution Press, 2010), pp. 6–7.

97 Ibid., p. 7.

98 Theodore Dalrymple, ***Life at the Bottom***, p. 150.

99 Luis Ferre-Sadurni, "The Rise and Fall of Good Intentions," ***New York Times***, July 9, 2018, p. A19.

100 Ibid., p. A20.

101 David E. Nye, ***When the Lights Went Out: A History of Blackouts in America*** (Cambridge, Massachusetts: MIT Press 2010), pp. 84–91.

102 Ibid., p. 94; "The Longest Night," ***Newsweek***, November 22, 1965, pp. 27–33; Robert J.H. Johnston, "Bright Side to Blackout," ***New York Times***, November 10, 1965, p. 4; Emanuel Perlmutter, "Crime Rate Off Despite the Dark," ***New York Times***, November 11, 1965, p. 41; Saul Pett, "New York Took It Largely in Stride," ***Boston Globe***, November 10, 1965, p. 5.

103 Peter Goldman, et al., "Heart of Darkness," ***Newsweek***, July 25, 1977, pp. 18, 19.

104 Ibid., p. 18; Richard Severo, "Two Blackouts and a World of Difference," *New*

York Times, July 16, 1977, p. 8.
105 "Power Blackouts Then and Now. . ." ***Washington Post***, July 15, 1977, p. A9; David E. Nye, ***When the Lights Went Out***, pp. 101, 123–128.
106 Stephan Thernstrom and Abigail Thernstrom, ***America in Black and White***, p. 238.
107 Ibid., p. 237.
108 Charles Murray, ***Coming Apart: The State of White America 1960–2010*** (New York: Crown Forum, 2012), pp. 160, 161.
109 James Bartholomew, ***The Welfare State We're In***, Politico's edition published in 2006, p. 251.
110 James Bartholomew, ***The Welfare of Nations***, p. 164.
111 Ibid., p. 165.
112 ***PISA 2015: Results in Focus*** (Paris: OECD, 2018), p. 5.
113 See, for example, J. Martin Rochester, ***Class Warfare: Besieged Schools, Bewildered Parents, Betrayed Kids and the Attack on Excellence*** (San Francisco: Encounter Books, 2002), pp. 16–18; Thomas Sowell, ***Inside American Education: The Decline, the Deception, the Dogmas*** (New York: Free Press, 1993), Chapter 1; The National Commission on Excellence in Education, ***A Nation at Risk: The Full Account*** (Cambridge, Massachusetts: USA Research, 1984).
114 E.W. Kenworthy, "Action by Senate: Revised Measure Now Goes Back to House for Concurrence," ***New York Times***, June 20, 1964, p. 1; "House Civil Rights Vote," ***New York Times***, July 3, 1964, p. 9; E.W. Kenworthy, "Voting Measure Passed by House," ***New York Times***, August 4, 1965, pp. 1, 17; "Vote Rights Bill: Senate Sends Measure to LBJ," ***Los Angeles Times***, August 5, 1965, p. 1.
115 Stephan Thernstrom and Abigail Thernstrom, ***America in Black and White***, pp. 233–234.
116 Ibid. See also U.S. Census Bureau, ***Statistical Abstract of the United States: 1970*** (Washington: U.S. Department of Commerce, Bureau of the Census, 1970), p. 328. For information on national trends in poverty during these decades, see Richard J. Herrnstein and Charles Murray, ***The Bell Curve: Intelligence and Class Structure in American Life*** (New York: The Free Press, 1994), p. 128.
117 See, for example, Barry Hugill and David Rose, "No Hope in No-Go Land," ***The Guardian and the Obersver***, September 15, 1991, p. 23; Larry Martz and Daniel Pedersen, "Yob Politics in Britain," ***Newsweek***, April 16, 1990, pp. 34–35; Sheila Rule, "2 Die, 600 Seized in Britain in Riots Over Soccer Defeat," ***New York Times***, July 6, 1990, p. A3. See also Theodore Dalrymple, ***Life at the Bottom***, pp. x, xi, 45, 67, 72, 139, 153, 166, 181, 188, 223–225.
118 Steven Pinker, ***The Better Angels of Our Nature***, pp. 106–116.
119 Shelby Steele, ***White Guilt: How Blacks and Whites Together Destroyed the Promise of the Civil Rights Era*** (New York: HarperCollins Publishers, 2006), p. 123.
120 Ibid., p. 124.
121 Stephan Thernstrom and Abigail Thernstrom, ***America in Black and White***, pp. 233–234.
122 See, for example, Charles Murray, ***In Our Hands: A Plan to Replace the Welfare State*** (Washington: American Enterprise Institute, 2006); Stephen Moore, ***Who's The Fairest of Them All? The Truth about Opportunity, Taxes, and Wealth in America*** (New York: Encounter Books, 2012), p. 2. For counter-arguments, see Edward C. Banfield, ***The Unheavenly City: The Nature and Future of Our Urban Crisis*** (Boston: Little, Brown, 1970), pp. 123ff.
123 Seattle provides one of many examples: "Over the past five years, the Emerald City has seen an explosion of homelessness, crime, and addiction. In its 2017 point-in-time count of the homeless, King County social-services agency All Home found 11,643 people sleeping in tents, cars, and emergency shelters. Property crime has risen to a rate two and a half times higher than Los Angeles's and four times higher than New York City's. Cleanup crews pick up tens of thousands of dirty needles from city streets and parks every year. At the same time, according to the ***Puget Sound Business Journal***, the Seattle metro area spends more than $1 billon fighting homelessness every year. That's nearly $100,000 for every homeless man, woman, and child in King County, yet the crisis seems only to have deepened, with more addiction, more crime, and more tent encampments in residential neighborhoods." Christopher F. Rufo, "Seattle Under Siege," ***City Journal***, Autumn 2018, p. 20.
124 James Bartholomew, ***The Welfare of Nations***, p. 204.
125 Ibid., p. 127.
126 James Bartholomew, ***The Welfare State We're In***, Politico's edition published in 2006, pp. 189, 190, 203–209; James Bartholomew, ***The Welfare of Nations***, p. 103; Theodore Dalrymple, ***Life at the Bottom***, pp. 69, 158, 188; Katherine Kersten, "No Thug Left Behind," ***City Journal***, Winter 2017, pp. 54–61; Teresa Watanabe and Howard Blume, "Disorder in the Classroom," ***Los Angeles Times***, November 8, 2015, p. A1; "Classrooms Run by the Unsuspended," ***Investor's Business Daily***, July 3, 2014, p. A14; Jason L. Riley, "Upward Mobility: An Obama Decree Continues to Make Public Schools Lawless," ***Wall Street Journal***, March 22, 2017, p. A19; Aaron Anthony Benner, "St. Paul Schools: Close the Gap? Yes. But Not Like This," ***Saint Paul Pioneer Press***, October 2, 2015; Katherine Kersten, "Mollycoddle No More," ***Star Tribune*** (Minneapolis), March 20, 2016, p. OP 1; Paul Sperry, "Obama's Lax Discipline Policies Made Schools Dangerous," ***New York Post***, December 23, 2017; Ryan Mackenzie, "Schools Rethink Discipline," ***Des Moines Register***, November 27, 2016, p. A9; Mackenzie Mays, "Restorative Justice?" ***The Fresno Bee***, December 11, 2016, p. 1B; Claudia Rowe, "Trouble Erupts After Highline Limits School Suspensions," ***Seattle Times***, September 11, 2016, p. A1.
127 James Bartholomew, ***The Welfare of Nations***, p. 202. The instrumental use of babies takes a more sophisticated form in a ***New York Times*** essay by a 38-year-old unmarried woman who celebrates her own defiance of convention by choosing to have a baby— and urging other women to do the same, without even a mention of the consequences for the child. Emma Brockes, "Single at 38? Have That Baby," ***New York Times***, June 24, 2018, Sunday review, p. 3.
128 James Bartholomew, ***The Welfare of Nations***, p. 134. The mother of one of the rapists seemed to take a similar view, pointing out that she herself had been raped when she was 7 years old and again when she was 12.
129 Steven Pinker, ***The Better Angels of Our Nature***, pp. 106–107.

## 第 7 章 事实、假设和目标

***Epigraph***

Winston Churchill, ***Churchill Speaks 1897–1963: Collected Speeches in Peace & War***, edited by Robert Rhodes James (New York: Chelsea House, 1980), p. 418.

1 Ulrich Bonnell Phillips, ***The Slave Economy of the Old South: Selected Essays in Economic and Social History*** (Baton Rouge: Louisiana State University Press, 1968), p. 269.
2 See, for example, Daniel Boorstin, ***The Americans: The Colonial Experience*** (New York: Random House, 1958), Chapters 12–16; Joshua Muravchik, ***Heaven on Earth: The Rise and Fall of Socialism*** (San Francisco: Encounter Books, 2002).
3 David Gelles, "Millions at Top, A Pittance Below," ***New York Times***, May 27, 2018, Sunday Business section, pp. B1ff.
4 Bernard Shaw, ***The Intelligent Woman's Guide to Socialism and Capitalism*** (New York: Brentano's Publishers, 1928), p. 22.
5 See, for example, "The Celebrity 100 Turns 20," ***Forbes***, August 31, 2018, pp. 26–27. See also "The World's Highest-Paid Entertainers," Ibid., pp. 106–107.
6 Derek Sayer, ***The Coasts of Bohemia: A Czech History*** (Princeton: Princeton University Press, 1998), p. 90.
7 See, for example, Donald L. Horowitz, ***Ethnic Groups in Conflict*** (Berkeley: University of California Press, 1985), pp. 219–224; Myron Weiner and Mary Fainsod Katzenstein, ***India's Preferential Policies: Migrants, the Middle Classes, and Ethnic Equality*** (Chicago: University of Chicago Press, 1981), p. 98; Robert N. Kearney, ***Communalism and Language in the Politics of Ceylon*** (Durham: Duke University Press, 1967), Chapter III; Donald L. Horowitz, ***The Deadly Ethnic Riot*** (Berkeley: University of California Press, 2001), pp. 278–282.
8 See, for example, Derek Sayer, ***The Coasts of Bohemia***, pp. 50, 115–116; Gary B. Cohen, ***The Politics of Ethnic Survival: Germans in Prague, 1861–1914*** (Princeton: Princeton University Press, 1981), pp. 42, 239–241; Paul Vysny, ***Neo-Slavism and the Czechs, 1898–1914*** (Cambridge: Cambridge University Press, 1977), pp. 15, 16.
9 Eve Haque, ***Multiculturalism Within a Bilingual Framework: Language, Race, and Belonging in Canada*** (Toronto: University of Toronto Press, 2012), pp. 47–49.
10 Donald L. Horowitz, ***The Deadly Ethnic Riot***, pp. 279–280.
11 Ibid., pp. 280–282; Stephen May, "Language Rights and Language Repression," ***The Oxford Handbook of Language Policy and Planning***, edited by James W. Tollefson and Miguel Pérez-Milans (Oxford: Oxford University Press, 2018), p. 245.
12 John McWhorter, ***Talking Back, Talking Black: Truths About America's Lingua Franca*** (New York: Bellevue Literary Press, 2017), pp. 12, 13.
13 Melanie Kirkpatrick, "Business in a Common Tongue," ***Wall Street Journal***, August 28, 2017, p. A15.
14 David Deterding, ***Singapore English*** (Edinburgh: Edinburgh University Press, 2007), pp. 4–5; Sandra L. Suárez, "Does English Rule? Language Instruction and Economic Strategies in Singapore, Ireland, and Puerto Rico," ***Comparative Politics***, Vol. 37, No. 4 (July 2005), pp. 465, 467–468.
15 Malcolm Gladwell, ***Outliers: The Story of Success*** (New York: Little, Brown and Company, 2008), pp. 89–90. See also Joel N. Shurkin, ***Terman's Kids: The Groundbreaking Study of How the Gifted Grow Up*** (Boston: Little, Brown & Company, 1992), p. 35; Wolfgang Saxon, "William B. Shockley, 79, Creator of Transistor and Theory on Race," ***New York Times***, August 14, 1989, p. D9; J.Y. Smith, "Luis Alvarez, Nobel-Winning Atomic Physicist, Dies," ***Washington Post***, September 3, 1988, p. B6.
16 William S. Maltby, ***The Rise and Fall of the Spanish Empire*** (New York: Palgrave Macmillan, 2009), p. 18; Peter Pierson, ***The History of Spain*** (Westport, Connecticut: Greenwood Press, 1999), pp. 7–8.
17 John H. Chambers, ***A Traveller's History of Australia*** (New York: Interlink Books, 1999), p. 35.
18 Leon Volovici, ***Nationalist Ideology and Antisemitism: The Case of Romanian Intellectuals in the 1930s***, translated by Charles Kormos (Oxford: Pergamon Press, 1991), p. 60.
19 "Not One But Two New Malay Dilemmas," ***Straits Times*** (Singapore), August 1, 2002.
20 Joseph Rothschild, ***East Central Europe between the Two World Wars*** (Seattle: University of Washington Press, 1992), p. 385.
21 Irina Livezeanu, ***Cultural Politics in Greater Romania: Regionalism, Nation Building, & Ethnic Struggle, 1918–1930*** (Ithaca: Cornell University Press, 1995), pp. 30–31, 235–236, 241.
22 John M. Richardson, "Violent Conflict and the First Half Decade of Open Economy Policies in Sri Lanka: A Revisionist View," ***Economy, Culture, and Civil War in Sri Lanka***, edited by Deborah Winslow and Michael D. Woost (Bloomington: Indiana University Press, 2004), pp. 63–65.
23 Carl K. Fisher, "Facing up to Africa's Food Crisis," ***Foreign Affairs***, Fall 1982, pp. 166, 170.
24 W. E. B. Du Bois, ***The Philadelphia Negro: A Social Study*** (Philadelphia: University of Pennsylvania Press, 1996), p. 395. Generations later, Professor Edward C. Banfield posed essentially the same question by asking what the outcome would be if all blacks suddenly turned white. His answer was very similar to the answer given earlier by Du Bois. Edward C. Banfield, ***The Unheavenly City Revisited***

(Prospect Heights, Illinois: Waveland Press, 1990), pp. 85–86.

25 Victor Purcell, ***The Chinese in Southeast Asia***, second edition (Kuala Lumpur: Oxford University Press, 1965), p. 184; U. S. Bureau of the Census, ***Historical Statistics of the United States: Colonial Times to 1970*** (Washington: Government Printing Office, 1975), Part 1, p. 422.

26 Henry Morgenthau, ***Ambassador Morgenthau's Story*** (Garden City, New York: Doubleday, Page & Company, 1919), pp. 301, 322.

27 See, for example, Paul Johnson, ***A History of the Jews*** (New York: Harper & Row Publishers, 1987), pp. 216–217; Michael Miller, "The Ukraine Commission of the Joint Distribution Committee, 1920, with Insight from the Judge Harry Fisher Papers," ***Jewish Social Studies***, Vol. 49, No. 1 (Winter 1987), pp. 53–60.

28 Empirical studies have demonstrated the negative consequences of admitting students under group quotas to academic institutions whose standards they do not meet, whether in the United States or elsewhere. See, for example, Richard Sander and Stuart Taylor, Jr., ***Mismatch: How Affirmative Action Hurts Students It's Intended to Help, and Why Universities Won't Admit It*** (New York: Basic Books, 2012), and my own ***Affirmative Action Around the World: An Empirical Study*** (New Haven: Yale University Press, 2004). An attempt to vindicate such group preferences— ***The Shape of the River: Long-Term Consequences of Considering Race in College and University Admissions*** (Princeton: Princeton University Press, 1998), by William G. Bowen and Derek Bok— was widely acclaimed in the media but, among its major flaws was that its authors refused to reveal the raw data on which its statistical conclusions were based.

29 Thomas Sowell, ***Wealth, Poverty and Politics***, revised and enlarged edition (New York: Basic Books, 2016), pp. 396–399.

30 Alison Stewart, ***First Class: The Legacy of Dunbar, America's First Black Public High School*** (Chicago: Lawrence Hill Books, 2013), pp. 91–93.

31 Ibid., p. 90.

32 See "Success Academy: #1 in New York," downloaded from the website of Success Academy Charter Schools: http://www.successacademies.org/app/uploads/2017/08/sa_1_in_new_york.pdf.

33 "The NAACP's Disgrace," ***Wall Street Journal***, October 17, 2016, p. A14; "A Misguided Attack on Charter Schools," ***New York Times***, October 13, 2016, p. A24; "The NAACP vs. Minority Children," ***Wall Street Journal***, August 27, 2016, p. A10; Emma Brown, "School Choice Is Not the Answer, NAACP Asserts," ***Washington Post***, July 27, 2017, p. A14.

34 Jervis Anderson, "A Very Special Monument," ***The New Yorker***, March 20, 1978, pp. 93, 113, 114.

35 Mats Hammarstedt, "Assimilation and Participation in Social Assistance Among Immigrants," ***International Journal of Social Welfare***, Vol. 18, Issue 1 (January 2009), pp. 86, 87.

36 Silje Vatne Pettersen and Lars Ostby, "Immigrants in Norway, Sweden and Denmark," ***Samfunnsspeilet***, May 2013, p. 79.

37 Mats Hammarstedt, "Assimilation and Participation in Social Assistance Among Immigrants," ***International Journal of Social Welfare***, Vol. 18, Issue 1 (January 2009), pp. 87, 89.

38 Tino Sanandaji, "Open Hearts, Open Borders," ***National Review***, January 26, 2015, p. 25.

39 Richard Milne, "Swedish Prime Minister Baffled by Public Gloom," ***Financial Times*** (London), April 12, 2016, p. 10.

40 Tino Sanandaji, "Open Hearts, Open Borders," ***National Review***, January 26, 2015, p. 25.

41 Hugh Eakin, "Scandinavians Split Over Syrian Influx," ***New York Times***, September 21, 2014, Sunday Review, page 4.

42 Peter Nannestad, "Immigration as a Challenge to the Danish Welfare State?" ***European Journal of Political Economy***, Vol. 20, Issue 3 (September 2004), p. 760.

43 Christopher Caldwell, "A Swedish Dilemma," ***Weekly Standard***, February 28, 2005, p. 21.

44 Ibid., p. 22.

45 Ruud Koopmans, "Trade-Offs Between Equality and Difference: Immigration Integration, Multiculturalism and the Welfare State in Cross-National Perspective," ***Journal of Ethnic and Migration Studies***, Vol. 36, No. 1 (January 2010), p. 19.

46 Christopher Caldwell, "Islam on the Outskirts of the Welfare State," ***New York Times Magazine***, February 5, 2006, p. 58.

47 Thomas Sowell, ***Wealth, Poverty and Politics***, revised and enlarged edition, pp. 110–115.

48 Victor Purcell, ***The Chinese in Southeast Asia***, second edition, pp. 128, 268–269, 540.

49 Carlo M. Cipolla, ***Clocks and Culture: 1300–1700*** (New York: Walker and Company, 1967), pp. 66–69.

50 Lucy Forney Bittinger, ***The Germans in Colonial Times*** (Philadelphia: J.B. Lippincott Company, 1901), p. 233.

51 Pyong Gap Min, ***Caught in the Middle: Korean Communities in New York and Los Angeles*** (Berkeley: University of California Press, 1996), p. 1.

52 Oli Smith, "Migrants at War," ***Express.UK*** (Online), January 28, 2017.

53 John Stuart Mill, ***Principles of Political Economy***, edited by W.J. Ashley (New York: Longmans, Green and Company, 1909), p. 947.

54 John Larkin, "Newspaper Nirvana? 300 Dailies Court India's Avid Readers," ***Wall Street Journal***, May 5, 2006, pp. B1, B3; "Poverty," ***The Economist***, April 21, 2007, p. 110; "Unlocking the Potential," ***The Economist***, June 2, 2001, p. 13; Charles Adams, "China—Growth and Economic Reforms," ***World Economic Outlook***, October 1997, pp. 119–127.

55 Daniel Yergin and Joseph Stanislaw, ***The Commanding Heights: The Battle Between Government and the Marketplace That Is Remaking the Modern World*** (New York: Simon & Schuster, 1998), pp. 35–38, 140, 167, 171–172; Surjit S. Bhalla and Paul Glewwe, "Growth and Equity in Developing Countries: A Reinterpretation of the Sri Lankan Experience," ***World Bank Economic Review***, Vol. 1, No. 1 (September 1986), pp. 35, 36, 51–52, 53, 61.

56 Thomas C. Leonard, ***Illiberal Reformers: Race, Eugenics & American Economics in the Progressive Era*** (Princeton: Princeton University Press, 2016), pp. 158–164.

57 Thomas Nagel, "The Meaning of Equality," ***Washington University Law Review*** Volume 1979, Issue 1 (January 1979), p. 28.

58 On July 13, 2012, President Barack Obama made a speech in which he stated: "If you were successful, somebody along the line gave you some help. There was a great teacher somewhere in your life. Somebody helped to create this unbelievable American system that we have that allowed you to thrive. Somebody invested in roads and bridges. If you've got a business— you didn't build that. Somebody else made that happen." "You Didn't Build That," ***Wall Street Journal***, July 18, 2012, p. A14. Elizabeth Warren had made similar remarks in August 2011 during her campaign for the U.S. Senate: "There is nobody in this country who got rich on his own. Nobody! You built a factory out there— good for you! But I want to be clear: You moved your goods to market on the roads the rest of us paid for. You hired workers the rest of us paid to educate. You were safe in your factory because of police forces and fire forces that the rest of us paid for. You didn't have to worry that marauding bands would come and seize everything at your factory . . . because of work the rest of us did." Jeff Jacoby, "Entrepreneurs Don't Deserve the Professor's Ire," ***Boston Globe***, September 28, 2011, p. A13.

59 See, for example, John Katzman and Steve Cohen, "Let's Agree: Racial Affirmative Action Failed," ***Wall Street Journal***, October 27, 2017, p. A15.

60 There is much evidence that the ostensible beneficiaries of affirmative action in college admissions have been negatively affected in many ways. See, for example, Richard Sander and Stuart Taylor, Jr. ***Mismatch***, Chapters 3, 4, 6. A brief summary of some of their key findings can be found in Thomas Sowell, "The Perversity of Diversity," ***Claremont Review of Books***, Fall 2012, pp. 76–78. For documented examples of the social backlash, both in the United States, and in India, see Thomas Sowell, ***Inside American Education: The Decline, the Deception, the Dogmas*** (New York: Free Press, 1993), Chapter 6; Thomas Sowell, ***Affirmative Action Around the World***, pp. 17–18, 50, 148–149.

61 Stephan Thernstrom and Abigail Thernstrom, "Reflections on ***The Shape of the River***," ***UCLA Law Review***, Vol. 46, No. 5 (June 1999), p. 1589.

62 "Going Global," ***The Economist***, December 19, 2015, p. 107. See also M.A. Tribe, "Economic Aspects of The Expulsion of Asians from Uganda," ***Expulsion of a Minority: Essays on Ugandan Asians***, edited by Michael Twaddle (London: The Athlone Press for the Institute of Commonwealth Studies, 1975), pp. 140–176.

63 Amy Chua and Jed Rubenfeld, ***The Triple Package: How Three Unlikely Traits Explain the Rise and Fall of Cultural Groups in America*** (New York: The Penguin Press, 2014), pp. 36–39.

64 Nathan Glazer, ***American Judaism*** (Chicago: University of Chicago Press, 1957), p. 13.

65 David S. Landes, ***Revolution in Time: Clocks and the Making of the Modern World*** (Cambridge, Massachusetts: Harvard University Press, 1983), pp. 237–238; Warren C. Scoville, "The Huguenots and the Diffusion of Technology II," ***Journal of Political Economy***, Vol. 60, No. 5 (October 1952), p. 408.

66 Cacilie Rohwedder, "Germans, Czechs Are Hobbled by History as Europe Moves Toward United Future," ***Wall Street Journal***, November 25, 1996, p. A15; Ulla Dahlerup, "Sojourn in Sudetenland," ***Sudeten Bulletin/Central European Review***, December 1965, pp. 395–403.

67 "Your Mine Is Mine," ***The Economist***, September 3, 2011, p. 64.

68 See, for example, Orlando Patterson, ***Slavery and Social Death: A Comparative Study*** (Cambridge, Massachusetts: Harvard University Press, 1982), p. 176; Stanley L. Engerman, ***Slavery, Emancipation & Freedom: Comparative Perspectives*** (Baton Rouge: Louisiana State University Press, 2007), pp. 3, 4; William D. Phillips, Jr., ***Slavery from Roman Times to the Early Transatlantic Trade*** (Minneapolis: University of Minnesota Press, 1985), pp. 46, 47; Ellen Churchill Semple, ***Influences of Geographic Environment*** (New York: Henry Holt and Company, 1911), p. 90; R.W. Beachey, ***The Slave Trade of Eastern Africa*** (New York: Barnes & Noble Books, 1976), p. 182; Harold D. Nelson, et al., ***Nigeria: A Country Study*** (Washington: U.S. Government Printing Office, 1982), p. 16; Christina Snyder, ***Slavery in Indian Country: The Changing Face of Captivity in Early America*** (Cambridge, Massachusetts: Harvard University Press, 2010), pp. 4, 5; T'ung-tsu Ch'ü, ***Han Social Structure***, edited by Jack L. Dull (Seattle: University of Washington Press, 1972), pp. 140–141.

69 William D. Phillips, Jr., ***Slavery from Roman Times to the Early Transatlantic Trade***, pp. 34, 59; Martin A. Klein, "Introduction: Modern European Expansion and Traditional Servitude in Africa and Asia," ***Breaking the Chains: Slavery, Bondage, and Emancipation in Modern Africa and Asia***, edited by Martin A. Klein (Madison: University of Wisconsin Press, 1993), p. 15.

70 See, for example, Andrew Cockburn, "21st Century Slaves," ***National Geographic***, September 2003, pp. 2–25; "Slaves to Its Past," ***The Economist***, July 21, 2018, p. 36; Simon Robinson and Nancy Palus, "An Awful Human Trade," ***Time***, April 30, 2001, pp. 40–41; "Slave Trade in Africa Highlighted by Arrests," ***New York Times***, August 10, 1997, Foreign Desk, p. 9.

71 Paul Krugman, ***The Conscience of a Liberal*** (New York: W.W. Norton & Company, 2007), p. 11.

72 Adam Smith, ***An Inquiry into the Nature and Causes of the Wealth of Nations*** (New York: Modern Library, 1937), p. 365.

73 Robert C. Davis, ***Christian Slaves, Muslim Masters: White Slavery in the Mediterranean, the Barbary Coast, and Italy, 1500–1800*** (New York: Palgrave Macmillan, 2003), p. 23; Philip D. Curtin, ***The Atlantic Slave Trade: A Census*** (Madison: University of Wisconsin Press, 1969), pp. 72, 75, 87.

74 Monique O'Connell and Eric R. Dursteler, ***The Mediterranean World: From the Fall of Rome to the Rise of Napoleon*** (Baltimore: Johns Hopkins University, 2016), p. 252. See also Robert C. Davis, ***Holy War and Human Bondage:***

*Tales of Christian-Muslim Slavery in the Early-Modern Mediterranean* (Santa Barbara: Praeger, 2009), pp. 87–89; Fernand Braudel, ***The Mediterranean and the Mediterranean World in the Age of Philip II***, translated by Siân Reynolds (New York: Harper & Row, 1972), Vol. I, p. 130; Fernand Braudel, ***The Mediterranean and the Mediterranean World in the Age of Philip II***, translated by Siân Reynolds (New York: Harper & Row, 1973), Vol. 2, pp. 845–849.

75 Edmund Burke, ***Reflections on the Revolution in France and Other Writings***, edited by Jesse Norman (New York: Alfred A. Knopf, 2015), p. 549.

## 致谢

1 "The whole science of anthropo-geography is as yet too young for hard-and-fast rules, and its subject matter too complex for formulas." Ellen Churchill Semple, ***Influences of Geographic Environment*** (New York: Henry Holt and Company, 1911), p. 125.

2 Ibid., p. 7.

3 Despite Professor Semple's many examples of how geographic isolation can leave a people lagging far behind the progress of the rest of the world, she also pointed out situations in which a certain amount of geographic isolation could be protective during "the early development of a people." Ellen Churchill Semple, ***American History and Its Geographic Conditions*** (Boston: Houghton, Mifflin and Company, 1903), p. 36.

4 N.J.G. Pounds, ***An Historical Geography of Europe 1800–1914*** (Cambridge: Cambridge University Press, 1985), p. 1.

5 Ibid., p. 43.